사해 두루마리의 미스터리와 의미

MYSTERY & MEANING OF THE DEAD SEA SCROLLS
Copyright ⓒ 1998 by Hershel Shanks
This translation published by arrangement with Random House, an imprint of Random House Publishing Group, a division of Random House, Inc.
All rights reserved.

Korean Translation Copyright ⓒ 2007 by KYONG SAE WON
This translation is published by arrangement with
Random House, an imprint of Random House Publishing Group, a division of Random House, Inc.
through Imprima Korea Agency

이 책의 한국어판 저작권은 Imprima Korea Agency를 통해 Random House, an imprint of Random House Publishing Group, a division of Random House, Inc.와의 독점 계약으로 경세원에 있습니다.
저작권법에 의해 한국 내에서 보호를 받는 저작물이므로
무단전재와 무단복제를 금합니다.

사해 두루마리의 미스터리와 의미

허셜 섕크스 지음 | 허종열 옮김

경세원

차 례

책머리에 • 7
제1장 전설 탐구 • 21
제2장 고고학자 vs. 베두인 • 45
제3장 작업팀 • 55
제4장 두루마리를 공개하기 위한 투쟁 • 75
제5장 그리스도교 신앙에 대한 음해 • 87
제6장 에세네파의 장서? • 113
제7장 쿰란의 유적 • 141
제8장 불확실한 결론 • 173

CONTENTS

제9장   유대교 성서를 음해하는 것 • 185
제10장   다양한 유대교 • 209
제11장   보물찾기 - 동판 두루마리 • 229
제12장   미래에 대한 기대 • 251
미주 • 259
관계서적목록 • 289
저자 후기 • 293
역자 후기 • 295

책머리에

한 베두인 목동이 사해死海의 북쪽 해안 절벽에 있는 한 동굴에서 오랫동안 감추어져 있던 귀중한 두루마리를 발견한 지 반세기가 지났다. 처음 발견했을 당시의 상황에 대한 자세한 이야기는 도저히 확실하게 알지 못할 것이다. 그 두루마리를 누가, 정확하게 어떤 상황에서, 어떻게 발견했을까? 이 같은 의문은 지금까지도 미스터리로 남아 있다. 발견 연대도 불확실하다. 일반적으로 받아들이고 있는 1947년, 아마도 그 해 2월 대신에, 1930년대와 1942년 또는 1945년도 제시되어 왔다. 그러나 의심할 여지가 없는 것은 그 두루마리들이 작성된 연대이다. 그 두루마리들은 예수 시대와 바로 그 직전의 것임을 나타내고 있다.

1950년대 초와 1956년 사이에, 고고학자들과 베두인들은 더 많은 두루마리를 찾아내려고 서로 경쟁했고, 그 결과 8백 가지가 넘는 필사본을 찾아냈다. 이 탐색 경쟁에서 승자는 단연 베두인들이었다. 한 번은 베두인들이 고고학자들의 바로 눈앞에서 지금은 4동굴로 알려져 있는, 장서藏書가 가장 풍부했던 동굴을 찾아냈다. 당시 고고학자들은 쿰란 근처에 있는 유적지를 발굴하고 있었으며, 모래 속에서 드러나는 그 고대 주거지에서 두루마리에 관한 것을 더 많이 알아내기를 기대하고 있었다.

8백 가지 필사본 중에서 온전한 것은 12가지도 채 안 되었다. 나머지는 약 2만 5천 개에 이르는 조각들에 불과했고, 손톱만한 것들이 많았다. 베두인으로부터 이 조각들을 받아내는 것이 은닉 장소에서 처음 나온 온전한 두루마리를 확보하기보다 더 어려웠다. 그러나 모든 필사본을 가장 효과적으로 최대한 재구성할 수 있도록 하기 위해서는 이 조각들을 모두 한 곳에 모으는 것이 매우 중요했다. 칸도Kando라는 별명을 가진 베들레헴의 골동품 상인이 베두인의 중개인으로 나서 당국과 발굴물에 대한 구매협상을 벌였다. 이렇게 하여 마침내 그 당시 요르단이 지배하던 동 예루살렘의 팔레스타인 고고학 박물관에서 모든 조각들을 확보하게 되었다.

　1953년부터, 국제적인 젊은 학자들로 구성된 팀이 요르단의 후원으로 이들 수천 개의 조각들을 분류하기 위해 예루살렘으로 모여들었다. 7명의 팀원 중 대부분이 가톨릭 사제들이었으며 유대인은 포함되어 있지 않았다. 돌이켜보면 이들이 거둔 성과는 주목할 만한 것이었다. 조각을 확인하는 작업은 결코 완료되지 않을 것이고, 오늘날까지도 새로운 조각들을 알아맞히는 작업이 계속되고 있지만, 이 학자들 팀은 1960년까지 8백 가지 문서의 조각들을 확인하고 가능한 한 그 조각들을 잘 맞추어 정리했을 뿐만 아니라, 그것들을 판독하고 쉽게 읽을 수 있도록 고쳐 쓰기도 했다.

　그러는 동안, 이스라엘과 미국의 학자들이 1958년에 첫 은닉 장소에서 나온 7개의 온전한 두루마리를 출판했다.

　온전한 두루마리 중 대부분은 히브리어를 알거나 경우에 따라 아람어를 아는 사람이면 누구나 쉽게 읽을 수 있었다. 그러나 두루마리 조각들은 더 어려운 문제였다. 이들 조각들 역시 대부분 히브리어로 씌어 있었고, 약 25%는 예수 시대의 팔레스타인 방언이었던 셈어와 밀접하게 관련되어 있던 아람어로 씌어 있었다. 그러나 평균해서 이들 문서의 약 90%는 없어지고 조각들이 서로 분명하게 연결되는 것도 별로 없었다. 글자들은 대부분 희미하고 불확실했다. 두루마리 팀이 그처럼 짧은 시간에 없어진 부분들을 일부 재구성하여 이들 조각의 사본을 만들어낼 수 있었던 것은 엄청난 학문적 업적이다.

1960년에는 수집물의 내용이 꽤 분명하게 밝혀졌다. 2백 가지 이상의 사해 문서는 히브리 성서였다. 크기는 조그마한 발췌문에서 온전한 형태의 이사야 예언서에 이르기까지 다양했다. 다른 필사본들은 희년서 禧年書와 에녹 같은 것처럼 나중에 중세의 사본들을 보고 분간하게 된, 성서가 아닌 책들이었다. 이와 같은 사본의 경우에는, 나중에 나온 사본 조각들을 제대로 맞출 수 있는 모형母型을 만들어 놓았기 때문에 사해 두루마리 조각들을 비교적 쉽게 재구성할 수 있었다.

그러나 사해 문서 중 수백 가지는 완전히 알려지지 않았다. 학자들이나 일반인들이 가장 많은 관심을 갖는 것이 이들 문서들이다. 대부분의 문서들은 염소가죽이나 양가죽에 씌어 있고, 몇 가지는 파피루스에 씌어 있다. 특히 매우 호기심을 자아내는 동판에 새겨진 온전한 두루마리는 보물이 묻혀 있는 장소를 60개 이상 확인해 주었다. 전에는 알려지지 않았던 시편, 성서 주석서, 달력에 관한 사본, 신비에 관한 사본, 묵시에 관한 사본, 전례에 관한 사본, 위생법, 랍비식으로 전개한 성서 이야기 등과 같은 여러 사본들은 어리둥절하고 당혹스럽게 만들었다. 이 모든 것을 어떻게 이해할 것인가?

표현방식으로 보아, 두루마리 중 상당수는 독특한 한 유대 종파의 견해를 반영하고 있음이 분명해 보였다. 학자들은 곧 그 종파가 1세기 때 유대 역사가 요세푸스가 매우 자세하게 기술했던 쿰란 주거 여부가 분명치 않은 유대교 운동체인 에세네파임을 확인했다. 그러나 근년에 와서, 에세네파에 대한 가설이 점점 의문시되어 왔다. 이 문제는 우리가 앞으로 살펴보게 될 것이다.

다음과 같은 두루마리의 또 다른 측면이 세상을 더 깜짝 놀라게 하는 것으로 판명되었다. 출판된 두루마리는 비록 그 대부분이 그리스도 기원 이전의 것으로 되어 있지만, 많은 점에서 그리스도교 교리를 흉내 내는 것 같아 보였다. 두루마리에 예수가 언급되어 있었는가? 오랫동안 유일한 것이라고 생각되었던 그리스도교 교리가 이미 두루마리에 예시되었는가?

일반 대중에게 두루마리에 대한 관심을 폭넓게 불러일으켰고 또 계속해서 흥미를 유발시키는 것은 바로 이와 같은 물음이었다. 두루마리 출판팀의 일원이 아니었던 프랑스 학자 앙드레 뒤퐁-소메 André Dupont-Sommer는 쿰란에서 나온 사해 두루마리와 그리스도교를 직접 연결시키려 하면서, 의로운 스승으로 알려진 두루마리의 인물이 예수를 예시한 것이라고 주장했다. 뒤퐁-소메는 이제는 유명해진 한 구절에서 다음과 같이 썼다.

> 갈릴래아의 스승은……많은 점에서 [두루마리 속에 나오는 의로운 스승]의 놀라운 환생으로 나타난다. 의로운 스승과 마찬가지로, 그분은 회개와 가난, 겸손, 이웃에 대한 사랑, 순결을 설파했다. 그 스승과 마찬가지로, 그분은 모세의 율법과 모든 율법뿐 아니라 그분 자신의 계시 덕분에 완성된 율법을 지키도록 명령했다. 그 스승과 마찬가지로, 그분은 뽑히신 분이었고 구세주 하느님이었으며 세상을 구속하신 구세주였다. 그 스승과 마찬가지로, 그분은 사제들의 적의의 대상이었다.……그 스승과 마찬가지로 그분은 단죄를 받아 사형에 처해졌다. 그 스승과 마찬가지로 그분은 예루살렘에 대한 심판을 단언했고, 예루살렘은 그분을 사형에 처했기 때문에 로마인들에 의해 점령되어 파괴되었다. 그 스승과 마찬가지로, 세상이 끝날 때 그분은 최고 심판관이 될 것이다. 그 스승과 마찬가지로, 그분은 신자들이 그분의 영광스러운 재림을 열렬히 기다리는 교회를 세웠다.[1]

뒤퐁-소메는 미국의 유명한 문예 비평가 에드먼드 윌슨Edmund Wilson에게 많은 영향을 주었다. 윌슨이 1951년부터 1954년까지 『뉴요커 The New Yorker』지에 연재했던 두루마리에 관한 기사를 모아 출판한 책은 베스트셀러가 되었다.[2] 윌슨은 뒤퐁-소메와 마찬가지로 쿰란의 종파와 초기 그리스도교가 "[하나의] 운동이 연속된 것"이라고 주장했다.[3] 윌슨은 뒤퐁-소메의 입장이 함축하고 있는 의미를 다음과 같이 묘사했다.

> [쿰란에 있는] 수도원, 바닷물과 깎아지른 듯한 절벽 사이에서, 화덕과 잉크병들, 방앗간과 지하의 물웅덩이, 무리를 이루고 있는 성수반聖水盤들과 죽은 이의 꾸밈없는 무덤들을 지탱하고 있는 이 석조 건물은 아마도 그리스도교의 요람인 베들레헴과 나사렛이 되고도 남음이 있을 것이다.[4]

이 같은 입장을 신뢰하는 것은 두루마리 자체의 내용과는 전혀 무관한 요인들 때문이었다. 출판팀은 주로 가톨릭 신자, 사실은 주로 가톨릭 사제들로 구성되어 있었다. 그들은 어리석게도 아직 출판되지 않은 두루마리 조각들의 원본 공개를 거부했다. 이 같은 결정은 아직 출판되지 않은 두루마리들이 그리스도교 신앙을 해치기 때문에 공개하지 못하고 있다는 비난에 휩싸이게 했다. 유명한 두루마리 주석가인 게자 버미스Geza Vermes의 말에 의하면, 두루마리의 공개 거부는 결국 "20세기 중에 가장 눈에 띄는 학문적 수치"가 되었다.[5]

앞으로 살펴보겠지만, 상당히 많은 논쟁을 치르고 나서 1991년에야 그때까지 비밀 문서였던 원본을 마침내 모든 학자들이 볼 수 있게 되었다. 그 이후 두루마리에 관한 학문이 싹트게 되었다. 이제 그리스도교와 랍비 유대교가 생겨난 시기에 관해 그 두루마리가 무슨 얘기를 하고 있는지 학자들이 판단해볼 수 있게 되었고, 그것이 이 책을 쓸 기회를 제공해 주었다.

두루마리가 처음 발견되었을 때 불러일으켰던 엄청난 기대를 그 두루마리가 아직 충족시켜주지 못하고 있는 것이 분명하다. 뒤퐁-소메가 틀렸다. 두루마리에 나타난 인물은 예수가 아니다. 그리스도교의 유일성도 의심할 여지가 없다. 그러나 그 두루마리는 그리스도교가 생겨날 무렵의 유대교의 상황에 관해 우리가 전에는 몰랐던 많은 것을 이야기해 주고 있다.

또한 그 두루마리는 예루살렘에 성전이 아직 서 있던 시기의 유대교와 로마군이 성전을 파괴한 후에 생겨난 오늘의 모든 주요 유대교파의 직계 선조인 랍비 유대교의 뿌리에 관해 많은 이야기를 해주고 있다.

게다가, 그 두루마리는 권위 있는 정전正典이 정해지던 2세기 이전 시기에, 유대 사회에 나돌았던 여러 가지 다른 성서들에 관한 이야기도 해주고 있다.

그래서 그 두루마리는 사회·종교적 동요가 비할 바 없이 고조되던 시기의 종교 문화를 독특하게 간파할 수 있게 해주고 있다. 가장 오래된 두루마리의 연대는 기원전 약 250년이고, 가장 늦은 연대는 로마의 군대가 예루살렘을 정복하러 가는 길에 쿰란을 파괴했던 서기 68년이다. 로마군은 그로부터 불과 2년 후에 예루살렘을 불태움으로써, 로마에 저항하던 유대인의 첫 번째 반란을 사실상 종식시켰다.

알렉산더 대왕은 기원전 332년에 페르시아를 쳐부수고 유대를 정복했다. 그래서 모든 면에서 유대인 문화에 깊은 영향을 준 그리스화 과정이 시작되었다. 팔레스타인에는 그리스 도시들이 설립되었다(예루살렘은 기원전 175년에 하나의 도시국가가 되었다). 그리스 성전들이 세워져 유대교 신이 아닌 신들에게 봉헌되었다. 얼마 안 되어 그리스어가 방언인 아람어와 함께 유대 사회 전역에서 사용되었고 히브리어는 점점 덜 사용하게 되었다.

기원전 323년에 알렉산더가 죽자, 그의 제국은 크게 두 지역으로 분열되어 북쪽 시리아의 셀레우코스 왕조와 남쪽 이집트의 프톨레마이오스 왕조로 나누어지게 되었다. 기원전 3세기에 셀레우코스 왕조와 프톨레마이오스 왕조는 다섯 번 이상 큰 전쟁을 벌였고 유대는 전쟁터와 전리품이 되었다.

이 시기 동안 유대에서는 사회적 긴장이 고조되었다. 그것은 그리스의 관념과 관습을 도입했던 그리스 문화 수용자들과 그리스의 영향에 반대했던 전통적인 유대인 성향을 가진 사람들 사이의 긴장이었고, 세련된 도시와 보수적인 시골 사이, 도시 귀족들과 시골 농부 사이, 부자와 빈자 사이의 긴장이었다. 많은 유대인들은 이 같은 그리스의 침입으로 그들의 신앙과 그들 사회의 계속성이 위협받고 있다고 생각했다. 신학적인 회의론과 가끔 무모한 쾌락주의를 찬양하는 내용이 들어 있는 전도서는 이 같은 새로운 문화가 전통적으로 종교에 헌신하는 사회에 미친 영향이 깊이 반영된 하나의 실례이다.

기원전 175년경에, 여호수아라는 히브리 이름을 그리스식으로 바꾼 야손은 셀레우코스의 왕 안티오쿠스 4세에게 뇌물을 주어 자신의 형을 예루살렘의 대사제직에서 해임시키고 그 자리에 자기를 임명하도록 했다. 감사의 표시로 야손은 잠시동안 예루살렘이라는 이름을 안티오키아로 바꾸었고, 수도에다 체육관을 지어 그리스 스포츠를 하게 하고 그리스 철학을 가르쳤다. 요세푸스는 야손이 "그의 동포들에게 즉시 그리스식 생활방식으로 바꾸도록 했다"고 기록하고 있다.[6]

그 후 안티오쿠스는 할례와 종교 공부, 축제와 안식일을 지키는 것을 금지하는 법령을 공포했다. 그리고 유대인들에게 그의 신들을 숭배하고 금지된 음식을 먹도록 강요했다.

　이와 같은 과격한 그리스화는 필연적으로 마카베오의 반란을 야기했고 유대인 왕들과 대사제들이 지배한 하스몬 왕조를 탄생시켰다(기원전 142~37년). 그러나 반反그리스 문화 반란으로 출발했던 왕조는 얼마 안되어 친親그리스 문화로 돌아서고 말았다. 하스몬 왕조에는 정치적 음모가 빈발했고 최고 정치 권력자(왕)는 곧 최고 종교 권력자(대사제)와 결탁했다. 종파 분열이 확대되었고 적대적인 종파들이 서로 다투었다. 종려나무 가지와 에트로그라고 부르는 레몬같이 생긴 열매를 가지고 지내는 초막절sukkot 축제 때는 민중들이 에트로그를 대사제를 향해 던졌다. 기원전 1세기 초반에 벌어진 내전에서는 반체제 유대인들이 시리아 왕 데메드리오 3세의 예루살렘 공격에 가담했고, 반면에 유대 왕 알렉산더 얀나이(얀네우스)는 도시를 방어하기 위해 시리아 용병을 고용했다. 얀나이는 그의 적을 지원했다는 이유로 부하 8백 명을 십자가형에 처했다.

　그럼에도 불구하고 상류인사들에게 이 시기는 번영의 시기였다. 정교하게 공들인 그들의 무덤과 우아한 저택들이 예루살렘에서 발견되었다. 히브리 대학교의 나만 아비가드Nahman Avigad 교수는 예루살렘의 최고급 주택지구에서 아름답게 포장된 의식용 욕실을 갖춘 화려한 저택들뿐만 아니라 고급 식기와 값비싼 가구를 찾아냈다.

　그러나 기원전 2세기 중반에 작은 한 유대인 집단은 따로 떨어져 살기 위해 유대 사막으로 옮겨갔다. 그들은 아마도 그들 주변에서 만연하는 물질주의를 보고 마음이 상했을 것이고 예루살렘 귀족들에 동화된 사제들의 타락을 슬퍼했을 것이다. 그들은 지금의 쿰란이란 곳에 정착했다. 이 사람들이 누구였는지가 이 책의 주요 주제가 될 것이다. 실제로 그들이 나중에 이 지역에서 발견된 두루마리의 주인이었다면, 그들의 지도자는 의로운 스승이라는 직함을 가졌을 것이다. 그들은 예루살렘 성전을 거부했거나 아니면 적어도 성전의 사제들을 거부했음이 분명하다.

거의 같은 시기에, 다른 유대인 종교 집단이나 종파들이 나타나고 있었다. 이들 중에서 바리사이Pharisee들이 가장 잘 알려져 있다. 나중에 나온 현인들의 탈무드인 구전 율법의 출처가 그들이었다. 그 구전 율법이 랍비 유대교, 즉 로마군에 의해 성전이 파괴되고 유대인들이 예루살렘에서 추방된 후, 분산된 유대인 거주지 전역으로 퍼진 바빌론 유수幽囚 이후 유대교의 기초가 되었다.

두 번째 주요 그룹인 사두가이Sadducee들은 원래 솔로몬의 대사제였던 사독Zadok의 후예라고 주장했다. 그들의 권리 주장은 이 혈통에 많은 근거를 두고 있었다. 그들은 사독의 자손이 아닌 사람들이 대사제직을 차지하는 것을 반대했음에도 불구하고, 그리스 문화를 수용하는 하스몬 왕조 사람들과 자주 동조했다.

세 번째 그룹은 소수집단인 에세네파였다. 그들 역시 사독의 후예가 아닌 사람들이 사제직을 차지하는 것을 반대했다. 그들은 종교적인 율법을 엄격하게 해석하고 더욱 엄하게 고수했으며, 사두가이만큼 하스몬이 통치하는 정치적 현실에 기꺼이 적응하지 않았다. 그러나 에세네파도 그리스 문화의 영향, 예를 들면(세상을 지배하는 것을 선과 악 같은 서로 대립되는 세력으로 특징짓는) 이원론의 영향에서 완전히 벗어날 수 없었다. 그래서 그 영향이 그들의 종교적인 저술 속에 스며들어 있음을 흔히 볼 수 있다.

이들이 주요 그룹들이지만, 우리가 잘 모르는 다른 그룹들이 많이 있었고 역사의 기록에 흔적을 남기지 않은 다른 그룹들도 있었음은 의심할 여지가 없다.

기원전 60년대 중반에 하스몬 왕가의 두 아들이 왕위를 놓고 형제간에 전쟁을 벌였다. 이들 중 하나가 로마에 도움을 청했다. 그래서 기원전 63년에 로마의 장군 폼페이우스가 예루살렘을 정복하여 사실상 유대인의 주권을 종식시켰다. 그렇지만 하스몬 왕가의 통치자들은 그 후 25년 동안 로마의 속국으로 전락한 왕국의 왕좌에 명목상 계속 앉아 있었다.

그러다가 기원전 40년에 동쪽의 파르티아인들이 침략하여 로마인들로부터 유대를 빼앗아 내어 하스몬 왕가의 마지막 통치자(마따디아 안티고누스)를 임명했다. 파르티아가 침략했을 당시에, 이두메와 나바티아 출신 유대인으로 나중에 헤롯 대왕으로 알려진 헤로데가 로마의 총독으로 일하고 있었다. 그는 즉시 로마로 달려가서 자신만이 로마의 통치를 회복시킬 수 있다고 로마의 원로원을 설득했다. 그리하여 기원전 37년에 헤로데는 파르티아인들에 대항할 군대를 이끌고 와서 치열한 싸움 끝에 예루살렘을 다시 정복했다. 그는 로마의 봉신으로서 33년 동안 유대를 통치했다. 그가 유대 백성들로부터 미움을 받은 것은 잘 알려진 사실이다. 유대인 역사가 요세푸스는 헤로데가 죽음을 앞두고 유대의 지도급 인사들을 죽일 계획을 세웠다는 얘기를 하고 있다. 그렇게 하지 않으면 자신의 장례식이 축하 행사가 될지 모른다는 두려움 때문이었다. 의심할 여지없이, 헤로데는 공포와 무자비로 그의 권력을 행사했다. 그러나 인기가 없었던 더 큰 이유는 전통적인 유대 율법을 어겼기 때문이었다. 그는 예루살렘에다 수많은 이교도 신전을 지었고 검투사의 격투기 대회까지 개최했다. 그러나 그는 예루살렘에 유대교 성전을 다시 짓기도 했는데, 그 규모가 1천년 전에 솔로몬 왕이 지은 원래의 건물을 훨씬 능가하는 것이었다.

기원전 4년에 헤로데가 죽자 사회적 불안이 더 공공연해졌다. 헤로데 왕조라는 유대인 분봉왕들이 로마의 속국으로 전락한 유대를 다스리는 척했지만, 산적들이 종종 시골 지방을 지배했고 직접적인 권력은 로마인들이 점점 더 많이 장악해가고 있었다. 폭동이 드문 일이 아니었고, 마침내 로마에 저항한 제1차 유대인 반란이 일어나게 되었다. 서기 66년에 시작된 그 반란은 서기 70년 로마인들이 예루살렘을 불태우고 성전을 파괴했을 때에야 사실상 종식되었다.

이 시기의 유대교를 "놀랄 만큼 다양해졌다"고 기술해 왔다.[7] 어떤 학자들은 하나의 유대교라 하지 않고 '유대교들'이라고 말하기까지 했다. 이처럼 불안정한 시대에는 성전의 희생제사를 중심으로 했던 전통적인 유대교가 폭풍우가 휘몰아치는 현실에 맞지 않다는 생각이 유대인들 사이에 널리 퍼져 있었다. 그래서, 그 후에 성전을 대신하여 유대인의 생활의 중심이 된 회당과 같은 기관과 더불어, 세상의 종말, 하느님의 계시, 사후의 삶, 죽은 이들의 부활, 선과 악이 마지막 우주 전쟁에서 맞붙게 될 묵시록(계시록), 구세주와 같은 구원자들에 대한 기대로 발전하는 상황도 보게 된다.

요컨대, 이것이 사해의 두루마리가 함축적으로 전한 세상이었다.

사해 두루마리의 미스터리와 의미

The Mystery and Meaning of the DEAD SEA SCROLLS

공중에서 본 와디 쿰란 ●●●
중앙에 쿰란 주거지가 있고 그 인근에 사해 두루마리가 발견된 몇 개의 동굴이 보인다. 그 너머 멀리 사해의 해안을 볼 수 있다.

제1장

Exploring the Legend

전설 탐구

　　사해의 두루마리라는 보물을 처음 발견했던 이야기는 너무나 자주 들어왔기 때문에 간단히 얘기해도 좋을 것이다.

　　아마도 1946년 말이나 1947년 초에, 에드–디브edh-Dhib(늑대 무하마드)라는 별명을 가진 무하마드 아마드 엘–하메드Muhammad Ahmad el-Hamed라는 이름의 타아미레 부족의 목동이 잃어버린 양을 찾고 있었다. 그는 양이 깜짝 놀라 뛰어나오기를 기대하며 한 동굴 속으로 돌을 하나 던졌다. 그러나 양이 우는 소리는 들리지 않고 도자기가 깨지는 소리가 들렸다. 그는 친구와 더불어 동굴 안을 자세히 살펴보다가 큰 항아리 두 개를 찾아냈다. 그들은 그 안에서 아마포로 싸 놓은 고대 두루마리 몇 개를 발견했다.

　　그가 찾고 있었던 것이 염소였는가, 양이었는가? 목동은 한 사람이었는가, 두 사람이었는가? 그 날 당일에 동굴 안으로 들어갔는가, 다음 날에야 겨우 들어갔는가? 그리고 누가 에드–디브였는가? 학자들이 에드–디브라고 주장하는 여러 베두인을 면담했지만 확정짓지 못했다. 두루마리를 처음 발견한 날짜까지도 불확실하다.

　　1993년에는 최근에 설립된 사해문서재단의[1] 전무이사인 웨스턴 필즈Weston Fields가 에드–디브라고 주장하는 또 다른 사람을 만났다. 많은

베두인 발견자들 ●●●
줌마 무하마드Jum'a Muhammad와 무하마드 아마드 엘-하메드(에드-디브)라고 주장하는 베두인 두 사람. 이 사람들이 1947년에 두루마리를 숨겨놓은 곳을 처음으로 발견했던 것으로 여겨지고 있다.

타아미레 베두인들과 마찬가지로 그도 오래 전부터 베들레헴에서 콘크리트 벽돌로 지은 집에 살고 있었다.

 그는 여전히 웨스트 뱅크에서 골동품을 찾아내어 예루살렘에 있는 상인들에게 팔아 생활하고 있었다. 필즈는 한 골동품 상인의 제보로 그를 만날 수 있었다. 필즈는 에드-디브라고 주장하는 사람을 여러 번 면담하고 쿰란 근처 동굴까지 함께 가서 그 사람이 동굴의 위치와 원래 있었던 내용물에 대해 알고 있는지 알아보기도 했다. 바로 그 해에 나는 에드-디브라는 사람과 이야기를 나누기 위해 필즈와 함께 그 골동품 상점으로 찾아갔다. 내가 그를 에드-디브라고 부르고는 있지만 나는 그가 진짜 에드-디브인지 결코 확신할 수는 없다. 필즈는 그 사람과 만났

두루마리가 발견된 항아리들 ●●●

던 이야기를 하면서 그 사람을 정확하게 묘사했다. "그는 베두인 특유의 멋지고 편안한 미소를 띠며, 주름진 갈색 피부, 바싹 마르고 늙어 보이는 얼굴에 이가 없는 특징을 지니고 있었어요. 정장 같은 긴 옷에 짧은 상의, 붉고 흰 체크 무늬 카피에 *kafieh*로 전통적인 옷차림을 한 그는 유대 사막의 일부인, 시대를 초월한 베두인으로 보였습니다."

필즈는 그 사람의 나이를 약 75세로 보았다. 그 사람은 영어도 모르고 히브리어도 몰랐다. 그래서 골동품 상인이 통역을 했다. 에드-디브는 동굴에 대해 분명히 잘 알고 있었고, 두루마리를 발견할 당시의 상황으로 추측되는 얘기를 많이 할 수 있었다. 필즈의 메모에는 이런 구절이 있었다. "우리는 [에드-디브]가 쿰란 동굴에 대해 자세하고 직접적인 지식을 갖고 있음을 확인했다. 그의 지식이 정확하고 많은 것은 직접 체험한 지식임을 말해준다. 그는 읽을 줄도 모르고 쓸 줄도 모르지만, 알았더라도 [그가 얘기한] 자료는 아라비아어로 되어 있는 것이 하나도 없으므로 [그것을 읽어서 자세한 내용을 알아냈을 리가 없다]."[2]

그러나 그가 하는 이야기에는 문제점도 있었다. 예를 들면, 골동품 상점에서 그는 필즈에게 그가 동굴 속으로 들어갔을 때 동굴 안에 항아리가 45개쯤 있었다고 이야기했다. 그는 필즈를 두루마리를 발견했다고 말한 동굴로 안내했는데, 그 동굴은 학자들이 오래 전부터 두루마리를 처음 발견한 동굴(쿰란 1번 동굴)로 확인해온 그 동굴이 아니었다. 학

1993년에 찍은 에드-디브라고 주장하는 사람의 사진 ●●●

자들이 쿰란 1번 동굴이라고 여기고 있는 동굴로 그를 데리고 가자 그는 그가 처음 발견한 동굴이 아니라고 했다. 그는 우선 그 동굴이 항아리 45개를 간직할 만큼 크지 않다는 점을 지적했다.

　에드-디브는 또한 두루마리가 1938년 직전에 처음 발견되었다고 단호하게 주장했다. 그는 정확한 날짜를 대지 못했지만, 첫 부인과 결혼하기 전에 두루마리를 발견했다고 주장했다. 그 여인은 아기를 낳지 못했다. 그래서 그는 20년 후에 다른 부인을 맞이했다. 2년 후에 두 번째 부인이 아들을 낳았는데, 1993년에 그 아들의 나이가 33세였다. 그래서 그는 적어도 55년 전에 두루마리를 발견했다고(첫 부인과 20년, 둘째 부인과 2년, 아들이 태어난 후 33년을 합치면 55년임을) 확신하고 있었다. 수년 동안 그는 두루마리를 그의 천막 안에 보관하고 있었다.[3] 그는 그 글이 히브리어인 줄 몰랐고 얼마나 귀중한 것인지도 몰랐다. 두루마리 하나는 산산이 부서져서 내던져 버렸다.

　거의 50년 전에 찍은 에드-디브의 정면 사진이 실린 책을 보여주자 그는 웃었다. "그 사람은 무사 Musa"로 그의 사촌이라고 했다. 필즈가 사진 설명이 에드-디브라고 되어 있다고 지적하자 그 베두인은 웃었다. "나는 무하마드 에드-디브이고 그 사람은 무사입니다." 그는 단호하게 말했다.

　필즈는 에드-디브를 확인하고 면담을 시도했던 여러 미국 학자들 중 한 사람일 뿐이었다. 그런 시도를 가장 일찍이 한 것이 1949년이었다.[4] 다른 시도들은 1960년대에 있었다.[5] 그런 시도들은 혼란스러울 수밖에 없었다. 과거에 있었던 그런 면담들이 필즈가 면담한 사람과 똑같은 '에드-디브'와 한 것인가? 과거 어느 조사자가 '에드-디브'에게 다른 어떤 사람이 '에드-디브'로 확인되었다고 말하자, 그 베두인은 "아랍인들은 때때로 한 개 이상의 이름을 갖고 있다"고 말했다.[6]

쿰란 1번 동굴 ●●●
사진 가운데에서 1번 동굴 입구를 볼 수 있다.

1956년에 이루어진 면담에서 한 '에드-디브'는 자신이 1945년에 두루마리를 발견했다고 주장했다.[7] 같거나 혹은 다른 에드-디브와 가졌던 다른 면담에서는 두루마리를 발견한 연대가 1942년이라고 했다.[8]

우리가 확실하게 말할 수 있는 것은 사해의 북서쪽 해안에서 양떼를 지키는 타아미레 족 출신 베두인이 아마도 1946년 말경이나 1947년 초에 한 동굴에서 몇 개의 두루마리를 발견했다는 것이다. 우리가 그 두루마리—적어도 그 두루마리 중 상당수—와 두루마리를 쌌던 아마포, 그리고 아마포로 싼 두루마리가 들어있던 항아리를 확보하고 있기 때문에, 우리는 그들이 그 두루마리를 발견했다는 것을 알고 있다. 그리고 우리는 그 두루마리가 언제 처음으로 골동품 시장에 나왔는지도 알고 있다.

1947년 4월에(혹은 그 무렵에) 그 베두인이 두루마리를 베들레헴으로 가지고 왔다. 베들레헴은 장이 서는 타아미레 족의 주요 읍이었다. 당시에 그들이 무슨 생각을 했는지, 두루마리의 가치에 대해 어떤 논쟁이 있었는지, 팔 수 있는 권리를 누가 갖고 있었는지 궁금할 수밖에 없다. 우리는 두루마리가 발견되어 시장에 나올 때까지 어떤 상태에서 보관되었으며, 정확하게 얼마나 많은 두루마리가 포함되어 있었는지도 모르고 있다. 예를 들어 어떤 이야기에 의하면, 두루마리가 결국 학자 손에 들어온 것은 7개가 아니라 8개였다고 한다.[9]

두루마리를 베들레헴에 가지고 왔을 때 무슨 일이 있었는지도 처음 발견했을 때의 상황과 마찬가지로 분명치 않다. 베들레헴에서 그 베두인은 한 사람 혹은 아마도 두 사람의 골동품 상인과 접촉했다. 그 상인은 파이디 살라히 Faidi Salahi와 파이디 알-알라미 Faidi al-'Alami였는데,[10] 동명이인이었는지도 모른다.[11] 또는 칸도라고 더 잘 알려진 칼릴 이스칸델 샤힌 Khalil Iskander Shahin이었을 수도 있다. 칸도는 그 베두인과 함께 동굴로 가서 몸소 불법적인 발굴을 했을 것이고,[12] 아마도 그 베두인이 빠뜨렸을 두루마리를 하나 혹은 여러 개를 찾아냈을 수도 있다. 여하튼 간에, 온전한 두루마리는 모두 7개였다. 베두인이 원래 그만큼 찾아냈거나, 아니면 칸도가 발굴한 것이 추가되었을 것이다.

이 두루마리는 한 묶음은 3개, 또 한 묶음은 4개로 나뉘어졌다. 그 이유는 분명치 않다. 이 두루마리들이 서로 다른 시기에 발견되었기 때문일 수도 있다. 혹은 베두인들이 따로 몫을 나누었기 때문일 수도 있다. 여하튼 간에 두루마리 중 3개는 살라히 손에 들어갔고 4개는 칸도 손에 들어갔다. 어떤 이야기에 의하면, 칸도가 두루마리 값으로 베두인에게 지불한 돈은 5디나르(14달러)에 불과했으며, 시장에서 부르는 값의 3분의 1(어떤 사람들의 얘기에 의하면 3분의 2)을 주기로 약속했다.

서양의 저자들은 여기에 등장하는 베두인과 칸도 같은 순진한 사람들을 모독하는 경향이 있다. 베두인은 그들이 갖고 있는 것이 무엇인지 몰랐다고 한다. 그게 사실임이 확실하다. 그러나 그들은 자기들이 갖고 있는 것이 무엇인지 모르지만 골동품 시장에서 값비싼 것임을 알았을 가능성이 많다. 하버드 대학의 프랭크 크로스Frank Cross 교수가 지적한 바와 같이, "타아미레 족은 고고학 문제에 경험이 없지 않았다."[13] 그들은 오랫동안 전문 고고학자들을 위해 일해 왔으며, 크로스가 지적하는 바와 같이 그들이 발견한 골동품에 대해 자부심을 갖고 있었다.

으레 구두 수선공으로 소개되고 있는 칸도도 마찬가지였다. 칸도는 두루마리 4개가 자기 손에 들어온 직후, 친구이자 같은 시리아 정교회 신자인 게오르게 이사야George Isaiah와 의논하고 함께 그 두루마리를 예루살렘의 시리아 정교회 마르 아타나시우스 예슈에 사무엘Mar Athanasius Yeshue Samuel 대주교에게 가지고 갔다. 최근의 어느 글에서는 그들이 그 두루마리를 마르 사무엘에게 가지고 가지 않았더라면, "칸도는 현대에

칼릴 이스칸델 샤힌(칸도) ●●●
골동품 상인으로 베두인과 학자들 사이의 중개인 역할을 하였다.

마르 아타나시우스 예슈에 사무엘 대주교 ●●●
원래의 7개 두루마리 중 4개를 구입하여 미국에서 팔았다.

발견된 가장 위대한 필사본을 그의 구둣방에서 구두를 수선하는 데 사용했을 것이며 다른 사람은 아무도 그 필사본을 보지 못했을 것"이라고 주장하고 있다.[14] 이런 주장은 두루마리가 너무 약하고 부서지기 쉬운 것이어서 그런 용도에 사용할 수가 없을 뿐만 아니라, 칸도가 학자들에게는 그 두루마리가 귀중한 것임을 알 만큼 닳고 닳은 사람이기 때문에 터무니없는 것이다. 칸도는 그냥 구두 수선공이라고 부르면 언제나 화를 내며 새치름해졌다. 나는 최근에 그의 아들들과 대화를 나누면서 칸도의 아버지인 그들의 할아버지가 성공한 사업가로 부자이기도 했다는 이야기를 들었다(나는 칸도에게 그의 입장에서 두루마리에 대한 이야기를 기록해 두도록 거듭 재촉했지만 그는 그렇게 하지 않은 채 1994년에 죽었다). 칸도는 1947년에 두루마리가 손에 들어왔을 당시 몇 개의 기업체를 소유하고 있었는데 그 중에 조그마한 구두 공장도 포함되어 있었다(이 때문에 그는 구두 수선공으로 간주되었다). 그러나 그는 골동품을 좋아했고 이미 골동품 상점도 하나 갖고 있었다(한편으로는, 아들들이 나에게 진실을 말하고 있다고 믿을 수 있는가? 하는 생각도 들었다).

작은 묶음인 3개의 두루마리를 가졌던 살라히는 레본 오한Levon Ohan이라는 아르메니아 친구와 접촉했다. 그 친구는 예루살렘에서 잘 알려진 아르메니아 골동품 상인인 나스리 오한Nasri Ohan의 아들이었다. 이번에는 오한이 히브리 대학교 고고학 교수인 친구 엘레아제르 루파 수케닉Eleazer Lupa Sukenik과 접촉했다. 그 친구는 시장에 나오는 골동품을 항상 지켜보고 있었다. 수케닉은 이가엘 야딘Yigael Yadin의 아버지였다. 이가엘 야딘은 아버지의 유업을 이어 받아 이스라엘에서 가장 유명한 고고학자이자 사해 두루마리 학자가 되었다. 그러나 이스라엘이 건국되기 전이었던 그 당시에 야딘은 지하 군대인 하가나Haganah의 작전 책임자였다.

수케닉은 당시에 있었던 일을 자기 나름대로 상당히 자세하게 기록해두었다.[15] 1947년은 팔레스타인에서 영국의 위임통치가 끝나는 시기였다. 폭력이 난무했다. 영국 보안군은 예루살렘의 군대 주둔지역을 나누어 유대인 지구와 아랍인 지구로 분리시켜 놓고 철조망으로 경계선을 표시해 두고 있었다. 다른 지구로 이동하기 위해서는 군용 통행증이 필요했다. 수케닉과 그의 친구 오한은 통행증이 없었다. 그래서 그들은 B지역으로 들어가는 관문에서 만나기로 합의했다.

수케닉 쪽 바리케이드 반대편에서 오한이 양피지 조각 한 개를 서류가방에 넣어 가지고 와서 철조망을 통해 그것을 수케닉에게 보여주었다. 수케닉은 히브리어 글자 형태가 기원이 바뀔 즈음에, 말하자면 약 2천년 전에 예루살렘에서 흔히 볼 수 있었던 납골당 석회석 유골상자에서 그가 살펴본 적이 있던 글자 형태와 닮았다는 것을 알아보았다(220쪽 참조).

수케닉은 즉시 그 조각의 출처인 두루마리를 구입하기로 결정했다. 당시에 그는 하고 싶은 얘기를 많이 하지 않은 채, 관심을 표시하며 친구에게 더 많은 견본을 보여달라고 요구했다. 수케닉은 통행증을 얻어 B지역으로 들어갔다. 더 많은 조각들을 살펴본 후 그는 구입 가격을 협상하기 위해 베들레헴으로 가기로 결심했다.

당시에는 매우 위험한 여행이었다. 그래서 가지 말라고 그의 아내가 말렸다. 수케닉에 의하면, 베들레헴에 가려고 "생각하는 것조차 미친 짓이라고 아내가 말했다." 지구 반대편에서 국제연합(UN)이 팔레스타인을 유대인 국가와 아랍 국가로 분할하기 위한 투표를 실시하려 했기 때문에 특히 긴장이 고조되고 있었다. 3분의 2의 찬성으로 가결이 된다면, 아랍인들이 유대인 국가가 생겨나는 것을 막기 위해 전쟁을 선포할 것이고, 표결을 하기 전에 산발적으로 있었던 폭력이 전면전으로

급변할 수 있었다. 널리 예상되던 일이 실제로 일어났다.

수케닉은 그의 아들과 상의했다. 아들은 예상되는 아랍의 공격에 앞서 예루살렘의 방어 태세를 점검하기 위해 잠시 그곳을 방문하고 있었다. 야딘은 자신이 보였던 반응을 이렇게 설명하고 있다. "내가 아버지에게 어떻게 말해야 했겠습니까? 고고학을 공부하는 학생으로서 나는 그처럼 귀중한 문서를 손에 넣을 수 있는 기회를 놓칠 수가 없다고 생각했습니다. 다른 한편으로는 이스라엘 건국운동을 주도하던 하가나의 작전 책임자로서 나는 아버지가 아랍권 베들레헴을 여행하면서 겪게 될 위험을 매우 잘 알고 있었습니다. 아들로서 나는 이러지도 저러지도 못하고 있었습니다. 나는 애매한 태도를 취하려 했지만, 떠나시기 전

히브리 대학교의 엘레아제르 L. 수케닉 교수 ●●●
처음으로 두루마리 조각을 본 학자였다.

에 아들이며 군인이라는 입장이 앞서서 가시지 말라고 이야기했습니다."

수케닉은 아내의 말도 아들의 말도 듣지 않았다. 1947년 11월 29일 그와 오한은 베들레헴으로 가는 아랍 버스를 탔다.[16] 수케닉은 승객 중 유일한 유대인이었다. 긴장감이 피부로 느껴졌지만, 버스 여행은 아무 탈 없이 무사했다.

우선 아랍 커피를 마시며 정중히 인사를 나눈 후, 살라히가 두루마리가 발견되었던 항아리 두 개를 가져왔다. 그리고 나서 그는 두루마리들을 꺼내 보여 주었다. 수케닉은 그 순간을 이렇게 묘사하고 있다. "두루마리를 풀기 시작하는 내 손이 떨렸다. 나는 몇 개의 문장을 읽었다. 그것은 아름다운 고대 히브리어로 씌여 있었다. 언어는 시편의 언어와 같았다."

수케닉은 살라히에게 그 두루마리를 십중팔구 사게 될 것이라고 말하며 이틀 후에 알려주겠다고 약속했다. 그 동안 수케닉이 두루마리 3개 중 2개를 예루살렘으로 가지고 가서 더 면밀히 조사해 보기로 했다. 살라히는 두루마리를 종이로 싸서 수케닉에게 건네 주었다. 수케닉은 살라히에게 작별인사를 하고 나서 잠시 타고 가면 예루살렘으로 돌아갈 수 있는 버스에 올라탔다. 그는 양손에 2개의 두루마리를 들고 가고 있었다. 하나는 히브리어로 쓴 감사 시편, 즉 호다욧*Hodayot*(찬가)으로 알려지게 될 두루마리였고, 다른 하나는 역시 히브리어로 쓴 전쟁 두루마리 밀하마*Milchamah*(싸움), 즉 더 자세히 말하면 빛의 아들들과 어둠의 아들들이 싸우는 전쟁에 대한 두루마리였다(211쪽 참조). 그는 떨리는 두 손을 어쩔 수 없었다. 일주일 후에 그는 이사야서 사본으로 나중에 이사야b로 알려지게 될 세 번째 두루마리를 확보했다.

수케닉이 베들레헴에서 돌아오고 나서 몇 시간이 안 되어 국제연합은 필요한 3분의 2 찬성표로 분할 결의안을 통과시켰다. 수케닉이 서재로 돌아와서 두루마리에 열중하고 있을 때 그의 막내아들 마티Mati가 뛰어 들어와서 투표결과를 알려 주었다. 마티는 곧 발발한 전쟁 중에 살해되었다.

수케닉은 이렇게 썼다.

> 나는 집에 가만히 앉아 있을 수가 없었다. 유대인의 예루살렘을 갖게 된 기쁨을 함께 나누기 위해 밖으로 나갔다.……거리에는 모여든 차들로 가득했고 젊은이들이 그 차에서 뉴스를 듣지 못했을 사람들에게 고함을 치며 소식을 알리고 있었다.……나는 내 자신이 가진 뉴스 때문에 가슴이 터질 것 같았다. 그 위대한 발견을 누군가에게 이야기해야 했다. 나는 친구들을 찾아보다가 가까이 있는 군중들 가운데에서 두 사람을 발견하고 기뻤다.……나는 굉장히 흥분된 목소리로 떠들어댔다. 그들이 내 말을 믿었는지 혹은 내가 하는 말을 듣기나 했는지 모르지만, 그날 밤 그 감동적인 기쁨으로 소란한 가운데 내가 무언가 굉장한 소식을 전하고 있다는 것을 감지한 그들은 아낌없이 기뻐해 주었다.

그 다음날 아랍인들이 공격을 개시했다. 이웃의 아랍국가 7개국이 공식적으로 선전포고를 했다. 이스라엘 사람들이 독립전쟁이라 부르는 전쟁이 터진 것이었다. 그리고 거의 6개월 후인 1948년 5월 15일에는 텔아비브에서 이스라엘 국가가 선포되었다.

수케닉과 그의 아들이 3개의 두루마리를 획득한 것을 경이적인 일로 본 것은 매우 당연한 것이었다. 야딘은 이런 말을 했다. "발견한 두루마리를 이스라엘 국가가 창건되는 순간에 획득한 것에 어떤 상징적인 의미가 있다는 느낌을 나는 지울 수가 없다. 마치 이들 필사본들이 [서기 70년에 로마인들에 의해] 이스라엘이 독립을 잃은 이후 이스라엘 백성이 고향으로 돌아와 자유를 되찾을 때까지 2천년 동안 동굴 속에서 기다리고 있었던 것 같다. 이 같은 상징성을 높인 것은 아버지가 국제연합이 2천년 후 이스라엘에 유대인 국가를 재건하기 위해 투표를 실시한 바로 그 날인 1947년 11월 29일에 처음 3개의 [2개의?] 두루마리를 이스라엘로 가지고 온 사실 때문이다."[17]

1948년 1월에 수케닉은 칸도가 속해 있는 공동체와 같은 시리아 정교회에 속해 있는 안톤 키라스Anton Kiraz라는 한 친지로부터 전화를 받았다. 그 사람은 더 많은 두루마리를 입수할 수 있다고 말했다.

물론 이것은 칸도가 갖고 있는 4개의 두루마리를 말하는 것이었지만, 그때는 칸도가 그것을 이미 마르 사무엘 대주교에게 팔아버리고 난 후였다. 칸도는 1947년 4월에 자기 몫에서 나온 조각들을 마르 사무엘에게 가지고 갔었다. 마르 사무엘은 그 조각들이 히브리어로 씌어진 것을 즉시 알아보았다. 그는 칸도에게 그 조각들이 나온 두루마리들을 가져오도록 했고, 칸도는 베두인들에게 두루마리를 가지고 마르 사무엘이 살고 있는 성 마르코 수도원을 찾아가도록 했다. 해진 옷을 입고 불결해 보이는 모습으로 수도원을 찾아갔다가 문 앞에서 쫓겨난 베두인들은 두루마리를 갖고 베들레헴으로 돌아왔다. 마르 사무엘은 점심 식탁에서 한담을 나누다가 어떤 불결한 베두인을 쫓아버렸다는 말을 듣고서야 상황을 알게 되었다. 그는 즉시 칸도를 불러 사과했다.

2주일 후, 칸도가 몸소 두루마리를 수도원으로 가져갔다. 거래는 재빨리 이루어졌다. 마르 사무엘은 24파운드, 100달러를 주고 그 두루마리를 산 것으로 알려졌다. 칸도가 베두인들에게 그들의 몫을 지불했다면, 그는 그 중 3분의 2(혹은 3분의 1)를 챙겼을 것이다.[18]

그가 산 것이 위조 문서일 수도 있고 비교적 최근의 필사본일 가능성도 많아서 확신할 수 없었던 마르 사무엘은 예루살렘에 있는 학자들에게 자문을 구했다. 그가 자문을 구했던 사람들 중에는 고대유물 관리국에 근무하는 친구, 유명한 프랑스 성서 및 고고학 학교(연구소)를 가진 성 스테파노의 도미니코 수도원의 학자들, 히브리 대학교 도서관의 사서들이 포함되어 있었다. 안톤 키라스의 제의에 따라, 마르 사무엘은 히브리 대학교 고고학 교수인 E. L. 수케닉에게도 그 두루마리를 보여주기로 결정했다. 키라스는 필요한 소개를 하게 되어 있었다.

키라스와 수케닉은 B지역의 YMCA에서 만나기로 약속했고 수케닉은 새로운 통행증을 얻어냈다. 키라스는 다른 4개의 두루마리를 가져와서 수케닉에게 보여주었다. 수케닉은 그것이 그가 이미 확보한 것과 같은 은닉 장소에서 나온 것임을 금방 알아보고 그것을 사고 싶다는 뜻을 표명했다. 그래서 수케닉이 그 두루마리들을 가져가서 더 자세히 조사해 보고 며칠 후에 돌려주기로 다시 한번 합의를 보았다.

전쟁으로 피폐해진 상황이라 중동 사람들이 흔히 하는 식으로 밀고 당기며 한가하게 흥정할 시간이 없었다. 수케닉은 거래를 빨리 결말짓는 가장 좋은 방법은 2,000파운드를 테이블 위에 내놓는 것이라고 판단했다. 그러나 그는 돈을 마련할 수 없었다. 그는 처음에 본 두루마리를 구입하기 위해 1,500파운드 주택담보 대출을 신청했었다. 그러나 그 대출은 마지막 순간에 다른 자금을 이용할 수 있게 되었기 때문에 전혀 이루어지지 않았다. 수케닉은 마르 사무엘의 두루마리 값을 지불하기 위해 다시 대출을 신청했다. 그러나 이번에는 군사적·정치적 상황이 악화되는 바람에 거부당하고 말았다. 그는 두루마리를 키라스에게 돌려주는 것 외에는 달리 선택할 방법이 없었다. 두 사람은 다시 만나기로 약속하고 윗사람을 동원하기로 합의했다. 수케닉은 히브리 대학교 총장을 동원하고 키라스는 마르 사무엘을 동원하기로 한 것이다. 그들이 수케닉과 키라스보다 가격 협상을 잘 해낼 것이라고 생각했다.

수케닉은 그 두루마리들을 다시는 보지 못했다. 당분간 그 두루마리들을 팔지 않기로 결정되었다고 키라스가 그에게 통보해 주었다. 마르 사무엘은 정치적인 상황이 안정되어 국제 시장에서 정당한 가격을 결정할 수 있을 때까지 기다리기를 원했다.

　이 시점에서 마르 사무엘의 동료 수도자이자 가까운 친구인 부트로스 소우미 Butros Sowmy가 예루살렘에 있는 미국 동양학연구소에서 그 두루마리들에 관해 더 많이 알아보기로 결정했다. 이 연구소는 고고학계를 대표했던 존스 홉킨스 대학교의 위대한 학자 윌리엄 폭스웰 올브라이트 William Foxwell Albright에 경의를 표하여 오늘날에는 이름을 W. F. 올브라이트 고고학 연구소로 바꾸었다. 당시의 연구소 소장은 예일대학교의 밀러 버로우즈 Millar Burrows 교수였는데, 소우미가 전화를 걸었을 때 자리에 없었다. 그래서 연구소에 있던 존 트레버 John Trever라는 젊은 친구가 그 전화를 받았다. 미국인들이 성 마르코 수도원이 있는 동 예루살렘으로 들어가는 것이 안전하지 못했기 때문에, 트레버는 소우미에게 그 두루마리들을 미국 연구소로 가져올 수 있으면 좋겠다고 했다. 소우미는 그렇게 하겠다고 했고 다음날 그 두루마리들을 들고 나타났다.

　트레버는 너무 놀라 아연할 수밖에 없었다. 글씨가 당시에 가장 오래된 히브리 성서 조각으로 연대가 기원전 약 150년 혹은 그 직후로 알려져 있던 유명한 나쉬 파피루스의 글씨와 아주 닮았었기 때문이었다.[19]

　트레버가 두 손으로 들고 있던 두루마리들 중 하나는 완벽한 이사야 예언서 사본(이사야a)이었다. 다른 하나는 공동체 규율집으로 알려지게 될 것이었다. 세 번째 두루마리는 이른바 소 예언서 중의 하나인 하바쿡에 관한 주석(히브리어로 쓴 페쉐르 하바쿡)이었다. 네 번째 두루마리는 너무 뒤틀리고 부서지기 쉬워서 펼칠 수가 없었다. 원래 이 사본에는 라멕이라는 이름을 볼 수 있었기 때문에 두루마리 L이라고 불렀다. 몇 년 후에, 아주 엉망이 되어 있던 이 두루마리를 마침내 펼쳐보았을 때,

이 두루마리에 창세기를 확대한 공상적인 내용들이 포함되어 있다는 것을 알게 되었다. 그래서 이제는 외경 창세기로 불리고 있다.

다행히, 트레버는 못 말리는 사진 애호가였고 전문가에 가까운 사진 기술을 갖고 있었다. 그는 두루마리들을 사진으로 완벽하게 기록해 두자고 제의했다. 마르 사무엘과 협의를 하고 트레버의 재촉도 받은 소우미는 그 제의에 동의했다. 충분한 필름을 확보하기 위해, 트레버는 전쟁으로 파괴된 도시를 뒤지고 다니다가 마침내 묵은 인물사진 필름을 상당수 찾아냈다. 나중에 다른 사람들이 사진을 찍었지만, 트레버가 찍은 사진이 이들 두루마리의 내용에 대한 가장 훌륭한 증거물로 남아 있다(당시에 펼칠 수가 없었던 외경 창세기는 찍지 못했다).

트레버와 수케닉은 두루마리의 연대를 상당히 정확하게 매겼다. 그러나 처음에는 그 연대가 매우 의문시되었다. 히브리어 필체에 대한 고문서학이 당시에는 유년기에 있었다(114쪽 참조). 상당수 학자들은, 그 중에서도 특히 필라델피아 드랍시 대학의 솔로몬 자이틀린Solomon Zeitlin은 두루마리의 연대가 중세시대에 불과하다고 주장했다.[20] 혹시 위조된 가짜가 아닐까라는, 진위 여부에 대한 다른 의문도 끊이지 않았다.

이 두 가지 의문은 트레버가 사본의 사진을 당시의 일류 성서 고고학자이며 셈족 비명학자였던 볼티모어 존스 홉킨스 대학교의 W. F. 올브라이트에게 보냈을 때 풀리게 되었다. 올브라이트의 유명한 회신은 이스라엘이 독립한 바로 그 날인 1948년 5월 15일에 미국 연구소에 도착했다. "현대에서 가장 위대한 필사본 발견을 중심으로 축하합니다! 제가 볼 때는 필체가 나쉬 파피루스보다 더 오래된 것임을 의심할 여지가 없습니다.……저는 연대를 기원전 약 100년 전으로 보고 싶습니다.……정말 엄청나게 놀라운 발견입니다! 그리고 다행스럽게도 필사본이 진짜라는 것을 추호도 의심할 여지가 전혀 없습니다."

예루살렘에서 급증하는 폭력 때문에, 2주일 후에는 미국 연구소가 일시적으로 문을 닫았고 미국인 직원들은 본국으로 돌아갔다. 그러는 동안 마르 사무엘은 안전을 위해 두루마리를 베이루트에서 보관하기로 결정했다. 그곳으로 두루마리를 가져간 직후, 부트로스 신부는 성 마르코 수도원 마당에 서 있다가 폭탄의 파편에 맞아 사망했다.

1949년 1월 마르 사무엘은 예일 대학교로 돌아간 버로우즈 교수의 초정으로 두루마리를 가지고 미국에 도착했다. 대주교는 자신의 교회를 위해 돈이 필요하여 구매자를 찾고 있었다.

두루마리에 대한 관심을 불러일으키기 위해, 그는 버로우즈와 트레버의 도움을 받아 두루마리를 공개 전시하기로 했다. 1949년 10월 마르 사무엘의 두루마리들이 의회 도서관에서 요란한 선전과 함께 전시되었다. 그곳을 시작으로 볼티모어의 월터즈 미술관, 시카고 대학교 동양연구소, 매사추세츠주 워체스터의 워체스터 미술박물관, 노스캐롤라이나 더램의 듀크 대학교 등 여러 다른 박물관과 미술관에서 전시회를 가졌다. 관심이 높아졌지만, 이상하게도 두루마리를 사겠다고 쉽게 나서는 기관이 없었다.

몇 년이 지나갔다. 그러는 동안 마르 사무엘은 뉴저지에 정착했다. 자포자기하여, 그는 1954년 6월 1일자 『월 스트리트 저널*The Wall Street Journal*』에 이제는 유명해진 안내광고를 내어 두루마리를 팔겠다고 내놓았다(41쪽 참조).

우연하게도 이가엘 야딘은 그 당시에 미국에서 강연여행을 하고 있었는데 누군가가 그 광고를 보라고 일러주었다. 그는 이스라엘을 위해 그 두루마리를 사기로 결심하고 중개인이 그 광고에 응하여 구매 협상을 벌이도록 조처했다.

오랜 협상 끝에, 두루마리 4개를 25만 달러에 구매하기로 합의했다.

당시에도 엄청나게 싼값이었다. 물론 야딘과 이스라엘은 마르 사무엘이 구매자를 알면 동의해주지 않을 수도 있으므로 명목상 거래에 관여하지 않았다. 양측의 변호사가 매매증서를 작성했다. 파는 사람 대표로 마르 사무엘이 서명하고 사는 사람 대표로 뉴욕의 사업가 시드니 에스트리지Sydney Estridge가 서명했다.

야딘을 대신하여 거래를 추진해온 사람들은 전문적인 협상자들이었다. 그러나 그들이 할 수 없는 일이 한 가지 있었는데, 그것은 납품된 두루마리의 정체와 진위 여부를 확인하는 것이었다. 이 일을 하기 위해서는 그 분야의 학자가 필요했다. 마르 사무엘이 야딘을 알기 때문에 야딘이 나설 수가 없었다.

야딘은 친구인 존스 홉킨스 대학교의 해리 올린스키Harry Orlinsky에게 전화를 걸었다. 올린스키가 설명하는 바에 의하면, 전화가 걸려왔을 때 그는 휴가 여행을 하기 위해 막 문 밖에 나와 있었다. "전화 소리가 울렸을 때 아내는 이미 차에 타고 있었고 나는 문을 잠그고 있었다." 비밀에 대한 군인 특유의 본능으로, 야딘은 이유를 말하지 않고 이스라엘에 중요한 문제가 있으니 휴가를 연기하고 즉시 뉴욕으로 오라고 했다. 그 사건에 대해 올린스키는 이렇게 설명했다. "나는 아내와 이야기할 시간을 1~2분 달라고 했다. 우리 두 사람은 이스라엘이 나를 필요로 한다면 우리에겐 선택의 여지가 없다고 판단했다."[21]

뉴욕에 도착한 올린스키는 그가 할 임무에 대한 지시를 받았다. "나는 'Mr. 그린'이라는 가명으로 고객을 대신하는 전문가 행세를 하기로 되어 있었다. 나는 월도프-아스토리아 호텔의 렉싱턴가 입구까지 택시를 타고 가게 되어 있었다. 그 호텔에는 케미컬뱅크&트러스트컴퍼니 Chemical Bank and Trust Co.의 지점이 있었다. 나는 미행 당하지 않도록 해야 했다. 시드니 에스트리지라는 사람이 거기서 나를 기다리고 있었다. 우

> "The Four Dead Sea Scrolls"
>
> Biblical Manuscripts dating back to at least 200 BC, are for sale. This would be an ideal gift to an educational or religious institution by an individual or group.
>
> Box F 206, The Wall Street Journal.

두루마리 광고 ●●●
마르 사무엘이 『월 스트리트 저널』에 게재한 이 광고로, 야딘이 원래의 은닉 장소에서 나온 두루마리들 중 남은 4개를 구입하게 되었다.

이가엘 야딘(왼쪽)과 제임스 비버크라우트(오른쪽) ●●●
이가엘 야딘은 1952년에 군에서 제대하고 나서 곧 이스라엘에서 가장 저명한 고고학자가 되었다.

리는 서로 신원을 확인하는 방법을 알고 있었다. 그는 나와 함께 은행의 지하실로 내려갔다. 우리는 거기서 조사할 두루마리를 갖고 있는 [마르 사무엘] 대주교의 대리인을 만났다. 나는 가능한한 말을 적게 하고 Mr. 그린이라는 것 이상의 신분 확인을 받아들이지 않기로 되어 있었다.

지하실은 통풍이 잘 되지 않아 더웠고 불빛이 충분치 못했다. 바닥에 있는 검은색 큰 트렁크에서 4개의 두루마리가 나왔다. 가장 중요하고 감동적이었던 것은 그것들이 모두 66장으로 되어 있는 이사야 두루마리였던 것이다."

두루마리 4개가 진품임을 확인한 후, 올린스키는 공중전화로 가서 전화번호부에 없는 번호로 전화를 걸고 암호로 말했다. 르차임(건배). 그의 임무는 성공적이었다.

4개의 두루마리는 한 번에 하나씩 이스라엘로 공수되었다. 거기서 그 두루마리들은 7년 전에 야딘의 아버지인 수케닉이 확보해 놓은 3개의 두루마리와 합쳐졌다. 애석하게도 1년 전에 죽은 수케닉은 살아서 이 일을 보지 못했다.

돈을 마련하지 못해 이 두루마리 4개를 확보하지 못했던 1948년에 그는 일기에 이렇게 썼다. "그래서 유대 백성은 귀중한 유산을 잃어버렸다."

1955년 2월 13일 이스라엘 수상 모세 샤레트Moshe Sharett는 특별 기자회견을 열고 7개의 두루마리가 이제 모두 이스라엘에 있다고 발표했다. 그 발표는 전 세계 신문 제1면의 주요 뉴스로 보도되었다. 마르 사무엘은 자신이 그 두루마리를 이스라엘 정부에 팔았다는 것을 아마 처음으로 알았을 것이다.

아니면 그가 이 사실을 이미 알고 있었을까? 야딘은 어떻게 해서 25만 달러라는 얼마 안 되는 금액으로 사해 두루마리 4개를 구입했는가?

1933년에 영국 박물관은 그리스어로 쓴 4세기 때의 성서인 시나이 사본을 10만 파운드(당시의 환율로 33만 3천 달러)에 구입했다. 야딘이 이스라엘을 위해 이들 4개의 두루마리를 구입했던 그 무렵에, 예일 대학교는 『이상한 나라의 앨리스』 초판을 4개의 두루마리 중 1개 값에 조금 못 미치는 5만 달러에 샀다.

왜 미국 기관들은 마르 사무엘의 두루마리를 구입하는 데 관심이 없었을까? 왜 야딘의 대리인만 마르 사무엘이 낸 『월 스트리트 저널』의 광고에 유별나게 진지한 반응을 보였을까?

야딘은 이러한 상황을 "[미국] 희귀본 시장의 그릇된 평가" 탓으로 돌렸다.[22] 그러나 또 한 가지 더 그럴듯한 설명이 있다.

사해 두루마리가 나온 동굴은 요르단 강 서안에 있다. 두루마리가 발견된 당시에는 요르단이 서안을 지배했고 그것을 요르단의 일부라고 주장했었다. 하지만 영국과 파키스탄만이 요르단의 주권을 인정했다. 스스로 선포한 주권으로 요르단은 그 두루마리들에 대한 권리를 주장했다. 요르단의 입장에서 보면, 마르 사무엘이 그 두루마리들을 동 예루살렘(구 예루살렘이 속해 있는 곳)에서 밀반출했다. 그 당시에 예루살렘 역시 요르단이 지배하고 있었다. 두루마리에 대한 요르단의 권리 주장이 언론에 보도되었으므로, 마르 사무엘은 분명히 그 사실을 알고 있었다. 한마디로 말하면, 그는 소유권을 안전하게 넘겨 줄 수 없었다. 구매자가 누구이든, 즉 이스라엘을 제외하고 구매자가 누구이든 요르단의 하심 왕국이 소송을 걸어 두루마리를 반환해 줄 것을 요구하는 상황을 걱정하지 않을 수 없었다. 이스라엘과 요르단은 법적으로 전쟁상태에 있었다. 요르단이 이스라엘에 소송을 거는 것은 유대인의 국가를 인정하는 것을 의미했을 것이다. 요르단은 그런 조치를 취하기를 꺼려했을 것이다.

요컨대, 이스라엘은 그 두루마리들을 구입할 수 있는 유일한 구매자였을지도 모른다. 마르 사무엘이 이런 것을 알았을까? 특히 그가 미국에서 기대하던 구매자들에게 관심을 불러일으킬 수 없었을 때 이런 것을 알았을 가능성이 많다. 아마도 이 때문에 두루마리들을 겨우 25만 달러에 기꺼이 팔았을지도 모른다. 그는 두루마리를 사려는 낯선 사람들이 아마 이스라엘 국가를 대표하는 사람들일 것이라고 생각했음이 틀림없다. 마르 사무엘은 그 두루마리들을 공개적으로 이스라엘에 팔 수가 없었기 때문에, 그런 위장이 야딘은 물론 마르 사무엘을 보호해주었다. 이스라엘에 팔았던 결과가 마르 사무엘과 그의 신자들 및 교회에 가혹한 영향을 미쳤을 수 있었다. 야딘은 이런 모든 것을 피하도록 그를 도와주었고, 마르 사무엘은 속았다는 비난을 받지 않을 수 있었다.

마지막은 참으로 아이러니하다. 마르 사무엘은 그의 교회를 위해 그 두루마리를 팔려고 했다. 그 수익금은 그의 신자들을 돕기로 되어 있었다. 그런데 서류 작성이 매우 서툴렀다. 미국 국세청은 그 수익금이 마르 사무엘의 개인 소득이므로 소득세를 내야 한다고 주장했다. 마르 사무엘은 그 주장에 항의했고 정부는 소송을 했다. 마르 사무엘은 그 소송에서 패소했고, 판매 수익금의 대부분을 미국 정부에 세금으로 지불했다.

제 2 장

고고학자 vs. 베두인

맨 처음 발견된 7개 두루마리가 학자들의 주목을 받게 된 후 얼마 지나지 않은 1948년에, 그 두루마리들이 발견된 동굴을 알아내려는 노력이 시작되었다. 발견 장소는(거기서 발견될 수 있는 항아리 파편들을 근거로 확실하게 매길 수 있는) 연대를 비롯하여 그 두루마리에 관해 더 많은 것을 밝혀줄 수 있었다. 그와 동시에 중요한 것은 거기서 더 많은 두루마리와 두루마리 조각들을 찾아낼 수 있다는 것이었다.

처음에 시도했던 수차례의 노력은 기대에 어긋나 실망스러웠다. 자신이 직접 동굴을 발굴해 본 적이 있는 칸도나 베두인들에게조차도 동굴을 확인하는 작업에 협조해 주도록 설득할 수 없었다.

결국, 위임통치하에서 요르단인들에 의해 고대유물 관리국 국장으로 고용된 영국인 고고학자 G. 랭케스터 하딩 G. Lankester Harding이 요르단 정예 군부대인 아랍 군단에게 문서가 발견된 곳으로 추정되는 사해 전 지역을 샅샅이 뒤져보도록 조치했다.

2~3일 수색 끝에 1949년 1월 28일 아카쉬 엘-제븐 Akkash el-Zebn이라는 대위가 한 동굴 입구에서 새로 파헤쳐진 흙이 있는 것을 알아챘다.[1] 더 자세히 살펴본 결과 상당히 많은 양의 흙이 동굴에서 밖으로 옮겨진 것이 밝혀졌다. 하딩과 그의 동료인 프랑스 성서 및 고고학 학교의

쿰란에서 G. 랭케스터 하딩, J. T. 밀리크, 롤랑 드보 ●●●
G. 랭케스터 하딩(오른쪽)과 J. T. 밀리크 신부(가운데)가 길벳 쿰란 발굴 현장에서 롤랑 드보(왼쪽)와 상의하고 있다.

롤랑 드보Roland de Vaux 신부는 그 동굴을 면밀히 조사하여, 그것이 두루마리가 발견된 바로 그 동굴임을 확인했다. 그들의 발굴로 다른 문서들에서 나온 약 70개의 조각은 물론, 과거에 베두인들이 동굴에서 꺼낸 대부분 온전했던 7개의 필사본 중 2개의 조각들을 찾아냈다. 동굴에서 발견된 대량의 항아리 파편들은 두루마리들이 고대의 유물임을 확인해 주었다.

사람들은 다른 동굴들에서 필사본을 더 찾아내기 위해 그 지역을 수색하는 작업을 이제 진지하게 시작할 것이라고 생각했을 것이다. 그러나 이런 생각 자체가 학구적인 사고로 떠오르지 않았다. 하버드의 크로스 교수가 묘사한 바와 같이, "뜻밖의 행운으로 인해 외딴 은닉 장소가 발견되었다는 것이 일반적인 생각이었다. 1번 동굴이 우연한 것이 아니라 고대인의 어떤 기묘하고도 교묘한 아이디어에 의해 선택된 은닉장소이거나 저장소라는 생각을 떠올린 학자는 분명히 별로 없었다."[2]

그러나 베두인들은 그렇게 무심하지 않았다. 크로스 교수의 멋진 말에 의하면, "고고학 분야에 성공적으로 데뷔한 타아미레 부족 사람들은 그것을 천직으로 삼는 경향이 있었다. 그들은 유대 사막의 메마른 황무지를 돌아다니며 동굴 안을 들여다보고, 바닥을 긁어 파 보았다. 그들은 끊임없는 실패에도 수개월이 지나가는 세월을 잊은 채 인내심을 가지고 낙담하지 않았다."[3]

그러는 동안 학자들은 근처에 있는 옛 주거지의 폐허를 발굴하기로 결정했다. 학자들은 더 많은 두루마리를 발견하거나 동굴에 두루마리를 갖다 놓은 사람들에 관해 무엇인가 알아내기를 기대하고 있었다. 길벳 쿰란으로 알려진 '쿰란의 폐허'는 동굴에서 남쪽으로 1.6킬로미터가 채 안 되는 지점에 위치해 있다. 이곳은 길벳 야후드, 즉 '유대인의 폐허'로도 알려져 있다.[4] 외관상으로 고고학적 유적지임을 분명히 알 수 있었다. 19세기 중 한때는 그곳이 성서에 나오는 고모라로 알려져 있었다. 나중에 그곳에서 로마 시대(두루마리 시대)의 질그릇 조각들이 발견되었다. 1951년 후반에 하딩과 드보가 발굴을 시작했다. 발굴작업은 드보의 감독하에 1956년까지 계속되었다.

드보에 의하면[5] 가장 오래된 층의 연대는 이스라엘 군주국 시대인 기원전 약 8세기까지 거슬러 올라갔다. 드보는 이 곳을 여호수아 15장 61절에서 유대 부족에게 할당된 것으로 언급되어 있는 소금성으로 보았다. 나중에 조사한 결과 그곳이 같은 구절에 언급된 스가가일 가능성이 더 많아졌다. 사본은 그곳이 '황무지에' 위치해 있었음을 말해주고 있다.

이 시기의 유물은 빈약하다. 그 지역은 5백년 혹은 그 이상 버려졌다가 기원전 2세기에야 겨우 사람이 다시 거주했음이 분명하다.

기원전 31년에는 강력한 지진이 이 지역을 강타하여 쿰란에 있던 거주지를 심하게 파괴했다.[6] 그레이트 리프트 밸리 *Great Rift Valley*(대지구대大地溝帶)가 레바논 산맥 동쪽 계곡에서 뻗어나가 사해를 통해 요르단 계곡으로 내려가 거기서 다시 홍해를 거쳐 아라바로 알려진 계곡으로 내려가서 아프리카 속으로 계속해서 들어가고 있다. 사해는 해수면 아래 거의 400미터에 이르는 지구상에서 가장 낮은 곳이다. 이 지구地溝에서 충돌하는 지각판들이 비교적 자주 지진을 만들어내고 있다.

드보는 기원전 31년의 지진으로 기원전 약 4년까지 그 지역이 버려져 있었다고 결론지었지만, 지금은 사람이 거주하지 않은 공백 기간이 많아야 몇 년이었을 것이라는 견해가 더 많다. 서기 68년에는 로마군이 예루살렘으로 가는 길에 이곳을 파괴했다. 로마군 수비대가 잠시 동안 점령한 후,[7] 이곳은 기약 없는 황무지와 작열하는 사막의 태양에 맡겨졌다.

이곳과 두루마리 사이에 어떤 관계가 있는가? 한때 여기서 살았던 사람들이 두루마리를 근처 동굴 속에 감추었는가? 그들이 여기서 그 두루마리들을 작성하거나 복사했는가? 그 두루마리들은 여기서 살았던 사람들의 장서에 속하는 것이었는가? 아니면 이곳은 두루마리들과 아무런 관계가 없는가? 어쨌든, 온전한 두루마리 7개가 발견된 1번 동굴은 쿰란에서 북쪽으로 약 1.6킬로미터 떨어진 곳에 있다.

이곳을 발굴하는 고고학자들이 이러한 의문들에 대한 해답을 얻으려고 노력하고 있는 동안, 베두인들은 그 지역에 있는 다른 동굴들 속에서 두루마리를 더 찾고 있었다. 1952년 2월에 그들은 처음으로 온전한 두루마리 7개가 발견되었던 동굴에서 멀지 않은 한 동굴에서 몇 개의

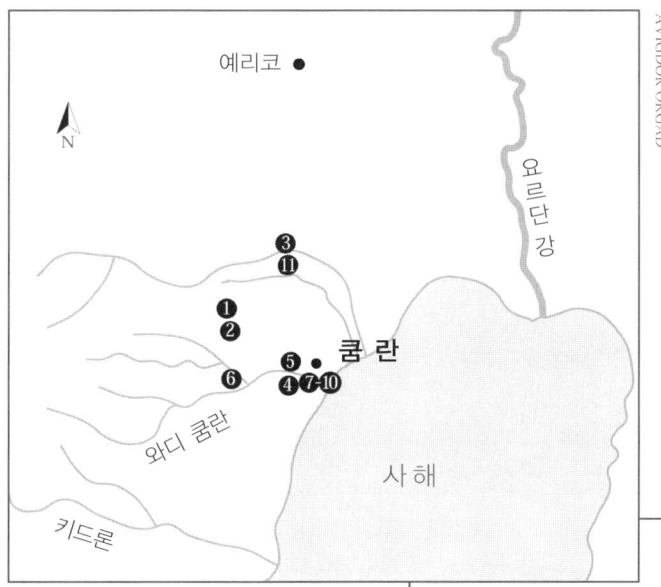

쿰란과 그 주변 ●●●
쿰란 주위에 밀집해 있는 11개의 동굴에서 고고학자들과 베두인들이 사해 두루마리들을 찾아냈다. 동굴들은 두루마리가 발견된 순서로 번호가 매겨져 있다.

쿰란은 높은 석회암 절벽 밑에 있는 와디 쿰란의 북쪽 끄트머리의 이회토 단구 위에 자리잡고 있다. 이곳은 예루살렘에서 동쪽으로 20.8킬로미터 거리에 있는 사해를 굽어보고 있다.

쿰란 4번 동굴 ●●●
5백 개가 넘는 두루마리 조각들이 발견된 4번 동굴. 사진 가운데에서 볼 수 있는 바와 같이, 오늘날에는 이 동굴의 꼭대기나 혹은 동굴의 양끝에서 안으로 들어갈 수 있다.

4번 동굴 내부 ●●●

필사본 조각들을 발견했다. 그 후 이 동굴은 2번 동굴로 알려지게 되었다. 조각들이 크거나 아주 많지는 않았지만, 그것들이 학계에 다른 동굴들 속에서 아직 더 많은 필사본을 발견할 수 있다는 가능성을 일깨워 주었다.

예루살렘에 있는 고고학 연구소들은 곧 쿰란의 북쪽은 물론 남쪽의 바위투성이의 높은 석회암 절벽에 있는 동굴들을 조직적으로 탐사할 탐험대를 조직했다. 프랭크 크로스는, "수색의 흥분이 나이 든 과학자들을 고고학의 신품종 산양들로 변모시켰다."[8]고 말했다.

1952년 3월에 학자들은 200개가 넘는 동굴들을 조사했다. 그들은 한 동굴 속에서 진귀한 것을 발견했다. 3번 동굴로 알려지게 된 이 동굴 속에는 희년서禧年書와 같은 정전으로 인정할 수 없는 작품은 물론 에제키엘과 시편 조각들이 들어 있었고, 알려지지 않은 작품들의 작은 조각들도 있었는데 그 중의 하나는 '평화의 천사'에 대해 언급하고 있는 것이었다.

이 같은 발견에 고무된 발굴자들은 그 동굴을 특별히 철저하게 탐사했다. 동굴 안쪽 다른 발굴물들과 따로 떨어져 있는 한 선반 위에서 그들은 약 30.48센티미터 높이의 작은 동판 두루마리 두 개를 발견했다. 그것은 그 전후에 발견된 모든 사해 두루마리들 중에서 가장 불가사의한 것이었다(제11장 참조). 사실상, 두 개의 동판 두루마리는 하나의 문서이며, 막대한 보물이 묻혀 있는 64개 장소를 열거하고 있다.

1952년 3월 말이 되자 학자들은 완전히 지쳐버렸다. 몇 사람은 고생을 많이 한 탓에 말라리아에 걸려 있었다. 그럼에도 불구하고 그들은 석회암 절벽에 있는 동굴 대부분을 탐사했다는 것을 알고 위안을 받았다.

그러는 동안 드보와 하딩 그리고 그들의 동료들은 석회암 절벽과 사해 해안 사이의 더 낮고 더 부드러운 사암층의 이회토泥灰土 단구段됴에 위치해 있는 쿰란에 대한 발굴을 계속했다.

그러나 베두인들은 사실상 고고학자들의 눈앞에서 필사본들을 더 찾아내기 위해 이회토 단구에 있는 동굴들을 계속 수색하고 있었다. 학자들은 과거에 발견된 필사본들이 이회토 단구를 굽어보고 있는 석회암 동굴들 속에 있었다는 것을 잘 알고 있었으므로, 그들의 수색 작업은 이치에 맞게 그 동굴들에 국한되어 있었다. 베두인들도 아무 부담 없이 쿰란이 자리잡고 있는 이회토 단구의 동굴들을 수색했다.

4번 동굴로 들어가는 입구의 통로는 축구장 2개의 길이가 채 안 되는 2~3백 미터 정도에 불과한데, 고고학자들은 거기서부터 쿰란을 발굴하고 있었다. 고고학자들은 낮에 발굴작업을 하는 반면에, 베두인들은 밤에 발굴작업을 했다. 그들은 여기서 주광맥主鑛脈을 발견했다.

두루마리 조각들을 찾아내기 위해 필요한 일은 동굴 속으로 걸어 들어가서 이곳저곳을 뒤져보는 것이 전부라고 생각하면 안 된다. 두루마리 조각들은 보통 바람에 날려온 모래와 냄새가 지독한 박쥐똥으로 덮여 있다. 세월이 흐르면서 동굴 바닥, 특히 부드러운 이회토로 되어 있는 바닥은 점점 부풀어오른다. 지붕도 침식작용으로 부풀어오르고 지진이 천장을 뒤흔들어 놓는다. 그래서 조금씩 떨어져서 아래에 있는 귀중한 문서들을 점점 더 많이 파묻어 버린다. 거무스름한 혼합물은 결국 벌레들과 쥐들의 먹이가 된다. 두루마리들은 흔히 지표에서 1미터 혹은 1미터 이상 밑에 들어 있었다.

타아미레 부족 사람들은 여러 면에서 전문가들이었다. 일부는 과거에 전문적인 고고학자들을 위해 일을 한 경험이 있었다. 어떤 사람들은 쿰란에서 드보를 위해 일하고 있었다. 그들은 습기 없는 동굴을 살펴볼 줄 알았다. 그들은 무엇을 하나 발견하기를 기대하며 날마다 참을성 있게 발굴했다. 오늘날에도, 현대의 전문적인 고고학 조사원들은 발굴물이 전혀 없는 동굴들 안에서 이들 베두인들이 이미 발굴한 증거를 흔히 접하고 있다.

1952년에 베두인들이 발견한 4번 동굴에는 5백 개 이상의 서로 다른 필사본들이 들어 있었는데 모두가 찢어진 조각들이었다. 그 가운데 온전한 것이 하나도 없었다. 대부분의 경우, 찾아낸 것은 원래 문서의 매우 작은 부분에 불과한 것이었다. 그 나머지는 벌레들이 먹어버렸거나 2천년 동안 뒤덮고 있던 박쥐똥의 부식작용으로 분해되어 버렸다.

고고학자들이 그들의 발 밑에서 벌어진 베두인들의 움직임을 알아챘을 때는 베두인들이 동굴의 내용물 중 80%나 아마도 90%를 옮겨버리고 난 후였다.[9] 고고학자들에게는 마무리 작업이 맡겨졌다. 그러나 그들이 나중에 칸도로부터 구입해야 했던 4번 동굴의 조각들이 발견된 장소를 확인할 수 있었던 것은 과학적으로 중요한 것이었다.

고고학자들은 베두인들이 4번 동굴을 발굴하고 있는 것을 알아채고 나서 곧 바로 그 인근에 있는 5번 동굴을 발견했다. 한편 베두인들은 와디 쿰란 위쪽 152미터 지점에서 6번 동굴을 찾아냈다.

1955년 봄에는 역시 이회토 단구이지만 사해에 더 가까운 곳에서 7번부터 10번에 이르는 새로운 동굴들이 발견되었다. 이 동굴들은 아주 옛날에 부식되어 붕괴된 것이었지만, 동굴이라는 증거가 충분하여 쿰란을 발굴하는 발굴자들에게 방심을 하지 못하게 했다.

5번에서 10번에 이르는 동굴들은 그 속에서 발견된 자료가 부족한 것으로 보아 대체로 작은 동굴이라고 생각되었다. 10번 동굴에서는 글씨를 써놓은 질그릇 조각인 한 개의 도편陶片만 찾아냈을 뿐이다. 그러나 7번 동굴은 속에서 발견된 19개의 조각들이 모두 그리스어로 씌어 있어 특별했다. 몇 개의 작은 조각들이 신약성서에서 나온 것이라는 주장은 제5장에서 검토해 볼 것이다.

한 가지 더 놀라운 일이 있었다. 이번에도 승자는 베두인들이었다. 쿰란에서 북쪽으로 1.6킬로미터 이상 떨어져 있고, 학자들이 동판 두루마리를 발견하는 큰 성과를 올렸던 3번 동굴로부터 멀지 않은 곳의 석회암 동굴에서, 베두인들이 동굴군 중에서 마지막 동굴이 될 11번 동굴을 발굴했다. 1956년에 발견된 것이 확실한 이 동굴은 은닉된 것들이 거의 처음 발견된 동굴만큼 풍부했던 것으로 밝혀졌다. 그러나 베두인들이 거기서 실제로 얼마나 많은 두루마리를 발견했는지는 여전히 하나의 미스터리로 남아 있다. 우리는 그들이 다른 필사본들의 수많은 조각들과 함께 적어도 3개의 두루마리를 발견했던 것으로 알고 있다. 그 두루마리들은 바빌론 유배 전에 사용되었던 고대 히브리어 필기체로 쓴 레위기 두루마리와 히브리 시편집에 없는 시편들이 추가되어 있는 시편서 두루마리, 그리고 유명한 성전 두루마리였다. 나는 '적어도' 3개의 온전한 두루마리가 11번 동굴에서 발견되었다고 말한다. 왜냐하면 더 많을 수 있기 때문이다. 우리는 골동품 시장에 나타나거나 성전 두루마리처럼 다른 어느 곳에서 빛을 보는 것들에 관해서만 알고 있다. 우리가 앞으로 살펴보겠지만, 성전 두루마리는 칸도 집안 소유로 발견되었고 몰수되었다(제12장 참조). 11번 동굴의 내용물들이 어떤 골동품상이나 수집가의 금고에 잘 간직되어 있을지도 모른다. 한 고참 학자는 땅속이 아니라 개인의 손에 아직도 숨어있는 사해 두루마리를 찾기 위해 전 세계를 여행하고 있다.

제3장

The Team at Work

작업팀

 1960년대 초반에 이스라엘이 확보한 7개의 두루마리 원본을 위해 '성서의 전당'이라는 특별 박물관이 예루살렘에 들어섰다. 건축학적으로 유별나게 지어진 이 건물은 두루마리처럼 반쯤 묻혀 있고 땅 위에 있는 지붕은 1번 동굴에서 나온 항아리 중 하나의 뚜껑 모양을 하고 있다.

 미국 및 이스라엘 학자들은 1950년대에 이들 7개 두루마리의 사본을 출판하여 학자들이 이용할 수 있도록 했다. 이어 1950년대 후반과 1960년 초반에는 이른바 작은 동굴들에서 고고학자들이 발견한 비교적 적은 필사본들이 출판되었다. 11번 동굴에서 나온 주요 시편 두루마리를 출판한 것도 역시 이 시기였다.

 그러나 4번 동굴에서 나온 5백 개 이상의 다른 필사본들과 약 2만5천 개의 조각들로 구성되어 있는 은닉물들을 출판하는 데는 당연히 많은 문제가 있었다. 첫 번째 문제는 베두인들로부터 그것들을 받아내는 것이었다. 조각들이 골동품상과 수집가 등 여기저기 다양한 구매자들에게 팔렸다면, 필사본들에 따라 조각들을 모으거나, 이용할 수 있는 모든 조각들로 어떤 하나의 필사본을 재구성하는 것이 불가능하기 마련이었.

 칸도는 4번 동굴에서 나온 조각들을 확보하는 일에 열쇠가 되는 인

성서의 전당 외부(위)와 내부(아래) 사진 ●●●
온전한 두루마리들이 전시되어 있는 예루살렘 성서의 전당. 온도와 빛이 조절되는 환경 속에서 원본 두루마리 7개가 전시되고 있다.

물이었다. 하딩과 드보는 이미 1950년에 더 많은 두루마리를 사기 위해 칸도에게 접근했다. 지금은 그렇게 한 것이 매우 현명한 일인 것 같아 보이지만, 고고학계에서는 일이 언제나 그렇게 단순하지는 않다. 칸도 자신은 물론, 1번 동굴을 발굴한 베두인들은 불법적인 행동을 하고 있었다(칸도 역시 동굴을 다시 파헤치러 간 것을 기억해 보라). 그들은 도굴꾼이었다. 그래서 전문적인 고고학자들은 그들을 지독하게 미워했다. 골동품상이 도굴된 물건을 거래하는 것은 불법이며 그 물건을 파는 것은 범죄인 것이다.

칸도는 당연히 하딩이 도굴된 골동품을 사러 온 것이 아니라 자기를 체포하러 왔다고 생각했을 것이다. 직업상, 하딩 쪽에서 칸도에게 매매 제의를 하는 데는 감탄할 만한 용기가 필요했다. 결국은 드보가 칸도를 설득하여 칸도와 베두인들이 1번 동굴에서 가져온 두루마리 조각들을 자기에게 팔도록 했다. 가격은 거의 3천 달러(1천 디나르)였다. 학자들은 이제 칸도의 주요 고객이 되었다. 그래서 칸도는 고대 유물법에 대해 사실상 면책 특권을 갖고 있었다.

그러는 동안 칸도는 타아미레 족의 족장을 파트너로 수용함으로써 베두인들과의 관계를 공고히 다졌다. 이것이 그에게 발굴물들에 대한 독점권 내지 독점권에 가까운 권한을 부여했다.[1]

1952년 후반에 칸도는 4번 동굴에서 나온 조각들의 첫 번째 묶음을 팔레스타인 고고학 박물관(PAM; 나중에 록펠러 박물관으로 알려진 곳)으로 가지고 왔다. 성서학교 교수 겸 박물관장인 드보는 하딩과 협력하여 곧 칸도와 합의를 이루어내어, 4번 동굴에서 나온 모든 두루마리 조각들을 글자가 있는 표면의 평방 센티미터당 1요르단 디나르에 구입하기로 했다(파운드화에 연계되어 있는 디나르의 가치는 당시에 2.80달러였다).[2] 이 합의로 학계는 4번 동굴에서 나온 조각들을 구할 수 있었다.

고대유물 관리국의 국장이었을 뿐만 아니라 예루살렘의 팔레스타인 고고학 박물관 관장이었던 하딩은 또 하나의 중요한 결정을 내렸다. 그는 두루마리들을 암만에 있는 요르단 국영 박물관에 양도하지 않고 PAM에 양도했다(PAM은 유명한 동판 두루마리를 비롯한 두루마리들도 상당수 확보했다).³ 하딩의 결정이 없었더라면 두루마리들은 오늘날까지 당연히 암만에 있을 것이다.

요르단 정부는 4번 동굴의 자료들을 구입하기 위해 1만 5천 디나르(4만 2천 달러)를 챙겨놓았다. PAM 자금도 제공받았다. 그러나 이들 자금과 이용할 수 있었던 다른 자금도 칸도를 통해 계속해서 들어오는 동

록펠러 박물관 ●●●
록펠러 박물관(전 팔레스타인 고고학 박물관)은 4번 동굴에서 나온 수만 개의 두루마리 조각들을 소장하고 있다.

안 곧 고갈되었다. 이 시점에, 요르단 정부는 추가 자금을 제공할 외국 기관들을 유치하는 권한을 하딩에게 주었다. 조각들이 다 모아져서 출판이 되면 기부금을 내는 각 기관에 필사본의 몫을 비례에 따라 배분하게 될 것이라는 것이 유치 조건이었다. 이것을 근거로, 미국과 영국, 독일, 캐나다 및 바티칸이 추가 자금을 제공했다. 구매 업무는 1958년에 마무리되었다.

작은 조각들이 센티미터당 1디나르에 계속 구입되고 있는 동안, 칸도는 더 크고 더 좋은 조각들은 더 높은 값을 받으려고 교섭했다. 그는 가장 좋은 조각들을 최근까지 많이 보관해 온 것 같다. 실제로, 두루마리 중에서 가장 긴 성전 두루마리는 1967년 6일 전쟁이 끝난 후에야 칸도에게서 받아냈다(제12장 참조). 1958년에 마지막으로 들어온 조각이 논란이 많은 '하느님의 아들' 조각이었고, 루카 복음서와 유사한 것들이 함께 들어왔다(제5장 참조).

그러나 1961년에 요르단은 외국 기관들이 조각들 중 일부를 취득하도록 허용한 합의를 거부하기로 결정했다. 요르단은 두루마리들을 국유화함으로써, 두루마리에 대한 모든 사적 소유권을 말살시켜 버렸다. 외국 기관의 소유권이든 혹은 당시에는 개인 박물관이었던 팔레스타인 고고학 박물관의 소유권이든 상관없었다. 요르단은 외국 기관들이 구매 자금으로 기부한 것을 갚아주겠다고 했지만 실행하지 않았다. 마침내 1967년 6일 전쟁 직전인 1966년에 요르단은 팔레스타인 고고학 박물관을 국유화했지만, 6일 전쟁에서 이스라엘은 동 예루살렘과 박물관이 있는 구 예루살렘을 점령했다. 그리하여 요르단 정부 소유인 박물관과 그 소장품들이 이스라엘의 수중에 들어갔다.

사해 두루마리의 소유권에 관한 법적 분규는 변호사의 꿈이거나 또는 악몽 같은 것이다. 야세르 아라파트가 살아있을 당시 아라파트 휘하의 팔레스타인 당국은 두루마리들에 대한 소유권을 주장했었다. 두루마리들이 발견된 쿰란과 동굴들이 1967년 이전에 이스라엘과의 국경선에서 북쪽으로 몇 킬로미터 떨어진 요르단 강 서안지구에 있기 때문이었다. 물론 이스라엘은 두루마리들이 유대인이 관리하고 있는 유대인의 세습재산 중 일부라고 주장하고 있다.

1950년대에 수천 개의 조각들이 팔레스타인 고고학 박물관에 도착하기 시작하면서, 곧 '두루마리실'로 알려지게 될 긴 방의 테이블 위 유리 밑에 그 조각들이 진열되었다. 처음부터, 산더미 같은 자료들을 처리할 학자 팀을 소집해야 할 필요가 분명했다. 그러한 팀을 소집할 임무가 박물관장인 드보 신부에게 떨어졌다. 예루살렘에서 두루마리 조각에 관한 작업을 하기에 적합한 젊은 학자들을 구하고 있다는 소식이 예루살렘에 있는 외국 기관들에 통보되었고 그 기관들을 통해 프랑스, 영국, 미국, 독일 및 그 밖의 나라 고참 학자들에게 전달되었다. 이렇게 하여 드보가 이끄는 8명의 학자 팀이 임명되었다.

이 학자들 중에서, 1953년 여름에 맨 처음 도착한 사람이 미국인 프랭크 크로스였다.[4] 그 해 가을에는 임명된 프랑스인들 중 한 사람인 밀리크J. T. Milik 신부가 예루살렘으로 돌아왔다. 그는 파리에 살고 있는 폴란드 출신으로 이미 1번 동굴의 조각들에 관한 일을 한 적이 있었다. 영국에서는 젊은 옥스퍼드 학자 두 사람이 왔다. 무신론자인 존 알레그로John Allegro는 그 후에 사해 두루마리 종파의 구세주적인 지도자가 그리스도교의 구세주보다 1백년 앞서 십자가에 처형되었다는 말을 넌지시 하여 팀을 당황하게 만들었다(제11장 참조). 존 스트러그넬John Strugnell은 나중에 가톨릭으로 개종하고 편집장이 되었는데, 철저하게 반유대주의적인 인터뷰를 하여 그 프로젝트를 매우 어렵게 만들었다. 1954년에는

PHOTO COURTESY OF THE ISRAEL ANTIQUITIES AUTHORITY

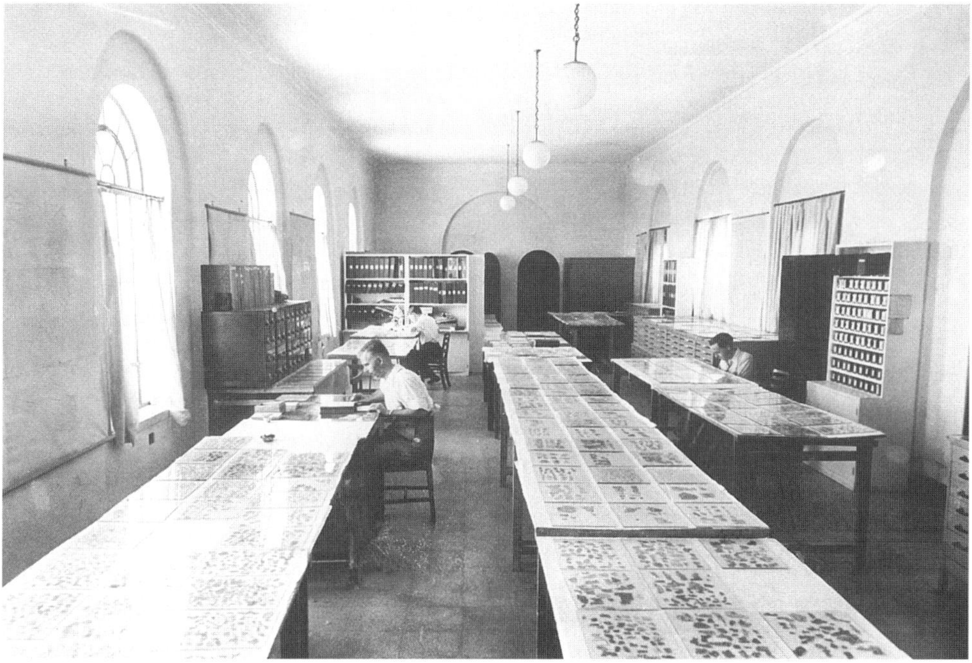

록펠러 박물관의 '두루마리실'

4번 동굴에서 나온 두루마리 조각들을 5백 개가 넘는 필사본 유물로 조립하고 있다.

PHOTO COURTESY OF THE ESTATE OF JOHN M. ALLEGRO

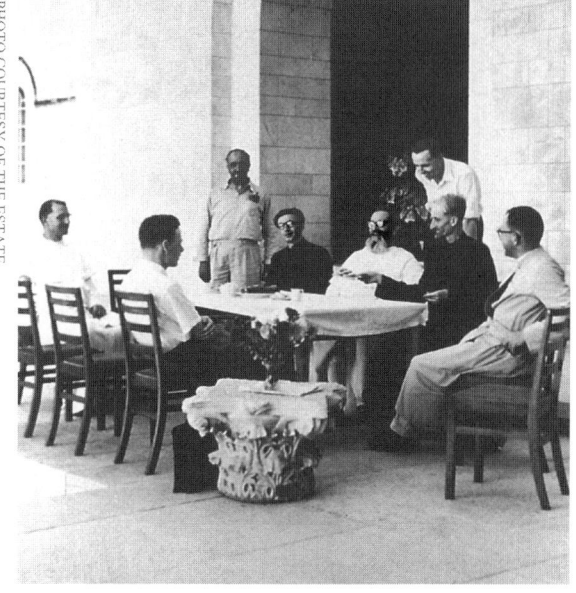

원본 출판팀

두루마리 원본 출판팀이 록펠러 박물관의 안마당에서 회의를 하고 있다. 롤랑 드보는(그의 트레이드마크인 턱수염을 기른 채) 아치 밑 통로 입구에 앉아 있다. 그의 오른편은 J. T. 밀리크이고, 왼편은 장 스타키이다. 존 알레그로는 스타키 뒤에 서 있다.

다른 가톨릭 사제 두 사람이 도착했다. 프랑스에서 온 장 스타키Jean Starcky 신부와 워싱턴 D.C.에 있는 미국 가톨릭 대학교의 패트릭 스케한 Patrick Skehan 신부였다. 독일에서 온 루터교 신자인 클라우스-훈노 훈징거의 합류로 팀 구성을 마무리지었지만 그는 곧 사임했다. 프랑스 사제 모리스 바예Maurice Baillet가 그 대신으로 들어왔다.

두루마리들이 유대인의 종교 문서들이었지만, 그 팀에는 유대인이 한 명도 포함되지 않았다. 최근에 들은 한 설명에 의하면, "드보와 하딩은 성서학을 활발히 하고 있는 민족과 신조를 진정으로 대표하는 팀을 원했다. 한 가지 주요 예외는 유대인이나 이스라엘 사람들은 포함시킬 수 없다는 것이었다. 드보 자신이 반유대주의자라는 주장이 있어 왔다. 예루살렘에 있는 미국 동양학연구소 소속인 밀러 버로우즈와 존 트레버 및 다른 많은 학자들과 마찬가지로, 그가 이스라엘 국가를 세우는 것에 격렬히 반대했던 것은 확실하다. 그러나 드보는 요르단 정부를 위해 활동하고 있었으므로 유대인이나 이스라엘 사람들을 그의 팀에 포함시키기를 원했더라도 포함시킬 수가 없었다."[5]

이 팀은 팔레스타인 고고학 박물관의 설립 후원자인 존 D. 록펠러 2세John D. Rockefeller, Jr의 도움을 받아 예루살렘에서 활동하는 기간을 연장할 수 있었다. 록펠러는 박물관에도 1백만 달러를 기부했다.

박물관의 두루마리실은 일을 하기에 매우 쾌적한 장소였다. 두루마리실 사진은 커튼들이 시원한 바람에 나부끼고 있는 것을 보여주고 있다. 학자들은 조각들을 맨손으로 다루었다. 학자들 중에 어떤 사람들은 밀리크처럼 담배를 입에 물고 조각들을 면밀히 살펴보았다. 이음매를 발견하면 그들은 보통 스카치 테이프로 조각들을 서로 붙여놓곤 했다. 40년 후에, 구 소련으로부터 이스라엘로 이주해온 여성들이 특수 용제로 이 테이프를 조심스럽게 제거하느라 몇 년을 소비했다.

스트러그넬이 '국 속에 든 돌'⁶이라고 불렀던 알레그로 외에는 팀원들이 모두 의좋게 잘 지냈다. 두루마리실의 언어는 영어와 프랑스어였다. 밀리크는 폴란드 억양으로 두 가지 말을 다 했다. 크로스는 그를 당시에 성직자의 검은색 긴 겉옷을 입고 "앞자락에 담뱃재를 떨어뜨리는"⁷ 사람이라고 묘사했다. 그는 그 후에 사제직을 떠나 결혼하여 지금은 파리에서 얌전하게 살고 있다.

그는 "굉장히 수줍어하고……뚱하여 침울하기까지 했지만……유머 감각이 매우 민감했다. 어떤 상황이나 논평에 들어있는 유머를 금방 알아차리고 웃음을 터뜨렸다."⁸

밀리크는 학자들 가운데에서 일반적으로 가장 재능이 많은 사람으로 여겨지고 있었다. 스트러그넬은 1990년에 사임한 후 자신의 업무를 인계 받은 학자들에 대해 언급하면서 "밀리크는 그 그룹의 어느 학자보다 자기가 다루고 있는 그 자료들에 대해 많은 지식을 가지고 있다"고 말했다. 밀리크는 수백 가지 다른 필경자의 필체를 알아보았고 조각들을 '원래의 필사본'이라고 불렀던 것에 재빨리 갖다 붙였다. 그래서 때로는 하나의 사본에서 나온 수십 개의 조각들이 한데 모아졌다. 게다가 그는 이음매를 재빨리 알아보는 것으로 보아 가장자리의 모양들도 기억할 수 있는 것 같았다. 그는 또한 흐린 글자와 구절을 식별해내고 아주 얼마 안 되는 조각들로 문서의 의미를 이해할 줄 아는 보기 드문 고문서 학자였고 판독자였다.

드보는(쿰란에서 하는 발굴을 감독하는 일 이외에) 주로 행정업무를 맡아보면서 편집장 역할을 했다. 크로스는 드보를 "굉장히 매력 있고 재기가 뛰어나며 활기에 넘치고 따뜻한 사람"으로 기억하고 있다. "그는 매우 세련된 도미니코회 수도복을 입고 있었다. 그는 유별난 재능을 가진 이야기꾼이었다.……그는 재치가 있었고 연극에 대한 재능이 있었

롤랑 드 보 신부 ●●●
록펠러 박물관 관장, 성서학교 교수, 쿰란 발굴자, 두루마리 출판팀의 편집장이었다.

1번 동굴 입구에 서 있는 프랭크 무어 크로스 2세 ●●●
1953년에 예루살렘으로 와서 사해 두루마리 연구팀에 합류했다.

다."⁹ 사제가 되기 전에 그는 프랑스 국립극장 코메디 프랑세즈의 배우였다는 이야기가 있었다. 그는 크로스에게 그런 이야기에 대해 부인했지만, 크로스가 말하는 바와 같이 "그는 그 이야기를 들으면 매우 좋아했다." 이스라엘의 일류 고고학자들 중의 한 사람인 투루드 도단Trude Dothan은 드보를 "내가 만난 가장 매력 있는 사람들 중의 한 사람이다.……그는 엄청나게 많은 유머 감각을 갖고 있다"고 평가했다.¹⁰

팀원들은 거의 언제나 식사를 함께 했고, 종종 함께 휴가를 보냈으며, 고대 유적지를 찾아가는 여행을 했고, 대체로 동료의식을 발휘하며 즐겼다. 스트러그넬은 그 경험을 "재미있었고……매우 즐거웠으며……우리는 그것을 즐겼다"고 묘사했다.¹¹

프랭크 크로스는 1993년에 나에게 이런 얘기를 했다. "나는 날씨가 매우 좋았던 어느 날 스타키와 밀리크와 함께 예리코의 한 정원에서 이탈리아산 포도주 라크리마 크리스티를 마셨던 일을 기억하고 있습니다. 그들은 좋은 친구들이었어요. 나는 밤늦은 시간에 스케한과 내가 한두 명의 동료들과 함께 아즈-자라 호텔로 가곤 했던 것을 기억하고 있습니다.……거기에는 후추나무로 가득 찬 아름다운 정원이 하나 있었어요. 우리는 각자 네덜란드 맥주를 한 병씩 들고 한밤중까지 얘기를 나누곤 했습니다."¹²

학자들은 또한 "역사를 만들고 있다는 의식을 갖고 있었습니다.……우리는 발견의 의미를 깊이 인식하고 있었어요." 1994년에 가졌던 한 인터뷰에서 스트러그넬이 나에게 이렇게 말했다.¹³

크로스는 4번 동굴에서 나온 조각들이 학자들의 손에 들어왔을 때를 이렇게 묘사했다. "많은 조각들은 많이 부서지거나 부스러지기 쉬워서 다람쥐 꼬리털로 만든 화필로 겨우 건드릴 수 있다. 대부분이 뒤틀리고 구겨지거나 오그라들었으며, 흙의 화학물질 때문에 낡았고 습기와 오랜 세월로 검어졌다.……조각에는 흔히 심하게 부패하고 수축된 부분이 있기 마련이었다.……좋지 못한 장소가 조각 전체를 주름지거나 부채꼴 무늬가 있는 공처럼 오그라들게 할 수 있었다. 그래서 조각을 거의 평평하게 펼 수가 없었다. 부패한 부분에 있는 글씨는 아마 성한 부분에 있는 글씨의 절반이나 혹은 그 이하로 줄어들었을 것이다. 양피지에 생긴 그와 같은 변질은 갈라지고 부스러지는 원인이 되었다."[14]

크로스는 말라붙은 오줌으로 보이는 노란 결정체로 덮여 있던 판독할 수 없었던 검은 조각 한 개를 생생하게 기억하고 있다. 아주까리 기름과 다람쥐 꼬리털 화필로 조각을 조심스럽게 닦아 외피를 서서히 벗겨냈다. 점차, 히브리 글자들이 나타나기 시작했다. 그것은 성서 사무엘서에서 나온 조각으로 판명되었다. 그러나 그것은 히브리 성서의 표준 사본인 마소라 사본(MT)에서 발견되는 그 사무엘서가 아니었다. 그것은 70인역 성서로 알려진 그리스어 번역본에 부합되는 것이었다. 그것은 그리스어 번역에 사용된 히브리 사본이 표준 히브리 공인 사본과 달랐다는 것을 의미했다(제9장 참조). 크로스는 그 순간을 이렇게 묘사하고 있다. "나는 별안간 내가 다른 히브리 성서 본문 비평가들과 나에게 실로 엄청나게 중대한 것을 발견했음을 실감했다."

그는 70인역 성서 번역자들이 사용한 히브리 사본에서 나온 조각을 계속 손에 들고 있었다. 그 조각은 "그리스어 구약성서(70인역 구약성서)의 번역자가 히브리 사본을 충실하게 번역했다는 것을 입증해 주었다. 그러므로 전통적인 히브리 사본과 그리스어로 번역한 구약성서 사이에 차이가 나는 것은 대부분 히브리 성서의 본문이 달랐기 때문이었다. 사무엘 필사본은 히브리 성서의 본문에 대한 비평적 연구를 정체停滯에서 풀어줄 것을 기약했다. 나는 해결의 열쇠가 될 발굴물을 손에 들고 있었다."[15]

크로스가 하는 말은 성서 사본을 연구하는 학자들이 이제 70인역 구약성서로 알려진 그리스어 사본을 훨씬 더 많이 신뢰할 수 있다는 것을 의미했다. 그리스어 사본이 공인된 히브리어 사본과 달라진 것은 잘못된 번역에 기인하는 것이 아니라 다른 히브리어 기본 사본을 원문으로 사용한 것에서 당연히 기인할 수 있는 것이기 때문이었다. 크로스가 갖고 있는 다른 사본의 조각이 그것을 바로 확인해 주었다.

처음에 조각들을 깨끗이 닦아낸 후 사진을 찍고 나서, 그 조각들을 재구성하는 여러 단계의 사진도 계속해서 자주 찍었다. 사진사는 나지브 알비나Najib Albina라는 놀랄 만한 기술을 가진 아랍인이었다. 그는 팔레스타인 고고학 박물관에서 일하고 있었다. 알비나는 적외선 필름을 사용함으로써, 흔히 육안으로는 볼 수 없는 특징이 드러나게 할 수 있었다. 읽기 쉬운 두루마리의 경우에도 알비나의 사진이 조각 자체보다 읽기가 훨씬 더 쉬웠다. 그래서 학자들은 미심쩍은 부분이나 판독하기 어려운 구절을 명백히 밝혀내기 위해서만 조각들을 들여다보게 되었다. 그 후 많은 두루마리 조각들의 상태가 악화되어 갔고 빛깔이 바래졌으며, 가장자리가 부스러지면서 글자들이 떨어져 나갔다. 이런 경우에, 알비나의 사진들은 원본에 대한 좋은 증거물이 되고 있다.

사진을 찍은 후, 조각들을 유리판 사이에 끼워둔 것이 중대한 실수였다. 그렇게 가두어 놓음으로써 생긴 습기와 온기가 조각들의 상태를 악화시켰기 때문이다.

상당수 조각들은 사라져 버렸다. 도둑맞았는지 아니면 잘못 두었는지는 하나의 미스터리로 남아 있다. 기원전 3세기의 것으로 사무엘서 두루마리에서 나온 유난히 아름다운 조각이 1967년 6일 전쟁 중에 진열장에서 사라졌다.[16] 이것은 많은 분실 사건 중 하나의 불행한 사례에 불과하다.

두루마리 조각 사진 ●●●
부패한 두루마리 조각을 적외선으로 찍은 사진(위)은 정상적인 사진(아래)에서 육안으로 볼 수 없는 자세한 것을 드러내 보여주고 있다.

1956년 시나이 전투 중 요르단 당국은 박물관과 박물관의 두루마리가 이스라엘의 수중에 떨어지는 것을 우려했다. 그래서 예방조치로 두루마리 조각들을 상자로 포장한 후 암만으로 운반하여 오스만 은행 지하실에 저장했다. 그랬더니 그 지하실의 습기가 부서지기 쉬운 두루마리들에 더 파괴적인 영향을 주었다. 전쟁이 끝난 후 두루마리들이 예루살렘으로 돌아왔을 때는 많은 두루마리에 곰팡이가 피었고 거의 모두를 다시 깨끗이 손질해야 했다.

　우리가 살펴본 바와 같이, 4번 동굴에서 나온 두루마리들이 1958년까지 계속해서 두루마리실로 들어왔다. 마침내 팀원들은 4번 동굴에서 나온 수많은 조각들을 약 5백 개의 다른 필사본들과 관련시킬 수 있었다. 그들은 이음매와 본문의 의미, 심지어 겹겹이 쌓인 사본에 벌레가 먹어 생긴 구멍들을 보고 거기에 따라 그들이 할 수 있는 한 조각들을 잘 배치했다. 그리고 나서 그 내용들을 다시 옮겨 적어서 사진이나 조각을 보러 가지 않아도 읽어볼 수 있도록 했다.

　일을 너무나 성공적으로 잘 해나갔기 때문에 1957년에는 성서가 아닌 두루마리들의 용어 색인을 만들기로 결정했다. 이 색인은 젊은 학자 3명이 준비했다. 미국인 2명, 캐나다인 1명으로 구성된 이들은 모두 1년씩 예루살렘에서 이 프로젝트에 매달렸다. 첫 해에는 미국 가톨릭 대학교의 조셉 피츠마이어Joseph Fitzmyer 신부가 일을 했고, 두 번째 해에는 뉴욕 연합신학교의 레이먼드 브라운Raymond Brown 신부가 했으며, 세 번째 해에는 현재 캐나다 토론토 대학교에 있는 윌러드 옥스토비Willard Oxtoby가 했다(하비에르 텍세이도르Javier Texeidor라는 스페인 학자는 다른 동굴들에서 나온 성서가 아닌 조각들을 배열했다.).

　비공식 회합에서, 여러 가지 필사본이 출판팀의 특정한 학자들에게 어느 정도 각자의 전공을 근거로 하여 할당되었다. 예를 들면, 스타키

신부는 아람어를 하는 사람이므로 그에게는 주로 아람어 문서들을 주었다. 크로스와 스케한 신부에게는 성서 두루마리들이 돌아갔다. 스트러그넬의 말에 의하면, "어떤 팀원들은 다른 사람들보다 활기가 적었다. 밀리크와 내가 가장 활기가 있었다고 생각한다."[17] 그 결과, 대부분 전에는 알려지지 않은 사본을 포함하여 가장 많은 몫이 밀리크에게 할당되었다. 『타임 *Time*』지는 그를 '조각을 가장 민첩하게 다루는 사람'이라고 불렀다. 그리고 스트러그넬과 스타키도 역시 많은 사본을 할당받았다. 그러나 스트러그넬은 스타키가 '게으른' 사람이었다고 밝히고 있다.[18]

전반적으로, 일을 신사적으로 했다. 유리한 쪽에 몰리는 경우도 있었지만 많지 않았다. 모두가 공정하게 하려고 노력했고 모든 합의는 격의 없이 이루어졌다.

그러나 결국 이 같은 할당은 마치 단순한 소유가 아니라 소유권 자체를 할당과 함께 여러 학자들에게 준 것처럼, 말하자면 돌에다 새겨놓은 것처럼 여기지게 되었다. 사본을 할당받은 사람들은 이제 다른 학자들이 그것을 보게 하거나 보지 못하게 할 수 있었다. 그리고 처음 할당받은 사람이 할당받은 사본이나 그 중에 어떤 부분을 출판하지 못했더라도, 다른 학자에게 그것을 출판하도록 허용하는 경우도 없었다. 이런 상황이 진전되어, 할당을 받은 사람들은 금방 그렇게 된 바와 같이 그들의 '권리'를 젊은 신봉자에게 물려줄 권리가 있다고 생각했다. 물려받은 신봉자는 자신의 후원자가 누렸던 모든 특권을 계승하게 되었다.

1960년에 존 D. 록펠러가 죽자, 그와 더불어 팀에 제공했던 많은 자금 지원도 없어졌다. 거기다 다른 일도 일어났다. 돈만 고갈된 것이 아니었다. 학자들 역시 고갈된 것 같았다. 발견의 스릴이 차차 엷어져간 것처럼, 작업 속도가 갑자기가 아니라 점차적으로 느려졌다.

돌이켜 보면, 1950년대의 10년은 놀랄 만한 시기였다. 1번 동굴에서 나온 모든 두루마리가 이스라엘과 미국의 학자들에 의해 출판되었다(이 학자들은 아무도 드보의 팀에 속해 있지 않았다). 팀 소속 학자들은 4번 동굴에서 나온 대량의 조각들에 관한 작업에 괄목할 만한 진전을 이루어냈다. 그들은 조각들을 모으고, 사진 찍고, 배열하고, 판독하고, 옮겨 쓰고, 색인을 만들었다. 학자들은 고고학자들이 1번 동굴에서 찾아낸 72개의 두루마리 조각들이 포함된 책을 출판하기도 했다.

그러나 그리고 나서는 일이 수렁에 빠졌다. 예를 들면, 스트러그넬은 그 후 25년 동안 그가 할당받은 사본을 거의 하나도 출판하지 않았다. 밀리크는 그의 동료들 중 어느 누구보다 많이 출판했지만, 25년 후 그에게는 출판되지 않은 거대한 사본 묶음이 여전히 남아 있었다. 스트러그넬은 자신이 "우리 팀에 상부의 비중이 불합리하게 크고, 그 프로젝트에 너무 적은 학자들이 일을 하고 있다는 것을 1960년에 이미 알아보는 통찰력을 갖지" 못했던 것을 후회했다.[19]

1985년에는 4번 동굴에서 나온 사본의 절반이 훨씬 넘는 자료가 출판되지 않고 남아 있어서 팀에 소속되지 않았던 학자들은 그 사본에 접근할 수 없었다. 용어색인까지 출판되지 않아서 팀 소속 학자들만 이용할 수 있었다. 출판을 하지 못한 주요 이유는 분명히 학자마다 독자적으로 내린 결정 때문이었다. 학자들은 사본을 약간의 해설뿐만 아니라 광범위한 주석과 더불어 출판하려고 했다(약간의 해설을 덧붙이는 것을 외교적 편집이라 부르며, 이본에 대한 정보 등을 각주에 별도로 달아주는 방식이다). 처음 할당을 받은 후 20년이 지난 1976년에야, 밀리크가 마침내 주석서가 딸린 439쪽 짜리 사본을 출판했다. 책의 제목은 『에녹서: 쿰란 4번 동굴의 아람어 조각들 The Books of Enoch: Aramaic Fragments of Qumran Cave 4』이었다.[20] 학자들은 25년 동안 이 출판을 기다리면서, 밀리크의 사본 없

이 에녹서를 당시의 유대교를 이해하는 근거로 이용하기를 주저해 왔었다.[21]

1967년 6일 전쟁 동안 요르단 사람들은 1956년에 이스라엘의 진격을 예상하고 불필요하게 했던 것처럼 두루마리들을 요르단 동쪽의 '더 안전한' 장소로 옮기지 못했다. 아마도 1967년에는 두루마리에 관한 학술적인 활동이 별로 없었기 때문이었을 것이다. 여하튼 간에, 1967년에 두루마리들은 간단히 팔레스타인 고고학 박물관 지하실로 옮겨졌다. 전쟁 3일째 날, 이스라엘이 구 예루살렘과 동 예루살렘을 점령한 후, 이스라엘 고고학자들이 그 두루마리들을 관장하기 위해 박물관으로 들어갔다.

사람들은 이제 이스라엘이 두루마리를 관리하고 두루마리를 연구하려는 유대인 학자들의 열의로 보아 두루마리 출판 작업에 새로운 방향과 활력을 불어넣게 될 것이라고 예상했을 것이다. 그러나 사실은 그게 아니었다. 전쟁이 끝난 후, 이스라엘 고대유물 관리국 국장 아브라함 비란Avraham Biran은 이스라엘의 일류 고고학자 이가엘 야딘과 함께 요르단이 후원하는 두루마리 출판팀에서 이스라엘이 관여하지 못하게 했다.

이스라엘은 인정 많은 정복자로 여겨지길 원했다. 비란은 네덜란드 여왕의 특사가 자기를 방문하여 네덜란드 학자들이 몇 가지 명문銘文에 대한 연구를 계속하도록 허용해 줄 것을 요청했던 일을 상기시켰다. "나는 그에게 이런 말을 했습니다. '당신은 우리가 어떤 사람이라고 생각하십니까? 우리가 단순히 물건을 가로채려고 여기에 와 있습니까?' 그게 사해 두루마리에 대해 우리가 갖고 있던 태도였습니다."[22]

드보가 만나러 왔을 때, 비란은 그에게 이스라엘은 그의 팀이 가진 출판권을 존중할 것이라고 얘기했다. 그 출판권은 두루마리가 출판되기 전에는 다른 학자들에게 두루마리를 보는 것을 허용하지 않은 채 두루마리를 출판할 독점권이었다. "왜 그런 얘기를 했습니까?" 내가 비란에게 물었다. "아시다시피, 그런 권리를 존중하지 않으면 어떤 사람이 연구해온 것을 빼앗는 것과 같을 것입니다.……우리는 다른 학자들이 연구하는 것을 방해하여 못하게 하는 야만인으로 보이기를 원치 않았습니다." 그가 대답했다.

이 같은 이스라엘의 예의 바른 태도는 없어지게 되어 있었다. 스트러그넬은 1967년 전쟁이 끝난 후 대부분의 출판팀이 생활하며 지냈던 예루살렘의 프랑스 성서학교에서 수년 동안 유행했던 태도에 대해 나에게 얘기해 주었다. "내가 그 프랑스 학교에 머물고 있었을 때, 사람들에게서 독일이 파리를 점령하고 있었을 때와 비슷한 점을 자주 발견하는 것이 흥미로웠어요. 아시다시피, 그들은 그런 것을 과거에 이미 경험했었습니다. 그들은 점령되어 있는 것과 같은 상황에 민감했어요."[23]

6일 전쟁 후 수년 동안, 동 예루살렘에 있던 반反시온주의 학자들은 유대인의 서 예루살렘에 발을 들여놓기를 거부했다. 예를 들면, 밀리크는 6일 전쟁 후 오늘날까지 이스라엘에 발을 들여놓지 않았고 예루살렘에 돌아가지 않다.

비란은 6일 전쟁 직후 드보와 합의한 것에 관하여 나에게 이렇게 얘기했다. "몇 년 후면 잘 될 것입니다. [저술가인] 당신이 출판을 위한 전면전을 벌이기 시작하기도 했으니까……그래요, 당신 말이 맞습니다. 나는 예상하지 못했어요.……우리는 그들에게 간섭하지 않을 겁니다. 그게 당신이 말하는 학자들 사이의 신사협정이죠. 그런 것이 우리가 하는 방법입니다. 우리는 사람들이 [연구하기 시작하는] 것을 존중합니다.……우리가 힘을 가졌다고 해서 그것을 박탈하려 하지 않았습니다."

비란은 드보에게 했던 말을 상기했다. "이 일을 계속해나갈 시간이 제한되어 있습니다." 그러나 그는 그 제한에 대한 구체적인 말을 전혀 하지 않았다. "우리가 실수를 했다고 생각되는 점은 아마도 이렇게 주장했어야 했는데 하지 않았던 것일 겁니다. '좋아요. 당신들은 출판할 권리를 1년, 2년, 3년, 아니면 5년 동안 갖고 있습니다. 그 후에는 당신들의 권리가 소멸됩니다.' ……나는 우리가 한 실수는 최종 기한을 주장하지 않았던 것에 있다고 생각합니다."

야딘에 의하면, 이스라엘은 두루마리 출판팀이 일을 계속하는 데 두 가지 조건을 붙였다. 첫째 조건은 공식적인 두루마리 책의 제목을 '요르단의 유대 사막에서 발견된 것들'로 하라는 것이었다. 이스라엘은 출판이 이제 이스라엘의 후원을 받아 계속되고 있는 것을 어느 정도 인정해주기를 원했다. 이스라엘은 그들이 원했던 것을 완전히 얻지는 못했지만, 그 후에 출판된 책에서는 '요르단'이라는 말이 삭제되었다.

야딘의 말에 의하면, 더 중요한 것은 사실상 시간 제한 같은 것이 있었다는 사실이다. "[조건 중의] 하나는 그들이 그렇게 오랜 세월 동안 그들 마음대로 갖고 있던 수만 개의 조각들이 빨리 출판되어야 한다는 것이었습니다. 1967년 그때까지 출판된 자료가 별로 없었어요. 이것은 과학계에 큰 손실이었습니다.……우리가 관리하는 이상 이런 것을 바로잡고 싶었습니다."[24]

그러나 야딘의 주장에도 불구하고, 이스라엘의 후원하에서도 1960년대 초반과 거의 같은 상황이 계속되었다. 달라진 것이 별로 없었다.

제 4 장

두루마리를 공개하기 위한 투쟁

이미 1976년에, 컬럼비아 대학교의 테오도르 허즐 개스터Theodor Herzl Gaster 교수는 그가 '저주받은 서클'이라고 부르는 사람들만 출판되지 않은 두루마리에 접근권을 갖고 있는 사실을 '개탄했다'. 그는 "[이 정책은] 치명적인 해악으로 모든 노련한 학자들이 공헌할 기회를 막고 있다"고 썼다.[1]

1977년에는 옥스퍼드의 게자 버미스가 "즉시 과감한 조치를 취하지 않으면, 가장 위대하고 가장 가치 있는 모든 히브리어 및 아람어 필사본 발굴물들이 20세기의 가장 큰 학문적 스캔들이 될 가능성이 있다"고 경고했다.[2]

1980년대 중반에, 나는 내가 편집장으로 있는 『성서 고고학 평론 Biblical Archaeology Review』(이하 BAR로 약칭)지에서 이 문제를 다루었다.

문제는 어떤 명문銘文에 대한 출판 임무를 할당받은 학자가 그것이 출판될 때까지 그것에 대한 접근권을 관장하는, 성문화된 것은 없지만 이를 그대로 지키는 학술적인 전통에 있었다. 이 같은 규칙은 할당받은 학자가 그 명문을 반드시 출판해야 하는 기한이 정해져 있지 않은 사실에 의해 더 나빠지게 되었다. 사해 두루마리의 경우에는 이 같은 불문율의 전통이 극에 달했다. 원래의 팀에 속했던 학자들 중 몇 사람은 사망했고 그들이 할당받은 것은 그들이 믿는 동료에게 일종의 유산으로 물려주었다. 그래서 그 동료는 똑같은 무제한의 독점권을 행사했다. 게다가 더 나쁜 것은 몇몇 학자들은 할당받은 것이 너무 방대했기 때문에 그들이 120살까지 살더라도 완료할 수 없었다.

이러한 보물들은 보물을 관장하여 학술회의와 학술잡지에 흥분을 불러일으키는 새로운 발굴물들을 공표할 수 있는 학자들에게 막강한 학문적 권력과 명성을 갖게 했다. 대학원 학생들은 학문의 황금알 같은 것을 박사학위 논문 주제로 할당해 줄 수 있는 교수들에게 모여들었다. 그래서 이들 교수들은 원래의 팀에 의해 임명되는 다음 세대 두루마리 학자들의 충성심을 보장받게 되었다.

1987년에는 역시 성서학교 소속으로 드보의 후임 편집장이었던 피에르 베노아 Pierre Benoit 신부가 말기 암에 걸려 일을 할 수가 없게 되었다. 그래서 남아 있는 출판팀 팀원들 가운데서 존 스트러그넬이 편집장으로 임명되었고, 이어 이스라엘 고대유물 관리국의 인준을 받았다. 재기가 뛰어난 옥스퍼드 대학원생인 스트러그넬은 박사학위를 받지 않았다. 그는 박사학위 없이 정교수직을 얻은 몇 사람 안 되는 하버드 교수진 중의 한 사람이 되었다(그의 경우는 기독교계 정교수직이었다). 스트러그넬은 유대 및 이스라엘 학자들을 처음으로 팀에 영입했다. 하지만 기본적인 규칙은 그대로 유지했다. 그래서 출판 임무를 가진 학자들만 출판되지 않은 두루마리들을 볼 수 있었다. 이스라엘 학자들은 그 규칙을 기꺼이 지켰다.

오랫동안 반反이스라엘은 물론 반反유대주의자로 여겨져 온 스트러그넬은 1990년에 한 이스라엘 언론인과 가진 인터뷰에서 그의 견해에 관해 떠도는 최악의 소문을 확인시켜 주었다. 나중에 그것이 BAR지에 영어로 번역되어 실렸다. 스트러그넬은 자신을 '반유대주의자'라고 설

1950년대의 존 스트러그넬 ●●●
젊고 열정적인 옥스퍼드 대학교 대학원생으로서 1954년에 예루살렘으로 왔다.

1990년의 존 스트러그넬 ●●●
알코올 중독과 조울병으로 스트러그넬은 서서히 일을 할 수 없게 되었다. 그래서 그는 1990년에 두루마리 편집장 직을 사임했다. 그 후 그는 회복이 되어 두루마리 연구실로 돌아왔다.

명했다. 그는 유대주의는 '인종차별주의'이며, '민속종교'이고, '고급 종교가 아니'라고 말했다. 그는 말을 에둘러 하지 않았다. "내게 죄가 있다는 것을 인정합니다.……그리스도교에 대한 유대인들의 올바른 해답은 그리스도인이 되는 것입니다.……유대교에 대한 기본적인 판단은 나로서는 부정적인 것입니다."³

유대교의 무엇이 그를 괴롭게 하느냐는 물음에 그는 이렇게 대답했다. "그것이 아직까지 살아남았다는 사실이에요.……제가 볼 때는 [유대인들의 문제]에 대한 해답은 집단 개종입니다.……유대교는 무서운 종교예요."

그는 이스라엘에 대한 그의 입장도 마찬가지로 솔직하게 말했다. "저는 이스라엘을 싫어합니다." 이스라엘은 "거짓말에 기초를 두고 있습니다." "예루살렘 점령은 지속될 수 없습니다."

스트러그넬은 이스라엘의 국가 건설에 찬성하지 않았지만, 현실을 수용했다. "시온주의자들이 거짓말에 근거를 두고 있더라도 지금 여기에는 4백만 명이 살게 되었어요.……인구 4백만 명을 이동시키지 못할 겁니다. 나치도 그런 짓을 해내지 못했어요."

스트러그넬은 분명히 일을 그만두어야만 했다. 더구나 이스라엘은 그에게 불만을 가질 다른 이유들이 있었다. 그는 조울병에 걸려 있는 무능한 관리자였고 자주 술에 취해 있었다. 1990년 말에 그는 사임을 하고 미국으로 돌아가서 케임브리지에 있는 정신병원에 입원했다. 그러자 이스라엘은 히브리의 대학교 에마누엘 토브Emanuel Tov를 편집장으로 임명했다. 이 사람은 스트러그넬의 반대를 무릅쓰고 이미 부편집장으로 임명되어 있었다.

그러나 이런 일로 기본 규칙이 바뀌지 않았다. 이스라엘 당국자는 출판팀 못지않게 단호했다. 두루마리 출판 임무를 맡은 사람들만 출판되지 않은 두루마리들을 볼 수 있었다.

그러나 스트러그넬은 편집장으로 재임한 짧은 기간 동안 출판을 촉진시키는 여러 가지 조치를 취했다. 그는 팀을 확대 개편하고, 특별히 지나치게 많은 일을 할당받은 팀 학자(특히 J. T. 밀리크)들을 설득하여 그들이 맡고 있는 사본 중 몇 가지를 다른 학자들에게 다시 할당하도록 했다. 그리고 이스라엘 사람들로부터 압력을 받아, 1996년 말까지 작업을 완료하도록 요구하는 '제안된 예정표'를 발표했다.

다른 한 가지 중대한 일도 있었다. 스트러그넬은 1950년대 후반에 준비를 완료했으나 그 이후 록펠러 박물관 지하실에서 썩고 있던 성서가 아닌 두루마리들의 용어색인을 한정판으로 출판하기로 결정했다. 널리 사용되지 않는 이 단권單券은 가로 세로 7.6×12.7센티미터의 기록카드로 구성되어 있었고, 각 카드에는 배열된 용어의 앞뒤에 나오는 단어와 함께 배열된 용어가 매번 사용되는 위치를 기록해 놓고 있었다. 그리고 나서 그 카드들을 알파벳 순서로 정리했다. 용어색인은 매우 유용할 수 있었다. 왜냐하면 이 색인은 학자들이 배열된 용어의 다른 사례를 쉽게 찾을 수 있게 함으로써, 그들이 연구하고 있는 본문에서 그 용어의 의미를 밝혀내는 데 도움을 줄 것이기 때문이었다.

1988년에 스트러그넬은 독일 괴팅겐에서 출판된 용어색인 30권을 갖고 있었다. 책의 속표지가 "하버드 대학교 존 스트러그넬 교수를 위하여"라고 되어있어 그것이 사적으로 출판되었음을 말해주고 있었다. 독특한 스트러그넬의 기질이 "Editorum in Usum"(편집자 용)이란 라틴어 대문자 속에 분명히 나타나 있었다.

그 용어색인은 한편으로 꼼짝없이 비난을 받게 되어 있었고, 다른 한편으로는 위험스러운 것이었다. 비난을 받게 된 것은 (그 색인이 완성되었던) 1960년에 모든 사본을 이미 옮겨 적었음을 그 색인이 증명해 주기 때문이었다. 옮겨 적어 놓은 것을 보고 색인을 만들었던 것이다. 달리 말하면, 사해 두루마리의 모든 사본은 1960년에 발표될 수 있었던 것이다.

적어도 편집자들의 입장에서 보면, 그 용어색인은 위험스러운 것이었다. 왜냐하면 그 용어색인을 가지고 비밀스런 사본을 재구성할 수 있었기 때문이었다. 그 작업은 단조롭고 지루하겠지만 불가능한 것이 아니었다. 그 작업이 가능한 것은 용어색인에 있는 모든 용어를 그 앞뒤에 나오는 단어들과 연결고리를 만드는 데 사용할 수 있었기 때문이었다. 이와 같은 방법으로 사본 전체를 재구성할 수 있었다. 예를 들어, 제임스 왕 역본 성서의 성구사전을 생각해 보자. 용어색인은 '처음'이라는 용어에 대해 창세기 1장 1절을 인용하면서 '처음에, 하느님'이라고 할 수 있다. 이것이 우리에게 '하느님'이란 용어를 찾아보게 하고, 우리는 '하느님'이란 용어가 창세기 1장 1절에 나오며 '지어내셨다'는 용어가 그 뒤에 이어진다는 것을 알게 된다. 이런 식으로 제임스 왕 역본 성서 전체를 성구사전을 가지고 재구성할 수 있었다.

팀원들은 그럴 가능성이 있다는 것을 알고 우려했지만, 방대한 작업이라는 것으로 위안을 삼고 있었다. 팀이 계산하지 못했던 것은 컴퓨터였다. 컴퓨터로 처리하더라도 엄청난 작업이긴 하지만, 그래도 쉽게 처리할 수 있었다.

그런 일이 정말 일어났다. 신시내티 히브리 유니온 대학의 탈무드 교수인 벤-지온 박홀더Ben-Zion Wacholder가 몇 권 안 되는 용어색인 책 중에서 한 권을 손에 넣자, 컴퓨터를 잘 아는 개종한 정통파 개신교 신자인 그의 대학원생 마틴 아베그Martin Abegg와 함께 출판되지 않은 사본들을 재구성하면서 때로는 개선된 판독방법을 제시하기도 했다. 이들 사본 중 첫 권을 성서고고학회(BAR을 발행하는 비영리 단체)가 1991년 9

월 4일에 출판했다. 그 출판 소식이 〈뉴욕타임스 The New Yokr Times〉와 〈워싱턴 포스트 The Washington Post〉는 물론 전 세계 다른 신문에 1면 기사로 보도되었다. 사본을 재구성하는 데 사용된 컴퓨터에는 '랍비 컴퓨터'라는 별명이 붙었다. 〈뉴욕타임스〉는 "놀랍게도 신시내티 히브리 유니온 대학의 두 학자들이 이제 두루마리 카르텔을 깨뜨렸다"고 보도했다.

박홀더와 아베그가 컴퓨터로 재구성한 것이 출판되기 얼마 전에, 캘리포니아 산마리노의 헌팅턴 도서관 관장으로 새로 임명된 윌리엄 모페트 William Moffett가 놀라운 발견을 했다. 특별히 습도와 온도를 조절하고 있는 도서관 금고 속에 아직 출판되지 않은 두루마리들의 사진을 포함하여 모든 사해 두루마리 사진이 다 들어 있었다. 예루살렘에 있는 원본들에 무슨 일이 일어날 경우에 안전을 보장하기 위해, 복사한 사진들을 옥스퍼드 대학교와 히브리 유니온 대학 및 캘리포니아 클레어몬트의 고대성서 필사본 센터 등 여러 곳에서 보관해 왔던 것이다. 그러나 헌팅턴 도서관은 관련 사해 두루마리에 대한 연구 같은 것을 하지 않았다. 사해 두루마리 사진의 안전을 위해 그 사진을 그곳에 보관해야겠다는 의향도 전혀 없었다. 사실, 이 도서관은 그보다 수년 전에 학문적으로 시시한 논쟁이 있은 후 그 사진들을 비밀리에 이미 확보해 놓고 있었다.

1978년에 엘리자베스 벡텔이라는 한 거만한 자선가가 고대성서 필사본 센터 Ancient Biblical Manuscript Center(이하 ABMC라고 약칭)를 설립할 자금을 제공했다. 이 센터의 임무는 학자들이 이용할 중요한 성서 필사본들을 찍은 고품질의 사진을 수집하는 것이었다. ABMC의 책임자는 저명한 사해 두루마리 학자 제임스 샌더즈 James Sanders였다. 두루마리 사진을 복사한 사진 한 벌을 ABMC에 보관하도록 주선한 사람은 샌더즈와 벡텔이었다. 그러나 다른 보관소들과 마찬가지로 ABMC는 개개 두루마리의 출판을 할당받은 편집자의 특별 허가 없이는 어느 누구에게도 사진을 보여주지 않는다는 합의서에 서명했다.

벡텔 부인은 또한 근처에 있는 헌팅턴 도서관과 자선사업으로 관계를 맺고 있었으므로, 도서관 사진사 로버트 슐로서Robert Schlosser를 예루살렘으로 보내 ABMC를 위해 사진들을 복사해 오게 했다.

그러는 동안 벡텔 부인과 샌더즈 박사는 ABMC를 관리하는 문제로 심하게 다투게 되었다. 벡텔 부인은 슐로서가 사해 두루마리 사진들을 가지고 예루살렘에서 돌아왔을 때 비행기로 마중을 나갔다. 결국 사진 한 벌은 ABMC에 주었지만, 다른 한 벌은 벡텔 부인이 개인적으로 보유하게 되었다. 부인은 이 사진들을 헌팅턴 도서관 특별 금고에 보관했다.

벡텔 부인은 1987년에 사망했고, 샌더즈는 ABMC를 계속 운영해 나갔다. 대부분의 사람들은 사진 한 벌이 헌팅턴 도서관에 보관되어 있는 것을 잊어버리고 있었는데, 새 관장이 그 사진들을 말하자면 '발견했던' 것이다. 그는 헌팅턴 도서관이 다른 보관소들과는 달리 그 사진들에 접근하는 것을 제한하는 합의서에 서명하지 않았다는 사실도 알게 되었다. 모페트 관장은 자기가 헌팅턴 도서관의 그 출판되지 않은 두루마리 사진들을 보고 싶어하는 학자들에게 누구나 볼 수 있게 한다면 도서관이 인심을 얻게 될 것이라는 인식을 재빨리 하게 되었다. 그는 지적 자유를 신봉했다. "두루마리들을 해방시키세요. 그러면 학자들을 자유롭게 할 것입니다"라고 그는 말했다.

1991년 9월 21일 모페트는 학자들에게 사진들을 마이크로 필름으로 복사할 수 있도록 할 것이라고 발표했다. 두루마리 사진 한 장을 들고 있는 모페트의 사진이 다음날 〈뉴욕타임스〉의 일요판 1면 상단에 실렸다.

헌팅턴 도서관은 우리가 열심히 연구해온 두루마리들의 비밀 사진을 성서고고학회(BAS)가 출판하기에 앞서 사실상 선수를 쳤다. 당시에 BAS는 컴퓨터로 재구성한 사본들을 출판할 준비도 하고 있었다. 우리는 또한 출판되지 않은 두루마리들의 사진을 두 권 짜리 2절판으로 출판할 준비를 하고 있었다. 나는 이 사진들의 출처를 아직도 모르고 있다. 아무튼 이 사진들이 롱비치 캘리포니아 주립 대학교의 로버트 아이즈먼Robert Eiseman이라는 무소속 두루마리 학자의 손에 들어왔다. 아이즈먼은 사진 출판으로 혼자서 얻을 수 있는 것보다 좀 더 많은 명성을 얻기 위해, 클레어몬트 대학원의 유명한 신약성서 학자 제임스 로빈슨James Robinson을 그 프로젝트에 가담시켰다. 두루마리들에 관해 매우 기이한 생각을 가지고 있는 아이즈먼과는 달리, 로빈슨은 그의 견실한 학식 때문에 매우 존경받고 있었다(아이즈먼은 사도 바오로가 두루마리들에서 의로운 스승의 큰 적인 '거짓말쟁이'로 언급되어 있다고 주장한다. 이런 견해는 다른 두루마리 학자들을 별로 납득시키지 못하고 있다).

처음에 아이즈먼은 사진을 그와 로빈슨의 이름으로 세계에서 가장 유명한 학술도서 출판사 중의 하나인 레이덴의 E. J. 브릴에서 출판할 준비를 했다. 그러나 마지막 순간에 이스라엘 고대유물 관리당국의 반발이 두려워서 손을 떼고 말았다.

그런 일이 있은 후 아이즈먼과 로빈슨은 성서고고학회 쪽으로 눈을 돌렸다. 성서고고학회는 헌팅턴 도서관의 발표 두 달 후인 1991년 11월 20일에 출판되지 않은 두루마리들의 사진을 2절판 2권으로 출판했다. 이제 200달러만 있으면 누구나 이 책을 구입하여 모든 사진을 손이 닿는 가까운 곳에 둘 수 있었다. 두루마리를 공개하도록 하려는 싸움은 끝났다.

사람들은 헌팅턴 도서관이 우리보다 앞서 선수를 쳤을 때의 느낌이

어땠느냐고 내게 자주 묻는다. 그 당시에 나는 기뻤다. 막강하고 유명한 헌팅턴 도서관이 성서고고학회를 위해 앞장서서 성가신 일을 해주고 있어서 크게 마음이 놓였다. 사실 나는 외로움과 두려움을 느끼고 있었다. 나는 특히 이스라엘에 있는 핵심 그룹의 유명한 학자들은 말할 나위도 없고 이스라엘 정부와도 사실상 대결하고 있었다. 학자들은 두루마리들을 공개하라고 공격적으로 압박하고 있는 나를 매우 싫어했다. 이스라엘 고대유물 관리 당국은 이스라엘의 고고학자들에게 나의 잡지에 글을 쓰지 말라는 명령을 내려놓고 있었다. 게다가, 나는 내가 고소당할 심각한 위험에 빠져 있음을 알고 있었다.

나와 성서고고학회를 고소하는 것과 헌팅턴 도서관을 고소하는 것은 별개의 문제였다. 헌팅턴 도서관은 막강한 기관이었고 법정 싸움을 위해 내가 갖고 있지 않은 돈을 갖고 있었다. 이스라엘이 헌팅턴 도서관을 고소하지 않으면 아마 나도 고소하지 않을 것이었다. 두루마리들을 공개하기 위한 싸움이 끝난 이상, 그러는 것이 정말 너그러워 보일 것 같다. 그러나 그 당시에는 특히 외부인들에 의해 흔들리지 않으려는 두루마리 관리 당국의 단호한 결의에 비추어 볼 때 사정이 매우 달라 보였다.

나는 헌팅턴 도서관의 발표를 환영하는 첫 반응을 보았을 때 한결 더 마음이 놓였다. 이스라엘 고대유물 관리국 국장 아미르 드로리Amir Drori와 편집장 에마누엘 토브는 도서관이 '법적·도덕적 의무'를 위반했다고 비난하는 단호한 내용의 편지를 모페트에게 팩스로 보내어, 소송을 제기하겠다고 위협하며 '즉시 회신해 줄 것'을 요구했다. 그들이 헌팅턴 도서관에 보낸 것이 그런 것이라면 나에게는 어떤 것을 보냈을까? 그것이 나는 궁금했다. 헌팅턴 도서관은 당초의 입장을 고수하며 물러서지 않았고, 전 세계적인 비난의 폭풍을 맞은 이스라엘은 그 입장을 철회했다.

　나의 두려움은 근거가 없는 것이 아니었다. 분규가 끝나고 나서 오랜 세월이 지난 후인 1996년 여름에 내가 드로리를 인터뷰했을 때, 우리가 출판되지 않은 두루마리들의 사진판을 출판했을 당시에 나를 고소하려고 생각했었느냐고 그에게 물어보았다. 그는 이렇게 대답했다. "우리는 당신이 [사진들을] 출판한 것은 불법이라고 생각합니다. 우리는 그 문제를 검토했어요. 우리가 100% 옳다고 생각했고 지금도 그렇게 생각하고 있습니다. [그렇지만] 나는 그것을 법정으로 가져가지 않기로 결정했어요." 그는 헌팅턴 도서관도 고소하려고 했다. "나는 헌팅턴 도서관이 한 일은 법을 심하게 위반한 것이었다고 생각합니다. 그것은 헌팅턴 도서관의 일방적인 결정이었어요. 그들은 우리에게 물어보지 않았습니다. 그 사진들은 도둑맞은 자료예요.……우리가 100% 옳았습니다. 그것은 의심할 여지가 없어요. 그렇지만 나는 그것을 법정으로 가져가지 않기로 결정했습니다."

　그러나 나는 고소를 당했다. 2절판 사진집의 머리말을 쓰면서, 나는 MMT로 알려져 있는 문서의 히브리어 사본을 언급했다. 그 문서는 벤구리온 대학교의 엘리샤 킴론Elisha Qimron과 스트러그넬이 재구성한 것이었다. 그것은 한 폴란드 잡지사에서 이미 출판되었으나 허가를 받은 것은 아니었다.[4] 그 잡지에서 나는 133줄로 구성되어 있는 그 사본을 복사했다. 그러나 그때는 그 폴란드 잡지의 편집자가 이스라엘의 압력을 받아 허가받지 않은 출판물이 실려 있는 부록을 회수했었다.[5] 그럼에도 불구하고 나는 머리말에다 그것을 포함시켰던 것이다.

　킴론은 나와 성서고고학회를 저작권 침해로 고소했다. 킴론은 소송대리인으로 이스라엘에서 가장 유명한 변호사 중의 한 사람인 이츠하크 몰초Yitzchak Molcho를 고용했다. 그 사람은 그의 개인 변호사이자 벤자민 네탄야후-Benjamin Netanyahu 수상의 친구였고, 야세르 아라파트Yassir Arafat의 팔레스타인 당국을 상대하는 이스라엘 협상팀을 이끌고 있었다. 탁월한 변호사인 몰초는 우리를 거의 완전히 참패시켰다. 우리는 그 소송에서 얻은 것이 별로 없었다.

몰초는 소송절차가 시작되자 우리에게 통보하지도 않고 바로 판사에게 가서 우리의 복사본을 세계 어디에도 배포하지 못하도록 금지시키는 일방적인 법원 명령을 받아냈다. 그 명령을 받아낸 후 즉시 그는 그 사본 한 장을 나에게 팩스로 보냈다. 거기다 몰초는 내가 이스라엘에 있는 동안 역시 나나 나의 변호사에게 아무런 통보도 하지 않고 나의 출국을 금지시키는 일방적인 명령을 받아냈다. 우리는 나의 귀국을 허용해주는 다른 명령을 받아내기 위해 서류를 준비하여 법원으로 가야 했다.

킴론은 소송에서 이겼고 법원은 우리에게 배상금으로 10만 셰켈을 지불하라는 판결을 내렸다. 그 액수는 저작권 소송에서 지불하는 배상금으로는 이스라엘 역사상 가장 많은 것으로 알려졌다.

이 소송은 이 글을 집필 중인 지금 현재, 이스라엘 최고법원에 상고되어 계류 중이다. 만일 하급법원의 결정이 확정된다면, 킴론은 여러 가지 조각들의 배열에 대한 저작권뿐만 아니라, 살아남은 글자와 단어들에 의거하여 그가 재구성한 조각들을 잘 보존하지 못해 없어진 글자와 단어들에 대한 저작권도 갖게 될 것이다. 그의 저작권은 그가 살아있는 한 계속 유지될 것이며 그 후에도 정해진 햇수가 추가될 것이다. 당연히, 저작권 담당 변호사들과 학자들이 상당히 많은 관심을 가지고 이 소송을 지켜보고 있다. 학자가 재구성된 고문서에 대한 저작권을 요구한 것은 이것이 처음이다.

제5장

그리스도교 신앙에 대한 음해

두루마리들은 초기 그리스도교 신앙에 대한 우리의 이해를 풍부하게 하면서도 동시에 일종의 소박한 그리스도교 신앙, 즉 예수가 유대인인 것은 우연한 것이거나 부수적인 것이라는 순진한 생각과 그의 메시지가 아주 새롭고 독특하며 과거에 있었던 어떤 것과도 관계가 없는 것이어서 그 메시지를 듣는 모든 사람들을 놀라게 하고 있다는 믿음을 훼손하고 있다.

이성의 시대인 18세기까지, 대부분의 그리스도인들은 복음서를 문자 그대로 진실한 것이며 믿을 수 있는 예수의 일대기로 받아들였다. 복음서 가운데 있는 모순들은 복음서들이 서로 보완해 줌으로써 '조화를 이룰' 수 있었다.

그 후, 성서는 다른 모든 사본과 마찬가지로 학자들의 분석과 비평의 주제가 되었다. 진실한 신자들은 흔히 이와 같은 노력들을 종교와 교회를 위협하는 행위로 간주해 왔다. 18세기 초에는 케임브리지 대학교의 한 교수가 복음서에 있는 기적들은 결코 일어나지 않았다고 주장하여 징역형을 선고받았다.[1] 성서의 진실성을 부인한 토마스 패인Thomas Paine의 책을 출판한 영국의 출판업자들도 감옥에 갇혔다.

18세기 중엽에는, 헤르만 사무엘 라이마루스Hermann Samuel Reimarus

라는 독일인 교수가 역사의 예수와 복음서의 예수를 구별하는 설득력 있는 책을 썼다. 그러나 그가 죽은 후 10년 만인 1778년에야 그 책이 그의 가족이 당황하지 않도록 하기 위해 익명으로 출판되었다. 라이마루스의 책 『예수와 그의 제자들의 의도에 관하여 On the Intention of Jesus and His Disciples』는 역사적 예수에 대한 '첫 번째 탐구'의 시발점이 되었다.

1835년에는 튀빙겐 대학교의 다비드 프리드리히 스트라우스 David Friedrich Strauss라는 또 한 사람의 독일 교수가 『예수의 일생 Life of Jesus』이라는 2권짜리 책을 출판했다. 이 책에서 그는 기적 이야기들은 예수가 죽은 후 제자들이 창작한 것이라고 주장했다. 이 책이 스트라우스의 인생을 망쳐놓았다. 그는 대학교에서 쫓겨났고 다른 대학교에서도 교수직을 전혀 갖지 못했다.

라이마루스와 스트라우스의 책이 저자들을 비참하게 만든 것은 분명하지만, 그 책들은 많은 영향을 미쳤다. 그러나 자신들의 작품이 그런 수준까지 올라가지 못한 다른 저자들도 비슷한 모욕을 당했다. 어느 현대 학자가 쓴 바와 같이, "예수와 그리스도교의 기원에 대한 비판적 연구는 서양 문화의 구조를 허물어버리는 것 같았다.……많은 사람들은 예수가 실제로 물 위로 걸어가지 않았다면 믿을 것이 아무것도 없다고 생각했다."[2]

역사적 예수에 대한 '두 번째 탐구'는 위대한 인도주의자이며 의사이고 음악학 연구가이며 오르간 연주가이고 신학자였던 알베르트 슈바이처 Albert Schweitzer가 주도했다. 『역사적 예수에 대한 탐구 The Quest of the Historical Jesus』(1906년 초판 발행)에서, 슈바이처는 과거에 있었던 노력들을 개관하고, 예수가 복음서에 기술되어 있는 종말론적 예언자로서 세상이 끝날 때에 대한 설교를 하는 분이거나, 혹은 우리가 그분의 모습을 전혀 믿을 만하게 추론해낼 수 없는 분이라고 결론지었다.

슈바이처가 역사의 예수를 밝혀낼 수 없는 이유를 설명할 당시의 학문적 경향은 역사에서 신학으로 바뀌었다. 즉 복음서의 역사적 근거보다는 복음서의 신학적 의미를 이해하려고 했다. 이 같은 관점에서는, 예수의 인간성을 탐구하는 것이 불가능할 뿐만 아니라 바람직하지도 않았다. 의미심장한 것은 예수의 생애가 아니라 십자가상에서의 죽음이었다.

20세기 후반에는 이 모든 것이 바뀌었다. 우리는 이제 '세 번째 탐구'에 휘말려들어 있다. 세련된 문학비평 방법과 고고학, 인류학, 사회학적 식견은 물론 새로운 사본(특히 사해 두루마리들)까지 갖춘 학자들은 흔히 서로 현저하게 다른 수많은 예수의 생애들을 출판하고 있다. 학자들은 예수를 유대인 혁명가, 정치 선동가, 견유犬儒철학 신봉자, 마술사, 묵시적 예언자, 인기 있는 현자, 거룩한 사람 혹은 카리스마적인 사람, 갈릴래아의 랍비, 교활한 정치인, 심지어 최면을 거는 정신병 치료사로 보고 있으며 구세주로도 물론 보고 있다.[3] 일치된 의견이 나오지 않았다.

그러나 '세 번째 탐구'를 실처럼 관통하는 것은 예수가 유대인이라는 것과 그리고 그것과 그가 전하는 메시지의 관련성에 대한 문제이다. 어느 비평가가 말한 적이 있는 바와 같이, 19세기의 신약성서 학자들은 예수의 생애가 신학적으로 관련되는 생애이므로 그의 생애를 특별히 유대인의 생애라고 생각하지 않았다. 한편, 1920년대와 30년대에 슈바이처를 추종했던 칼 바르트Karl Barth와 루돌프 불트만Rudolf Bultmann 같은 신학 지향적인 학자들은 예수가 "유대인이기 때문에 [그의 생애]가" 그들의 신학적 관심과 "특별히 관련되어 있는 것이 아님을" 잘 이해하고 있었다.[4]

'세 번째 탐구'에서는 이런 것이 완전히 바뀌었다. 예수가 유대인이라는 것이 핵심이다. 하버드 대학교 신학자 하비 콕스Harvey Cox는 최근에 예수를 7가지 다른 인물로 '그럴듯하게' 묘사한 '크게 영향을 미친 한 논설'에 대해 언급했다.[5] "그 인물들은 모두가 한 가지 매우 중요한 공통점이 있다. 그들이 모두 유대인임을 알 수 있다. 그 인물들로 묘사된 예수는 1세기 때 팔레스타인의 많은 유대인 하위 문화집단 중 한 집단의 일원이다. 예수가 얘기하는 하느님, 예수가 그분의 뜻을 알려주려고 애쓰는 그 하느님은 어떤 일반적으로 알려진 유신론의 신이 아니다. 그 하느님은 유대 백성과의 계약을 통해, 한 분으로 알려진 아브라함의 하느님, 외부인을 매우 측은히 여기고 모든 민족에게 정의와 치유를 약속하는 하느님이다. 이 같은 유대인이라는 조건은 그 정확한 한계에 관해서는 동의하지 않을지 모르지만, 예수라는 이름을 갖고 있는 그 인물들이 역사적인 인물과 관련되어 있다는 모든 주장을 철회하지 않는 한, 그 조건 안에서 예수의 새로운 이미지를 이해하려고 노력해야 할 장을 제공해 준다."[6]

요컨대, 예수는 유대 역사상 어떤 특정한 시기에 유대인으로 살다가 죽었다. 대니얼 해링턴Daniel Harrington 신부가 쓴 바와 같이, "역사적인 예수를 유대교라는 배경 안에서 이해해야 한다는 것에는 모든 사람이 동의할 것이다."[7] 이것이 사해 두루마리가 등장한 배경이다. 사해 두루마리들은 동시대의 유대 문서들을 보관하고 있는 단연 가장 중요한 집적소일 뿐만 아니라, 그 고문서들은 유대인들의 종교적 문서들이고 예외는 별로 없다. 그 문서들은 흔히 이해하기가 어렵지만, 신학적인 문제와 관계가 있는 것들이며, 예수와 초기 그리스도인들과 관계되는 것과 똑같은 문제들을 많이 포함하고 있다. 게다가, 그 두루마리들은 후세에 복사한 것으로만 우리에게 전해 내려온 복음서와 같은 사본들처럼 후세에 편집되어 온 것이 아니다.

그 두루마리들은 초기 그리스도교의 메시지가 거의 모든 점에서 유대인의 뿌리에서 예지하고 있었던 것임을 보여주고 있다. 복음서에서 이야기하고 있는 예수의 생애까지도 흔히 그 두루마리 속에 예시되어 있다.

예를 들면, 산상설교로 잘 알려져 있는 진복선언의 경우 그 두루마리들 속에도 그것과 비슷한 것이 들어 있다.

> 지혜를 얻고 지극히 높으신 분의 법으로 사는 사람은 복되다/……깨끗한 마음으로 [진리를 말하는 사람은 복되고] 혓바닥으로 중상을 하지 않는 사람도 복되다/……깨끗한 손으로 (지혜)를 구하고 속이려는 마음으로 지혜를 추구하지 않는 사람은 복되다.……*

이 구절은 4Q5258이라는 번호로만 알려져 있는 사해 두루마리에서 발견된다.[8] 문학적 형식은 마태오 복음서에서 발견되는 것과 똑같다.

> 복되도다. 영으로 가난한 사람들! 하늘 나라가 그들의 것이니./ 복되도다. 슬퍼하는 사람들! 위로를 받으리니./ 복되도다. 온유한 사람들! 땅을 상속받으리니./……복되도다. 마음이 깨끗한 사람들! 하느님을 뵙게 되리니.……(마태 5:3-12)

이 같은 문학 형식이 마태오에게 독특한 것이 아니라는 사실은 신약성서를 공부하는 사람들에게는 조금도 놀라운 일이 아니다. 루카는 평지설교에서 마태오의 진복선언과 유사하지만 약간 다른 이야기를 하고 있다(루카 6:20-26). 토마의 묵시적 복음서에도 역시 진복선언이 들어 있다.[9] 루카와 토마 복음서에서는 하늘나라를 상속받는 사람은 '가

---

* 꺾음 괄호[ ]는 옛 필사본에서 없어진 단어와 글자들을 학자들이 재구성한 것을 가리키고, 둥근 괄호( )는 설명으로 써넣은 것을 말한다.

난한 사람들'이다. 마태오 복음서에서는 상속받는 사람들이 아주 다른 '영으로 가난한 사람들'이다. '가난한 사람들'은 돈이 없는 사람들인 반면에 '영으로 가난한 사람들'은 매우 다른 무엇이 없는 사람들이다.

분명히, 진복선언의 내용과 형식도 작성될 때마다 바뀌고 있다. 그러나 그리스도교 신앙과 문학의 다른 양상들과 마찬가지로 그것도 전례가 없는 새로운 것이 아니다. 사해 두루마리들에서 발견된 그리스도교 이전의 진복선언은 유대인의 유산의 일부이며 그것을 바탕으로 복음서의 진복선언이 만들어졌다.

구세주에 대한 개념은 진복선언의 존재보다 사해 두루마리들에서 더 미묘한 문제이다. 처음에는, 사해 두루마리 공동체가 두 구세주, 즉 아론의 구세주(사제다운 구세주)와 이스라엘의 구세주(왕다운 혹은 다윗의 구세주)를 믿었다고 생각되었다. 그것도 이들 두루마리에 언급되어 있는 두 구세주는 그리스도교의 구세주와는 다른 구세주였다.

이런 구별은 오래 가지 않는다. 최근에 공개된 4Q521, 즉 구세주의 묵시로 알려진 사해 두루마리 사본은 유일 그리스도교 구세주의 속성을 가진 유일 종말론적 구세주를 밝히고 있다.

> [하]늘과 땅은 하느님의 구세주에게 귀를 기울일 것이다.······가난한 사람들 위로 그분의 영이 감돌고 그분의 능력으로 신자들의 원기를 회복시켜 주실 것이다.······그분은······묶인 자들을 풀어주시고, 앞 못 보는 자들을 눈뜨게 하시며, 구부[러진] 이들을 똑바로 펴주신다. (시편 146:7-8 참조)······주님은 전에 없었던 영광스러운 일들을 이뤄내실 것이다.······그분은 상처를 낫게 하시고, 죽은 이들을 살리시며, 가난한 이들에게 기쁜 소식을 전해 주실 것이다. (이사야 35:5-6, 61:1 참조)[10]

나는 이 사해 두루마리가 복음서들이 흔히 인용하는 것과 똑같이 인용하고 있는 것 같아 보이는 시편과 이사야서 구절을 참조하기 위해 괄호 안에 표시하였다. 마태오와 루카도 4Q521에 나타나 있는 이사야와 시편의 똑같은 구절을 되풀이하고 있다. 두 복음서에 나타난 거의 똑같은 말은 이렇다.

> 눈먼 이들이 보고 절름발이들이 걸으며 나병환자들이 깨끗해지고 귀먹은 이들이 들으며 죽은 이들이 살아나고 가난한 이들이 복음을 듣습니다.
> (마태오 11:5, 루카 7:22)

복음서의 구절들과 사해 두루마리 본문이 모두 시편과 이사야에 의거하고 있지만, 복음서의 구절들과 사해 두루마리 본문 그리고 이들이 인용하고 있는 것 같은 시편과 이사야의 본문 양쪽 사이에는 한 가지 차이점이 있다. 그 구절을 인용한 이사야와 시편의 본문과는 달리, 복음서의 구절들과 사해 두루마리 본문은 죽은 이들을 되살린다는 말을 하고 있다.[11] 이것은 사해 두루마리 본문보다 분명히 늦게 나온 복음서들이 두루마리 본문을 근거로 사용했을지도 모른다는 것을 암시하고 있다. 그게 아니라면, 둘 다 아직 발견되지 않은 똑같은 근거, 즉 죽은 이들을 되살리는 것을 언급한 어떤 근거를 사용했을 가능성이 많다. 적어도, 복음서들과 사해 두루마리 본문에 죽은 이들을 되살리는 기적이 포함되어 있는 것은 그것들을 쓸 때의 분위기가 같았음을 강조하고 있다.

연대가 기원전 약 50년으로 거슬러 올라가는 또 다른 쿰란 문서 조각은 구세주의 잔치를 기술하고(IQ28a/IQSa), 하느님을 구세주의 아버지라고 말하는 것 같지만, 본문을 해독하기가 어렵다. 다음의 세 가지 다른 번역에서 꺾음 괄호 안에 있는 부분은 본문에서 없어져서 역자들이 각각 재구성한 것이다.

> "이것은 공동체 대표자 회의에 소집되는 유명한 사람들의 집회이다. 이

집회에서 [하느님]은 그들에게 구세주를 낳아 주신다[a]." (플로렌티노 가르시아 마르티네즈 Florentino García Martínez 역[12])

"하느님이 (사제—) 구세주가 태어나게 하실 때[b]는 사제들인 아론의 모든 [형제들, 아들들]과 함께 있는 이스라엘 민족 전체의 수장에게 오신다. 집회에는 유명한 사람들이 초청된다." (게자 버미스 역[13])

"야하드 족이 베푸는 잔치에 [초청된] 명망 있는 사람들의 [회]의에서 [하느님]이 구세주의 아[버]지가 되셨다[c] (혹은 그들 가운데 구세주가 나타났다). (마이클 와이즈 Michael Wise 역[14])

이 구절에서 중요한 단어가[15] 번역문에서 각각 다르게 번역되어 있다(a: 'begets', b: 'engendered', c: 'fathered').[16] 그러나 그 뜻은 똑같을 수도 있고 같지 않을 수도 있다. 예를 들면 'engendering'은 문자 그대로 '낳는다'는 의미보다는 '태어나게 하는 것'을 의미할 수 있다.[17] 또 한 가지 문제는 누가 낳고 태어나게 하고 아버지가 되는지가 분명하지 않다는 것이다. 그렇게 하는 분이 하느님인가? 첫 번째와 세 번째 번역문에서 '하느님'이라는 단어가 꺾음 괄호 속에 들어 있다. 그것은 본문에는 실제로 없지만 판독하는 사람들이 재구성했거나 추정했음을 의미한다. 두 번째 번역문의 '하느님'이란 단어에는 꺾음 괄호가 없다. 컴퓨터 처리로 본문의 화질을 향상시켜본 옥스퍼드 대학 학장 게자 버미스는 그 글자들이 원래의 필사본에 실제로 있다고 믿고 '하느님'을 꺾음 괄호 속에 넣을 필요가 없다고 보고 있다.

그가 옳다고 본다면, 이것이 우리가 복음서의 하느님과 예수 사이에서 보는 것과 똑같은 하느님과 아들의 관계인가?

초기 그리스도인들은 분명히 예수를 권세와 영광 속에 돌아와 세상을 다스리게 될 하느님의 아들로 보았다. 그러나 여전히 모호한 것들이 있다. 마르코 복음에서 대사제가 예수에게 그대가 찬양 받으실 분의 아들인 메시아[그리스어로는 크리토스, 히브리어로는 마쉬아]냐고 묻자, 예수는 "그렇습니다"라고 대답한다(마르 14:62). 그러나 마태오와 루카 복음서의 유사한 구절에서는 예수가 대답을 회피하듯이 얼버무리고 있다(마태 26:64, 루카 22:67). 그러나 초기 그리스도인들이 예수를 4Q521에서 언급하고 있는 바로 그 메시아로 여겼고, 4Q521에서 말하는 바와 같이 '[하]늘과 땅'을 지배한 구세주로 보았던 것은 의심할 여지가 없다. 예수가 갈릴래아 바다에서 풍랑을 가라앉히자 그의 제자들은 이런 반응을 보이고 있다. "도대체 이분이 누구시길래 바람과 호수조차 복종할까?"(마르 4:41). 마태오 복음서 28:18에서 예수는 몇몇 의심하는 사람들을 향해 이렇게 말한다. "나는 하늘과 땅의 모든 권능을 받았습니다."

그러나 사해 두루마리 공동체의 신학과 초기 그리스도인들의 신학 사이의 직접적인 관계를 설명해 줄 증거가 부족하고, 직접적인 관련을 의심케 하는 차이점이 많다. 비슷한 점들은 둘 다 같은 유대 전통에서 성장해왔다는 것만 보여줄 수 있을 뿐이다.

그런 전통에서, 마쉬아 즉 메시아는 원래 지상의 당대 인물이었다. 그 말은 문자 그대로 '기름 부음을 받은 사람'을 의미한다. 왕들은 실제로 기름 부음을 받음으로써 왕위에 올랐다. 그들은 왕위에 오르자마자 사무엘이 사울을 이스라엘의 왕으로 선언하고, "주님이 그대에게 기름을 부어 당신의 백성 이스라엘의 통치자로 세우셨습니다"라고 말할 때처럼(1 사무엘 10:1), '주님의 기름 부음을 받은 자'가 되었다(1 사무엘 24:6, 26:11 등). 사제들 역시 기름 부음을 받음으로써 축성되었다.

그러나 기원전 586년에 바빌론 사람들이 예루살렘을 파괴하고 솔로몬 성전을 불태웠을 때, 다윗 왕조는 끝나고 말았다. 그래서 마쉬아라는 말이 점차 다윗 후손의 조속한 복귀를 가리키게 되었다. 결국, 하느님은 "[다윗의] 후손을 길이길이 이어주리라"고 약속했었다(시편 89:29).

이 같은 전통은 마태오와 루카가 예수의 족보를 제시하고 요셉의 혈통을 통해 예수가 다윗 왕의 후손이라고 설명하는 사실 속에 반영되어 있다. 예수가 분명히 갈릴래아 사람임에도 불구하고, 다윗 왕의 출생지인 베들레헴에서 태어났다고 말하고 있다. 그러나 비판적인 학자들은 예수의 족보의 역사적인 정확성과 베들레헴에서의 탄생을 강하게 의심하고 있다. 오직 마태오와 루카만 예수가 다윗 가문 출신 메시아라는 그들의 견해를 신학적으로 뒷받침해주는 그곳을 예수의 탄생지로 정하고 있다.

그러나 예수 시대에는 마쉬아에 대한 개념이 발전되어 다윗 왕국의 영광을 되찾을 지상의 메시아에 대한 개념을 넘어서 있었다. 그것은 또한 하느님의 대리자로 돌아와 앞으로 올 세상을 인도할 하느님이 보낸 어떤 인물을 의미하게 되었다. 사해 두루마리들은 이 같이 진전된 상황을 반영하고 있다. 4Q174로 (또한 4Q명시선名詩選으로도) 알려져 있는 한 본문은 성서 인용문으로 구성되어 있고 주석이 몇 줄 붙어 있는데, 거기에는 사무엘기 하권 7장 14절 "내가 친히 그의 아버지가 되고 그는 내 아들이 되리라"는 구절이 포함되어 있다. 사무엘서에서 이 구절은 왕의 즉위식에서 하느님의 아들이 되는 이스라엘의 왕에게 적용되고 있지만, 이 구절에 대한 사해 두루마리의 주석에서는 미래에 올 구세주적인 아들을 가리키고 있다. "그분은 세상이 [끝날 때] 시온에서 [다스리기 위해]……일어날 다윗의 후손이다."[18]

요컨대, 예수 시대에는 종말론적 내용 때문에 메시아를 이미 무서워하고 있었다. 이와 비슷한 인식이 기원전 약 150년경에 다니엘서에 반영되어 있다. 이른바 신구약 중간시대의 다른 문헌에서도 당시에 유행하던 메시아에 대한 이 같은 인식을 암시하고 있다.

그리스도교 신학에서 구세주인 예수와 강하게 연관되어 있는 '하느님의 아들'이란 명칭에 대한 개념은 4Q246(혹은 아람 묵시록)이라 불

'하느님의 아들'이 언급되어 있는 조각
4번 동굴에서 나온 '하느님의 아들' 본문(4Q246)으로 아람어로 씌어 있으며, 2단으로 구성되어 있다.

리는 사해 두루마리의 본문에 언급되어 있다. 이 본문은 기원이 바뀔 무렵에 아람어로 쓴 것이다.

> 세상에 재앙이 올 것이다.……[ ] 그리고 나라들 가운데 무수히 즐비한 시체……[ ]아시리아[와 이집]트의 왕들……[그는] 세상에서 위대해질 것이다.……모두가 섬길 것이며……그는 위대한 분으로 불릴 것이다.……그리고 불려질 그의 이름은……그는 '하느님의 아들'이라 불릴 것이며 사람들은 그를 '지극히 높으신 분의 아들'이라 부를 것이다.……그의 왕국은 영원한 왕국이 될 것이며 그가 가는 모든 길은 진리의 길일 것이다. 그는 실제로 세상을 심[판]할 것이며 모두가 평화를 이뤄낼 것이다. 세상에서 무력 행사가 없어질 것이며 모든 지방에서 그를 숭배할 것이다. 위대한 하느님이 그의 수호자가 될 것이다. 그의 주권은 영원한 주권이다.[19]

이 본문은 가브리엘 천사가 동정녀 마리아에게 나타나 예수를 임신

했음을 알려주는 루카 복음서의 예수 탄생 예고와 놀랄 만큼 유사하다.

> 이제 아기를 가져 아들을 낳을 터이니 이름을 예수라 하시오. 그 아기는 위대한 분이 되어 지극히 높으신 하느님의 아들이라 불릴 것입니다.……그의 나라는 끝이 없을 것이오.……그를 하느님의 아들이라 부를 것입니다. (루카 1:31-35)

두 본문이 다 그가 '위대하게 될 것이며', '지극히 높으신 분의 아들'이라 불릴 것이고, '하느님의 아들'이라 불릴 것이며, 그의 나라는 영원할 것이라고 주장하고 있다.

예수가 하느님의 아들로 선언되기 전에 사해 두루마리에 하느님의 아들이 존재하는 것은 놀라운 것이 아니다. 이집트의 파라오들로부터 로마의 황제들에 이르기까지 통치자들은 하느님의 아들로 여겨져 왔다.[20] 그러나 이들 통치자들은 즉위를 해야 비로소 하느님의 아들이 되었다. 그것은 옛날 왕들의 신권을 보여주는 하나의 실례였다.

하느님의 아들이라는 것은 세속의 아버지가 없다는 의미가 아니라 군주가 하느님과 특별한 관계가 있다는 것을 의미했다(예수의 족보가 요셉을 통해 거슬러 올라가는 것을 상기해 보라).

유대 전통은 훨씬 더 밀접한 관계로 규정하고 있다. 하느님은 물론 아버지이다. "당신은 나의 아버지, 나의 하느님, 내 구원의 바위이십니다"(시편 89:26). 요컨대 우리는 모두 하느님의 아들들이다.

하느님은 또한 이스라엘의 아버지, 온 민족의 아버지였다. "내 아들 이스라엘이 어렸을 때, 너무 사랑스러워, 나는 그를 이집트에서 불러내었다"(호세아 11:1).

이스라엘 왕들 역시 더 특별하게 하느님의 아들들로 여겨졌다. 시편 2장 7절에서 야훼는 이스라엘 왕에게 말한다. "너는 내 아들, 나 오늘 너를 낳았노라."

사무엘기 하권 7장 14절에서 하느님은 영원토록 이어질 다윗의 왕통을 세우겠다고 선포한 후, "내가 친히 그[다윗의 후손]의 아버지가 되고 그는 내 아들이 되리라"고 말한다. 실제로, 이 구절은 이미 거론한 사해 두루마리들 중 하나(4Q174)에 인용되어 있다.

아들이 되는 이 같은 사례들은 학자들이 양자론養子論이라고 부르는 것이다. 하느님은 한 인간을 당신의 양자로 삼음으로써 그때부터 그는 하느님과 특별한 관계를 갖는다는 것이다. 이런 의미에서의 아들은 혈통과는 아무런 관계가 없다.

그러나 4Q246이라고 부르는 사해 두루마리에 언급되어 있는 하느님의 아들은 사무엘기 하권 7장과 시편 제2편에서 예견된 하나의 외연外延으로 미래에 나타날 구세주적인 왕이다. 그 왕의 구세주적인 뉘앙스는 그 예견들이 실현될 미래를 내다보는 것이다.

그러나 이 같은 성서의 언급은 문자 그대로 친자관계를 말하는 것이 아니라 하느님의 부름을 말하고 있다. 게다가, 아들은 양자 결연에 의해 그 지위를 얻고 있다. 아들에게 인간 아버지가 없다는 암시는 없다.

한편, 탄생 이야기를 하고 있는 마태오와 루카 복음서에서 예수는 수태 순간부터 하느님의 아들이다. 어떤 학자들에 의하면, 이것은 그리스도교 신학에서 뒤늦게 개발된 것이다. 이 사실은 신약성서 본문들을 주의 깊게 검토해보면 알 수 있다. 초기 신약성서 본문들은 부활했을 때에야 예수가 하느님이 낳은 아들로 여겨졌다는 것을 암시하고 있다. 그 관계는 결국 그가 세례를 받을 때로 이동했다가 마침내 수태 때로 거슬러 올라간 것이었다.

서기 50년대 중반에 쓴 로마인들에게 보낸 바오로의 편지는 최초의 성서 정전이 나오기 몇 십년 전에 작성된 최초의 신약성서 문서들 중 하나이다. 이 편지는 첫 부분에서 예수에 관해 이렇게 언급하고 있다. "육肉에 따라서는 다윗 가문에서 태어나셨고 거룩하신 영에 따라서는 <u>죽은 이들 가운데서 부활하신</u> 뒤 권능을 지닌 하느님의 아들로 책봉되셨다"(로마서 1:3-4, 밑줄 부분 첨가). 이것은 미국의 프로테스탄트 교회들이 대부분 사용하고 있는 신개역 표준성서에서 번역한 것이다. 새 영어성서는 그 첫 부분을 다음과 같이 번역하고 있다. "인간적인 차원에서는 그분은 다윗의 후손이었다……" 새 예루살렘 성서라고 부르는 표준 가톨릭 성서는 "인성으로 말하면 [예수]는 다윗의 후손으로 태어나셨다……"로 번역하고 있다. 그래서 성서마다 예수는 부활에 의해 혹은 부활을 통해 하느님의 아들이 되었거나, 하느님의 아들로 선언되고, 선포되거나, 책봉되었다고 말하고 있다.

예수의 부활에 관한 바오로의 연설이 들어 있는 사도행전 13장에서도 예수가 그때 하느님의 아들이 되었음을 지적하고 있다. 그는 십자가에 못 박혀 죽어서 묻혔지만 죽은 이들 가운데서 부활했다. 사도행전이 우리에게 말해 주고 있는 바와 같이, 그것이 "기쁜 소식이다. 하느님은 예수를 다시 살리심으로써 우리 조상들에게 약속하신 것을 그들의 자손들인 우리에게 이루어 주셨다." 그리고 나서 바오로는 시편 제2편을 인용하고 있다. "시편 제2편에도 '너는 내 아들, 내가 <u>오늘</u> 너를 낳았다'고 기록되어 있습니다"(사도 13:32-33, 밑줄 부분 첨가). 여기서도 예수는 그의 부활에 의해 하느님의 아들이 되었던 것 같다.

그러나 다른 구절들은 일부 그리스도인들이 예수가 요르단 강물에서 세례 요한에 의해 세례를 받을 때 하느님의 아들이 되었다고 보고 있는 것을 암시하고 있다.[21] 루카 3장 22절의 표준 본문에서는, 요한이 예수에게 세례를 줄 때, 하늘에서 "너는 내가 사랑하는 아들, 내 마음에드는 아들이다" 하는 소리가 들려왔다. 본문의 이 시점에서, 신개역 표준성서의 역자들은 이런 각주를 달아놓고 있다. "다른 옛 권위자들은 [이렇게 해석하지 않고] '너는 내 아들, 오늘 내가 너를 낳았노라' 라고 해석했다."²² 앞에서 지적한 바와 같이, 시편 제2편에서 바로 인용한 것이다. 시편 제2편에 있는 '오늘'이라는 단어는 왕의 즉위식 때 쓰는 단어이다. 여기서는 예수가 세례를 받을 때 하느님의 아들이 되었다는 것을 지적하기 위해 사용되고 있다.

요컨대, 예수가 하느님의 아들이 된 때는 로마서와 사도행전 13장에 반영되어 있는 바와 같이, 그의 부활 때로부터 뒤로 이동하여 그의 세례 때로 거슬러 올라갔다. 탄생 이야기에서는, 그 때가 훨씬 더 뒤로 후퇴하여 그의 수태 때로 돌아간다. 최초의 성서 정전인 마르코 복음서와 일반적으로 가장 늦게 쓴 것으로 알려진 요한 복음서에서도 예수를 하느님의 아들로 보고 있지만, 어느 곳에도 탄생 이야기가 들어 있지 않다. 게다가, 바오로는 그의 편지 어디에서도 처녀탄생, 더 정확하게 말하면 처녀수태에 대한 언급을 하지 않고 있다.

복음서들 자체가 이렇게 '하느님의 아들'이라는 의미가 진화되어 왔음을 암시하고 있다. 사해 두루마리 본문 4Q246은 이 같은 상황진전의 중요 부분이다. 하느님의 아들이란 개념은 1세기 때에 이미 광범위한 오랜 역사를 갖고 있었다. 즉 그 개념은 왕들과 사제들, 심지어 이스라엘 백성들, 이 세상에서 기름 부음을 받은 사람들로부터 미래에 올 구세주들에 이르기까지 적용되었다. 사해 두루마리들에서는 이 개념이 예수의 탄생 직전에 발전했던 것으로 나타나 있다.

신약성서에서, 우리는 이 개념이 더욱 진전된 것을 보게 된다. 이스라엘 백성들과 마찬가지로, 초기 그리스도인들은 하느님의 자녀들이었고, 진정한 신자가 됨으로써 그렇게 되었다. 로마서 8장 14절에서 바오로는 청취자들에게 "누구든지 하느님의 성령의 인도를 따라 사는 사람은 하느님의 자녀입니다"라고 얘기하고 있다. 갈라티아 4장 4-7절에서는, 이 개념을 확대시키고 있다. "하느님께서 당신의 아들을 보내시어, 여자의 몸에서 나게 하시고[바오로는 처녀탄생이란 말을 한 적이 없다], 율법의 지배를 받게 하시어, 율법의 지배를 받고 사는 사람들을 구원해 내시고, 우리에게 당신의 자녀가 되는 자격을 얻게 하셨습니다.……여러분은 자녀들입니다.……그러므로 여러분은 이제 종이 아니라 자녀입니다."

예수가 하느님의 아들이 된 것은 이처럼 예수가 살았던 당시의 세상 및 역사와 관련되어 있는 하나의 문화적인 배경 속에서 생겨난 일이다. 이런 점에서 예수가 하느님의 아들이 된 것은 결코 독특한 것이 아니다. 프랭크 크로스가 말한 바와 같이, "[쿰란의 자료]는 성직자들과 그리스도교 논객들의 말을 듣고 예수가 가졌던 그리스도 혹은 메시아라는 칭호가 유대인들의 구세적 종말론이나 히브리 성서에서 일찍이 예견되지 않았다고 믿고 있었던 사람을 당혹하게 할 것이다. 요컨대, 그리스도교와 유대교 사이에 연속성이 없다는 주장을 받아들였던 사람이나, 혹은 호의를 갖지 않고 유대교를 그리스도교와 비교하는 그리스도교 성직자들의 오랜 경향에 의해 세뇌되었던 사람은 누구나 충격을 받을 수 있고 자신의 신앙을 다시 생각해야 할 수도 있다."[23]

그러나 예수가 하느님의 아들임을 성부와의 전례 없는 영적 관계로 이해하는 사람들에게는 이 같은 전후관계가 그럴 가능성을 높여주고 예수가 하느님의 아들이라는 그 특별한 양상과 처녀 잉태까지도 강조해 줄 뿐이다. 요컨대, 쿰란 두루마리들은 조셉 피츠마이어 Joseph Fitzmyer 신부가 '성숙한 크리스천'이라고 부르는 신자들의 신앙에 위협이 되지 않는다. 피츠마이어 신부는 이렇게 쓰고 있다. "쿰란 두루마리들에 그리스도교 신앙을 해치기 쉬운 어떤 것이 포함되어 있는가? 지금까지는 그런 것이 아무것도 없다. 쿰란 두루마리들 중에서 빛을 보게 된 것들 중 그리스도인들이 소중히 간직하고 있는 어느 것을 부정하는 것은 아무것도 없다. 그것이 그리스도인, 더 좋게 말하면 근본주의적 배경이 없는 성숙한 그리스도인이 걱정하는 것이긴 하지만, '예수의 유일성'에 불리하게 작용하는 것은 아무것도 없다."[24]

신약성서와 쿰란 사본은 똑같은 원칙을 갖고 성서를 해석하고 있다. 예를 들면, 양쪽 다 마치 히브리 성서가 그들의 시대에 명확하게 적용되는 것처럼 그 성서를 인용하고 있다. 또한 양쪽 다 마치 성서 본문이 지금 우리에게 닥쳐온 마지막 날에 대해 언급한 것처럼 성서를 인용하고 있다. 예언자 하바쿡은 하느님이 그에게 말씀하시고 그가 들은 말을 판에다 크게 써서 "누구나 알아보도록" 하라는 지시를 했다고 공표하고 있다(하바쿡 2:2). 쿰란 주석서는 이 구절에 대해 "하느님은 하바쿡에게 마지막 세대에 일어날 일을 적어두라고 하셨으며" 그 비밀을 의로운 스승으로 알려진 쿰란 종파의 지도자에게 밝혀주셨다고 설명하고 있다(하바쿡 주석서 7). 사도행전 2장 16-17절에서도 이와 비슷하게 '예언자 요엘', 더 정확하게 말하면 요엘을 잘못 인용하고 있다. "이것은 예언자 요엘이 예언한 대로 된 것입니다. '하느님께서 말씀하신다. 마지막 날에 나는 모든 사람에게 나의 성령을 부어주리라'"(여기서 '마지막 날'이라는 종말론적 의미는 사도행전에서 보충한 것이다. 요엘이 실제로 한 말은 '그런 다음에'[25]였다).

이것을 인용하여 사도행전은 당시에 일어난 사건, 즉 오순절을 지내기 위해 전 세계에서 예루살렘으로 모여든 수많은 그리스도인들이 '여러 가지 외국어로 말하기' 시작하여, 각자가 다른 사람의 말을 자기

나라말로 알아들을 수 있었던 사실을 설명하고 있다. 바꾸어 말하면, 마지막 날이 와서 성령이 사람들 위에 내렸던 것이다.

그리스도교와 두루마리들에 공통되는 주제들은 아마도 당시의 많은 유대인 집단들에게도 역시 공통되는 주제들이었을 것이다. 즉 메시아 대망사상, 묵시적이고 종말론적인 견해, 물로 씻는 의식(세례식), 재산 공유, 공동 식사 등이 그런 것이었다. 유사한 것들 중에서 어떤 것들은 애매하고 어떤 것들은 똑같다. 때로는 그리스도인들의 관습과 두루마리들 속에 그들의 관념이 반영되어 있는 사람들의 관습 사이에 차이가 있다.

예를 들면, 사도행전에서는 앞에서 설명한 오순절 사건이 있은 후, 신도들은 "모든 것을 공동으로 소유하고 재산과 물건을 팔아서 모든 사람에게 필요한 만큼 나누어주었다"(사도 2:44-45, 4:32). 쿰란에서는, 수련자가 마침내 정회원으로 가입하게 되면, 그의 재산은 공동체의 재산에 '합쳐'졌다(공동체 규율집 6:22). 그러나 그리스도교 사본들과 두루마리 사본들은 다 같이 양 집단의 신도들 가운데 사유재산이 계속 존재하고 있었음을 보여주고 있다.

쿰란에서는 사제가 빵과 포도주를 축성하는 공동 식사가 있었던 것 같다(공동체 규율집 6:4-6, 공동체 규칙 2:11-12). 물론 이것은 역시 빵과 포도주가 중요한 역할을 했던 최후의 만찬을 상기시킨다(마태 26:26-29, 마르 14:22-25, 루카 22: 17-20). 쿰란의 식사는 구세주가 오면 하게 되어 있었던 것 같다. 최후의 만찬 역시 종말론적 의미를 갖고 있다. 그러나 거기에는 명백한 차이가 있다. 마태오와 마르코, 루카 복음서에서 최후의 만찬은 과월절 식사이다. 빵과 포도주는 그리스도의 몸과 피라는[26] 신성한 성격을 지니고 있으나 쿰란 의식에서는 이것이 없다.

신약성서, 특히 요한 복음서는 두루마리와 함께 선과 악이 두 개의 서로 다른 우주의 근원에서 나온다는 이원론적 신학을 공유하고 있다. 그러므로 역사는 선(빛)과 악(어둠) 사이의 우주적 투쟁사이다. 쿰란에서 나온 이른바 전쟁 두루마리는 빛의 아들들과 어둠의 자식들 사이의 종말론적 전쟁을 묘사하고 있다. 공동체 규율집은 이렇게 훈계하고 있다. "모든 빛의 아들들을 사랑하라.……모든 어둠의 자식들을 미워하라.……하느님이 선택한 모든 이를 사랑하고 그분이 거부한 모든 이를 미워하라."[27]

요한 복음서에서, 예수는 자신을 '세상의 빛'이라고 묘사하고 "나를 따라오는 이는 어둠 속을 걷지 않고 생명의 빛을 얻을 것"이라고 말했다(요한 8:12, 1:5, 3:19-20). 예수를 따르는 사람들은 '빛의 아들들'이라고 언급되어 있다(12:35-36). 정직하지 못한 청지기에 대한 이야기에서도, 예수는 '빛의 아들들'에 대한 말을 하고 있다(루카 16:8). 루카와 요한 복음서들은 공동체 규율집보다 약 200년 후에 작성되었다(루카는 서기 약 80년, 요한은 서기 약 100년, 공동체 규율집은 기원전 약 100년).

당시에는 신플라톤주의에서부터 페르시아의 조로아스터교, 그리고 그리스도교와 유대교의 그노시스주의에 이르기까지 미묘하고 흔히 애매한 차이가 있는 매우 다양한 이원론적인 교리들이 유포되고 있었다. 이원론적 신학들은 희년서와 족장들의 언약 같은 유대교의 묵시록에도 반영되어 있다. 그래서 신약성서와 사해 두루마리들 사이의 유사함이 반드시 직접적인 연관을 의미하지 않더라도, 하나의 세계관을 공유하고 있다.

공동체 규율집도 '길'에 대해서 말하고 있다. 하느님은 '길'을 선택한 사람들에게 '참된 지식'을 나누어주실 것이다.[28] 공동체 규율집에 나온 폐회송가는 다음과 같은 말로 하느님을 신뢰하고 있다.

> 하느님, 내 영혼을 지옥에서 구하시고
> 내 발길을 길로 인도해 주소서.²⁹

요한 복음서와 신약성서의 다른 곳에서도 '길'을 하느님과의 새로운 관계와 같은 것으로 보고 있다. 예수는 청중에게 이렇게 말하고 있다. "나는 길이요, 진리요, 생명입니다. 나를 통하지 않고서는 아무도 아버지께로 갈 수 없습니다"(요한 14:6, 사도 9:2, 19:9, 19:23, 24:22).

사해 두루마리 공동체와 초기 그리스도인들은 다 같이 그들 자신을 유대인으로 여겼을 뿐만 아니라, 예루살렘 성전과 그 의식에 격렬히 반대했다. 사해 두루마리 공동체에게는 이 같은 반대가(마지막 날 예루살렘에서 그들 자신의 사제들을 임명할 수 있을 때까지) 일시적인 것일 뿐이었다. 그러나 그리스도교에게는 성전에 대한 적의가 영원한 것이 되었다. 이가엘 야딘은 이렇게 말했다.

> 에세네파는 성전과 성전에서 하는 예배를 대신할 일종의 생활 방식을 개발했다.……에세네파의 성전 거부는 일시적인 것이었다. 그들은 엄격히 해석한 그들의 율법을 적용하지 않는 예루살렘의 사제들은 율법을 지키지 않는 사람들이고 성전은 오염되었다고 보았다.……에세네파가 일시적인 대역으로 보았던 것을 그리스도교는 영구적인 신학, 즉 그들의 확고하고 결정적인 규범의 일부로 삼았다. 요컨대, 에세네파가 예루살렘의 사제들과 성전을 거부한 것은 그들의 신앙에 따라 성전이 재건될 마지막 날까지만 적용될 수 있는 임시 변통이었으나 그리스도교의 입장은 영구적인 대책이 되었다. 그래서 그리스도교 자체가 이런 율법주의를 거부한 사실에도 불구하고, 초기 그리스도인들이 율법주의적인 한 종파의 영향을 심하게 받을 수 있었다는 것은 역사적인 자가당착이다.³⁰ (야딘은 에세네파를 사해 두루마리 종파와 동일시했다).

예수가 쿰란을 방문했는지도 모르고 한동안 거기서 살았는지도 모르지만, 그렇게 했다는 증거는 없다. 그러나 그 근처에 있었던 것은 확실하다. 그는 겨우 5킬로미터 정도 떨어진 요르단 강에서 세례를 받았다(마태 3:13).

세례를 받은 후, 예수는 "영에 이끌려 광야로 가서 악마의 유혹을 받았다"(마태 4:1, 마르 1:12, 루카 4:1-2). 전통적으로 알려진 시험산의 위치는 쿰란 북쪽 11킬로미터 지점이다.

그러나 사해 두루마리들과 그리스도교 사이에 유사한 점들이 있는 것으로 보아 예수가 쿰란과 개인적으로 어떤 관련이 있었을지도 모른다는 것은 순전히 추측이다.

한편, 세례 요한이 적어도 한동안 쿰란에서 살았다는 것을 사리에 맞게 주장할 수 있다. 어렸을 때 요한은 유대 사막에서 살았다. 루카 복음서 1장 80절에 의하면, "아기는 날로 몸과 마음이 굳세게 자라났으며, 이스라엘 백성들 앞에 나타날 때까지 광야에서 살았다." 이 말은 요한의 출생에 대한 이야기 끝에 나온다. 하지만 루카 복음서는 요한이 어떻게 해서 태어나면서부터 광야에서 살게 되었는지 분명히 설명하지 않고 있다. 할 수 있는 한 가지 설명은 에세네파와 관련이 있다는 것이다. 에세네파는 쿰란에 살았다고 많은 학자들이 믿고 있는 유대인들의 한 종파였다. 요세푸스에 의하면, 에세네파는 다른 백성의 어린이들을 "아직 어려서 교육을 시킬 수 있을" 때 받아들여서 그들의 생활방식에 따라 길러내곤 했다.[31] 이것은 그들이 독신서약을 지키면서도 그들을 영구히 존속시켜내는 방법이었다. 최소한 두 명의 유명한 학자가 아마도 요한은 양자가 되어 쿰란에서 에세네인으로 자라났고 그래서 에세네파의 가르침에 영향을 받았을 것이라고 넌지시 말했다.

그의 이름이 암시하는 바와 같이 세례 요한은 정화의 의식으로 세례를 강조했다. 사해 두루마리 사본들도 그렇게 하고 있다(예를 들면, 공동체 규율집 3:3). 요한은 "요르단 강 부근의 모든 지방을 두루 다니며 죄를 용서받기 위한 회개의 세례를 받으라고 선포했다"(루카 3:3). 요한이 세례를 베풀었던 요르단 강물은 두루마리들이 발견된 곳에서 돌을 던지면 닿을 곳에 있다.

마태오 복음서 11장 18절에서는 요한이 와서 "먹지도 않고 마시지도 않았다"는 얘기를 하고 있다. 마르코 복음서에서는 그는 사막에서 발견할 수 있는 것은 무엇이든지 먹었으며 주로 "메뚜기와 들꿀을 먹었다"(마르 1:6). 그는 "거칠거칠한 낙타 털옷을 입고 허리에 가죽띠를 두르고 있었다"(마르 1:6)라고 되어 있다. 이 모든 것이 쿰란에서의 생활양식과 잘 들어맞는다.

마르코 복음서 첫 장에서는 예수의 선구자로서의 세례 요한의 역할을 이사야 예언서 40장을 인용하여 설명하고 있다.

> 예언자 이사야의 글에, "이제 내가 심부름꾼을 너보다 먼저 보내니 그가 네 길을 미리 닦아 놓으리라. 광야에서 외치는 이의 소리가 들린다. '너희는 주님의 길을 닦고 그 길을 고르게 하여라.'" (마르 1:2-3)

공동체 규율집은 이사야서의 같은 구절을 인용하여 광야에서의 쿰란 공동체의 생활을 규정하고 있다.

> 이들이 이 모든 규칙에 따라 이스라엘 공동체의 일원이 되면 불의한 사람들이 사는 곳을 떠나 광야로 가야하고 "광야에서 주님의 길을 닦아라. 사막에서 우리의 하느님을 위해 길을 고르게 하라"고 성서에 기록되어 있는 대로, 거기서 주님의 길을 닦아야 한다. (공동체 규율집 8:14-15)

이것은 요한이 쿰란에 있었다는 강력한 증거가 되는 것 같아 보이는 반면에 그것을 무력화시키는 사정도 있다. 요한이 신약성서에서 눈에 띄는 인물이지만, 그가 에세네인이라는 암시는 없다(많은 학자들은 쿰란 사람들이 에세네인이라고 믿고 있다). 유대 역사학자 요세푸스는 요한과 요한의 생애를 거론하고 있다. 그러나 에세네파에 대해 장황하게 설명하고 그 자신이 그들과 함께 지낸 얘기를 하면서도 요한이 에세네인이었다는 말을 하지 않고 있다. 만일 요한이 에세네인이었다면 요세푸스가 이 사실을 빠뜨리는 것이 이상해 보인다.

더구나, 요한은 당시에 다투기 좋아하는 사회에 공공연하게 참여하고 있었던 것 같다. 그는 쿰란에서는 필연적으로 하게 되어 있는 명상생활을 하지 않았다. "광야에서 하느님의 말씀을 듣고" 나서(루카 3:2), 요한은 하느님의 목소리의 화신이 되었고 광야에서 세상으로 불려나가 귀를 기울이는 모든 이들에게 설교했다. 그는 다시 이사야서를 인용하여 "나는 광야에서 외치는 이의 소리요"라고 대답했다. 아마도 요한은 한동안 쿰란에서 살았고 나중에 모든 사람들에게 설교를 하기 위해 그 집단을 떠났다. 그러나 이것은 전혀 확실한 얘기가 아니다.

두루마리들과 그리스도교 사이에 이론적으로 있을 수 있는 직접적인 관련을 말해주는 또 한 가지는 7번 동굴에서 나온 발굴물들이다. 거기서 찾아낸 조각들은 모두 신약성서의 언어인 그리스어로 씌어 있다. 7번 동굴은 베두인들이 아니라 고고학자들이 발견했다. 그래서 우리는 거기서 발견된 것은 무엇이든지 학자들의 손에 들어와 있고 찾아낼 수 있는 것은 무엇이든지 다 찾아냈다고 생각할 수 있다. 그러나 발굴물들이 적었다. 7번 동굴은 흔히 '작은 동굴들' 중의 하나라고 말하고 있다. 거기서 나온 것은 19개의 조각뿐이었고 대부분 작은 것이었다. 실제로, 그 중의 하나는 파피루스 반죽 위에 있는 사국들로 몇 개의 글자들을 알아볼 수 있는 것이어서 도저히 하나의 본문이라고 부를 수가 없다.

그럼에도 불구하고 스페인 예수회 소속 신부 호세 오카야간 Jose O'

Callaghan은 7번 동굴의 조각들 중 다수가 로마인들에게 보낸 바오로의 편지와 마르코 복음서, 사도행전, 디모테오에게 보낸 첫째 편지, 베드로의 둘째 편지 및 야고보의 편지를 비롯한 신약성서들의 필사본 중 일부임을 확인했다고 주장하고 있다. 아마 마르코 복음서를 제외하고, 이들 신약성서의 본문들은 모두 서기 68년 쿰란에 있던 주거지가 로마인들에 의해 파괴된 후 오랜 세월이 지난 후에 작성되었다.

오카야간이 제시하는 가장 좋은 사례는 그가 마르코 복음서 중 일부로 인정하고 있는 7Q5이다. 이 작은 조각에는 4줄이나 5줄에 글자가 19자 혹은 29자가 있을 뿐이고, 그 글자들 중에서 절반만 확실하게 읽을 수 있다. kai라는 한 단어만 완전한데, '그리고'라는 뜻이다. 이런 것을 보고, 오카야간은 그 조각이 풍랑이 심한 바닷물을 진정시킨 후 제자들의 반응을 묘사하고 있는 마르코 복음서 6장 52-53절에서 나온 것으로 결론짓고 있다.

빵 다섯 개와 물고기 두 마리만으로 5천 명을 먹인 기적이 있은 후, 제자들은 배를 탄다. 거센 바람이 배를 위협하고 있는데 예수가 물 위를 걸어서 나타난다. 예수가 배에 오르자 바다가 잔잔해진다. 그리고 나서 7번 동굴에서 나온 그리스어 조각에 나타나 있는 것으로 추측되는 2절(마르 6:52-53)이 이어진다. 아래 볼드체 활자로 표시된 글자들이 사해 두루마리 조각에서 실제 발견된 그나마 읽기 쉬운 글자들이다.

> For they [the disciples] did not understand about the loaves, but their hearts were hardened. And when they had crossed over, they came to land at Gennesaret and moored the boat.

> 그들은 [제자들은] 마음이 무디어서 빵을 먹인 기적에 대해 아직 깨닫지 못하고 있었다. 그들은 바다를 건너 겐네사렛 땅에 배를 대었다.

이들 몇 개의 글자들로 오카야간은 이 같은 짧은 본문을 재구성했다.

다른 문제들도 있다. 옥스퍼드의 그리스어 고문서 전문가 C. H. 로버츠C. H. Roberts는 그 조각의 연대를 기원전 50년에서 서기 50년 사이로 보고 있다. 마르코 복음서는 서기 70년경에 쓴 것이다. 쿰란은 서기 68년에 파괴되었으므로, 그 후에 7Q5를 썼다는 것은 매우 믿기 어려운 일이다. 한마디로 말하면, 7Q5는 마르코가 복음서를 쓰기 전에 쓴 것임이 거의 확실하다. 그러므로 그것은 마르코 복음서의 사본일 수가 없다.

또 한 가지 더욱 심각한 문제는 'And'와 Gennesaret의 'nes' 사이에 'to land'라는 단어들이 들어갈 자리가 충분하지 않다는 것이다. 그러나 오카야간은 이 독특한 본문에 'to land'라는 단어가 빠졌다고 주장하고 있다. 하지만 이 본문의 옛 필사본들은 모두 이 단어들이 들어 있다.

마지막으로, 오카야간의 해결법은 둘째 줄의 불완전한 글자를 그리스어 nu로 간주하는 데 의존하고 있다. 많은 전문가들은 이것을 매우 믿기 어렵거나 불가능한 것으로 보고 있다.

요컨대, 두루마리들은 예수나 초기 그리스도교와 직접적인 관련이 없지만 방대하면서 중요한 배경을 제공하고 있다. 두루마리들을 통해서 우리는 그리스도교가 생겨난 세계를 어렴풋이나마 직접 알아보게 된다. 이것이 그 토양이었다. 여기에 뿌리들이 있다. 그리스도교의 역사를 이해하고 싶어하는 사람들에게 두루마리들은 호기심을 불러일으키고 풍성하게 하는 것이지만, 그리스도교와 그 교리가 전혀 새로운 것이고 유대의 환경과는 관계가 없다고 보는 사람들에게는 두루마리들이 위협적인 것이다.

제 6 장

에세네파의 장서?

앞장에서는 두루마리들이 그리스도교의 성서들보다 연대가 앞서는 것으로 추정하고 있으며 실제로 그렇다. 가장 먼저 나온 마르코 복음서는 서기 약 70년에 쓴 것이다. 반면에 두루마리들은 기원전 약 250년에서 서기 68년 사이에 쓴 것들이다.

두루마리들의 연대는 여러 가지 방법으로 측정할 수 있는데, 좀더 일반적인 방법과 좀더 특수한 방법이 있다. 예를 들면, 두루마리들이 발견된 동굴에 있던 항아리는 이 시기의 항아리 모양으로 연대를 측정할 수 있다. 탄소 14 측정법도 이용할 수 있다.

탄소 14의 방사능이 세월이 흐르면서 알려진 비율로 감소되기 때문에, 유기 물질 속에서 발견되는 탄소 14 원소에 남아 있는 방사능 양을 측정함으로써 그 유기 물질의 나이를 판단할 수 있다. 그러나 이 측정을 하기 위해서는 그 물질의 일정 양을 훼손해야 했는데, 1950년대 초반에는 몇 그램이 필요했다(새로운 기술로는 몇 밀리그램만으로도 할 수 있다). 두루마리들에서 몇 그램이라도 훼손하기 싫어했던 당국은 탄소 14 측정을 처음에는 1번 동굴에서 나온 두루마리를 쌌던 아마포에만 실시하도록 제한했다.[1] 그래서 알아낸 연대가 서기 33년에 ±200년이었다. 이것 역시 일반적으로 알고 있던 두루마리를 만든 시기를 확인해 주었다.

학자들이 두루마리들을 처음 보았을 때, 그들은 글씨체를 나쉬 파피루스의 글씨체와 비교해보고 즉시 올브라이트의 견해에 동조하여 두루마리들의 연대를 기원전 약 100년으로 보았다. 나쉬 파피루스는 십계명이 들어 있는 작은 조각으로 그 당시에는 가장 오래된 성서 본문으로 알려져 있었는데, 올브라이트는 그 연대를 기원전 약 150년으로 보았다.

항아리의 모양과 마찬가지로, 글씨체도 세월이 흐르면서 바뀌고 발전한다. 글씨체의 변화 — 글자의 모양과 자세, 줄 관계, 획을 긋는 순서와 방향 등과 같은 다른 단서들 — 에 의하여 상대적인 연대를 밝혀낼 수 있다. 즉 전문 고문서 학자는 어떤 특정한 글씨의 표본이 다른 것보다 더 일찍 혹은 더 늦게 나온 것이라는 결론을 내릴 수 있다. 그리고 나서, 몇 가지 표본들에 대한 절대적인(상대적인 것과 반대되는) 연대가 확보되면, 연속되는 다른 것들은 절대적인 연대의 범위 내에서 연대를 지정할 수 있다.

두루마리 출판팀의 팀원 중 여러 명이 고문서에 대한 이 같은 종류의 전문기술을 1950년대에 개발해냈다. 이와 관련하여 눈에 띄는 업적을 이뤄낸 사람은 하버드의 프랭크 크로스였다. 1961년에 출판된 그의 독창적인 연구 논문은 사해 두루마리 학계에서 아마 가장 자주 인용되는 논문일 것이다. 제목이 「유대 서체의 발달」[2]인 이 논문은 186개의 각주를 붙인 70쪽 짜리 논문이다. 이 논문에서, 그는 히브리 알파벳의 글자 하나하나를 여러 가지 형태(정자, 반정자, 초서체, 반초서체)에 따라, 각각 관련된 시대[고대(기원전 250~150), 하스몬(기원전 150~30), 헤로데 (기원전 30~서기 70) 시대]별로 자세히 검토하고 있다.

이런 식으로 전문 고문서 학자들은 여러 가지 사해 두루마리 사본의 연대를 흔히 50년 정도 오차 범위 안에서 추정해냈다. 고문서의 연대를 정확하게 측정하기 위해서, 최근에는 가속 질량 분광분석법(AMS)으로 알려진 개선된 방법을 이용하는 탄소 14 측정법으로 12개 이상의 두루마리 조각을 측정했다. AMS는 작은 초서체 문자 하나만 있으면 되는 방법이다. 그 결과는 두루마리들의 연대를 확인해 줄 뿐만 아니라, 고문서의 연대 측정이 탄소 14 측정보다 훨씬 더 좁은 오차 범위 내에서 신뢰할 수 있는 것임을 보여주고 있다.[3]

두루마리들의 연대가 확실하게 밝혀졌더라도, 그 연대들이 그 두루마리들을 누가 썼는지 밝혀주지는 않는다. 이것을 알아내기 위해 학자들은 두 가지 근거에 눈을 돌렸다. 첫째는 당시의 유대교에 관한 다른 옛 근거로 우리가 알고 있는 것을 참고하여 두루마리들의 내용을 분석하는 것이고, 둘째는 언뜻 보기에 두루마리들과 상당한 관계가 있어 보이는 근처 쿰란의 폐허에 주목하는 것이었다.

거의 처음부터, 출판팀은 두루마리들이 에세네파로 알려진 초기 유대인 종파의 장서라고 결론지었다. 그러나 결정적인 증거가 없다. 우리는 에세네파에 관한 것을 대부분 1세기의 유대인 역사가 요세푸스(서기 37~95)를 통해 알고 있다. 요세푸스보다 약간 앞선 동시대 유대인이며 철학자로 가장 잘 알려진 알렉산드리아의 필로Philo도 그들에 대한 것을 기술하고 있다. 로마의 지리학자인 대大 플리니우스Plinius 역시 에세네파에 대한 것을 언급하고 있고, 몇 가지 다른 작품들에서도 잠깐 언급되어 있다.

요세푸스는 그가 살던 시대에 있었던 네 가지 다른 유대인 운동그룹을 확인해주고 있다. 주요한 그룹은 바리사이파와 사두가이파이다. 세 번째 그룹이 에세네파이다. 네 번째 운동그룹을 요세푸스는 '제4철학'이라고 간단히 확인해 주고 있다.[4] 에세네파가 바리사이파나 사두가이파보다 더 작은 그룹이지만, 요세푸스는 그들에 대해 더 길게 기술하고 있다. 아마도 그들을 좀 색다르다고 생각했기 때문일 것이다. 혹은 아마도 그 자신이 그 그룹에 가입하는 과정을 밟기 시작했다가 나중에 그만두었기 때문일 것이다.[5]

요세푸스와 필로에 의하면, 에세네파의 수효는 약 4천 명에 이르렀다. 요세푸스는 그들을 "모든 읍에서 많이" 볼 수 있었다고 얘기하고 있다.[6] 실제로, 예루살렘 시내로 들어가는 에세네 문의 존재가 말해 주듯이, 그들은 예루살렘에서 쉽게 알아볼 수 있는 어떤 고립된 이문화異文化 집단의 거주지에 살았던 것이 분명하다.[7]

기술된 바에 의하면 그들은 긴밀하게 조직된 그룹이었다. 여행을 할 때마다 그들은 노상강도들에 대비한 무기 외에는 아무것도 가지고 다니지 않았다. 숙박은 그들의 동료 에세네파에 의지했다. "그 종파의 어느 누구든 외지에서 도착하자마자, [에세네] 공동체의 모든 물자가 마치 그들의 것인 양 그들 맘대로 사용한다. 그들은 한 번도 만난 적이 없던 사람들의 방에 마치 가장 친한 친구의 방인 것처럼 들어간다."[8]

요세푸스가 이상하게 빠뜨린 것이 한 가지 있다. 그것은 에세네인들이 자주 광야로 모여들었고 사막에 중심지를 하나 갖고 있었다는 것을 전혀 언급하지 않고 있다는 점이다. 그는 그들이 읍에서 살았다는 얘기만 하고 있다. 그는 '그들이 그들 자신의 힘으로'[9] 살고 있다는 말을 하고 있다. 그러나 전후 맥락으로 보아 그들은 그들이 살고 있는 많은 읍의 특정한 구역에서 거주하고 있었음을 말해주고 있는 것 같다.

그러나 그들은 하나의 공동체를 이루고 있었다. 그리고 여러 가지 점에서 이 공동체의 특징들은 두루마리들에 기술되어 있는 것들과 똑같다. 그 그룹의 일원이 되기 위해서는 엄격한 견습기간을 거쳐야 했다. 지원자는 1년이 지나야 "더 깨끗한 성수를 함께 나눌 수 있지만, 아직 공동체의 집회에는 참석할 수 없었다."[10] 그리고 나서 "그의 2년 동안 더 그의 성품을 테스트했다. 그리고 그때서야 훌륭하다고 판단되면 그 사회에 등록되었다."[11]

에세네 사회는 엄격한 계급사회였다. "그들은 윗사람의 명령이 없으면 아무것도 하지 않았다."[12] 그러나 그들은 민주적이기도 했다. "그들은 공동체의 이익을 위해 일할 간부들을 선출했다."[13]

그들의 사회는 공동사회였고, 그들은 물건을 공유했다. "개인 소지품을 공동보관하고 모두가 형제들처럼 한 재산을 세습했다."[14]

예상할 수 있는 바와 같이, "그들은 재물을 우습게 보았다."[15] 그들은 모든 재산을 공유했기 때문에, "그들 가운데서 다른 사람보다 더 부유해서 눈에 띄는 사람을 발견하지 못했다.……극빈자나 지나치게 부유한 사람을 볼 수 있는 곳이 아무데도 없었다. 그들 사이에는 사고 파는 것이 없었고, 모두가 자신이 가진 것을 필요한 사람에게 주었다."[16]

그들은 해가 뜨기 전과 밤에 기도를 했고, 찬물로 목욕을 하여 그들 자신을 정화했으며, 침묵을 지키며 식사를 했다.

그들은 또한 "고대인들의 저술들에 비상한 관심을 드러내 보였다."[17] 신참자는 "종파의 책들을 정성껏 간수하겠다"고 서약했다.[18]

결혼에 대한 에세네의 태도는 혼란스럽기도 하고 복잡하다. 흔히 말하는 해답은 어떤 사람들(아마도 쿰란에 있던 사람들)은 독신자이고 어떤 사람들은 독신자가 아니라는 것이다. 요세푸스는 "그들은 결혼을 경멸했다"고 얘기하고 있다.[19] 인구수를 유지하기 위해서, "그들은 다른 사람들의 아이들을 아직 유순하고 가르치기 쉬울 때 양자로 삼았다."[20] 그러나 '에세네파의 다른 부류는' 결혼을 했다. 그러나 그 목적은 오직 출산을 위한 것이었다.[21] 장차 아내가 될 사람은 먼저 3년 동안 시험기간을 거쳐 아이를 가질 수 있는 능력을 증명해야 했다. 하지만 그 방법은 분명치 않다. 그리고 나서야 결혼이 성사되었다. 임신 기간 중의 성행위는 "그들의 결혼 동기가 방종이 아니라 자녀 출산이었음을" 증명하기 위해 금지되었다.[22] 이 같은 자세는 두루마리들과 관련시켜 볼 때 특히 의미심장하다. 왜냐하면 두루마리들 중 한 작은 조각에 "규칙을 위반하여, 정욕 때문에 아내와 성행위를 하는 사람은 누구든지 그곳을 떠나 절대로 돌아올 수 없다"고 규정되어 있기 때문이다.[23]

쿰란에서 발굴된 무덤 중에서 여자와 어린이의 무덤은 3, 4개뿐이라는 사실을 중시해 왔지만, 이 사실에서 어떤 결론을 끌어내기가 어렵다. 특히 결혼과 어린이들에 대한 에세네파의 태도가 지닌 복잡성을 고려하면, 여자들과 어린이들의 무덤이 적은 것에 대해 여러 가지 해석을 할 수 있다.

에세네파에는 다른 특이한 관습이 있었다. 그들은 대변을 특히 혐오했던 것이 분명하다. 안식일에는 대변보는 것을 자제했다. 다른 때에 대변을 처리하는 규칙들이 자세히 정해져 있었다. 실제로, 에세네파 가입 지원자에게 제일 먼저 주는 것이 작은 삽이었다.[24] 그는 대변을 보기 전에 1피트(약 30.48센티미터) 깊이로 구덩이를 파고 몸이 드러나지 않도록 주위에 막을 둘러치라는 교육을 받았다. 대변을 본 후에는 "파낸 흙을 구덩이 속에 도로 집어넣어야" 했다.[25] 게다가, 이 모든 것을 '외딴 곳'에서 하도록 했다.[26] 이 일을 치른 후에는 손을 씻어야 했다.

금속은 오래 견디기가 쉬우므로, 우리는 쿰란을 발굴할 때 작은 삽 같은 것을 찾아냈는지 알고 싶었다. 실제로, 적어도 청동 잉크병 하나 이외에 금속제 물건들이 현장에서 상당수 발굴되었으며, 쿰란에서 실시한 발굴에 대한 최종 보고서를 쓰기로 되어 있는 두 학자, 로베르 동셀 Robert Donceel과 그의 아내 폴린 동셀-부뜨가 그것을 벨기에로 가져 간 것으로 알려져 있다. 내가 이 글을 쓰고 있을 때, 프랑스 성서학교는 그 물건들을 되돌려 받으려 애쓰고 있었다.[27] 그 물건들 중에 삽이나 삽의 일부가 있는지 없는지는 알려져 있지 않다. 어떤 사람들은 쿰란에서 나온 곡괭이를 그러한 삽으로 봐야 한다고 주장하고 있다.

다소 금욕적인 생활양식 때문에, 에세네인들은 "아주 장수하여 대부분 100살 이상 살았다"고 한다.[28] 자연 인류학자들은 죽은 사람의 나이를 뼈 검사를 통해 측정할 수 있다. 불행하게도, 1950년대에 쿰란에서 발굴된 뼈들을 어디서도 찾을 수 없다. 아마 절대로 찾지 못할 것이다.

요세푸스는 에세네인들이 일반적으로 "자제력의 달인들이고 충절의 수호자들이며 바로 평화를 위해 일하는 사람들"이었다고 보고 있다.[29] "그들은 맹세를 하지 못하게" 했지만, 신참자들에게는 "무시무시한 맹세를 하도록" 요구했다.[30] 그래서 요세푸스는 두루마리들에 언급되어 있는 집단을 확인하는 일에 이 같은 금지령을 이용하기 어렵다고 쓰고 있다. 더구나 요구하는 맹세가 매우 고상한 것이긴 하지만, 두루마리들에서 신원을 확인할 열쇠를 제공할 만큼 독특한 것이 아니다. 요컨대, 그 맹세는 "하느님에게 경건한 행위를 하고……불의를 미워하며 정의를 위해 싸우고……훔치지 않으며 부정한 이득을 얻을 마음을 갖지 않을 것"을 요구하고 있다.[31] 이와 같은 맹세는 그 당시에 어느 유대인 집단에도 다 어울리는 것이었다.

에세네인들의 성격에 대해서는 "그들은 위험을 가볍게 여기고, 결연한 의지로 고통을 극복하며, 죽음은 그것이 명예로운 것이라면 영원한 생명보다 낫다고 생각한다"고 했다.[32]

신앙 면에서 그들은 "영혼이 불사 불멸한다"고 주장했다.[33] 그러나 이 같은 믿음은 당시의 많은 집단들에게 공통되는 믿음이었다. 요세푸스는 운명에 대한 태도를 보고 에세네파와 바리사이파 및 사두가이파를 구별하려 하고 있다. 에세네인들은 "운명이 모든 것을 좌우하며 인간에게 일어나는 일 중에서 운명의 명령에 따르지 않는 것이 없다"고 믿었다.……"그들은 모든 것을 하느님의 손에 맡겨버리는 버릇이 있었다."[34] 사두가이들은 "운명 같은 것은 없으며, 인간의 활동이 운명의 명령에 따라 이루어지는 것이 아니고, 모든 것은 우리 자신의 능력에 달려 있다"고 주장하며 운명을 인정하지 않았다. 바리사이파들은 중립이었다. "어떤 사건들은 운명의 장난이지만, 모든 것이 그런 게 아니다. 또 어떤 사건들은 그 사건이 일어나거나 일어나지 않는 것이 우리 자신에게 달려 있다."[35] 이것은 어느 특정 사본을 에세네 것으로 인정하기에 별로 도움이 안 될 만큼 일반적인 것이다. 요세푸스 자신도 혼란스러워 보인다. 다른 데서 그는 바리사이파들은 "모든 것을 운명과 하느님 탓으로 돌린다"는 얘기를 하고 있다.[36] 그가 이렇게 평하는 한, 서로 경쟁하고 있는 여러 가지 유대인 집단들의 신앙을 구별하기가 아주 애매하고 불확실한 것은 아니지만, 여전히 미묘하다.

요세푸스는 에세네파와 예루살렘 성전의 관계에 대해 거의 언급을 하지 않고 있다. 그러나 두루마리들은 두루마리의 주인들과 예루살렘 사제들 사이에 심한 분열이 있었음을 분명히 보여주고 있는 것 같다.

요세푸스가 빠뜨린 것이 또 하나 있다. 그는 에세네 달력에 관해 아무 말을 하지 않고 있다. 두루마리 종파는 예루살렘 성전에서 사용한 달력과 다른 달력을 사용했다. 이것은 두루마리 종파와 유대인 주류 그룹들이 연중 가장 성스러운 날인 속죄의 날을 비롯한 휴일과 축제를 서로 다른 때에 지냈음을 의미한다. 이것은 중대한 분열이다. 에세네파가 다른 달력을 사용했다면, 요세푸스는 그들의 관습과 신앙에 대해 장황하게 설명하면서 이 사실을 틀림없이 언급했을 것이지만, 그렇게 하지 않았다. 현존하는 어떤 다른 옛 문헌에도 유별난 에세네 달력에 대해 어떤 암시도 없다. 에세네파가 다른 달력을 가지지 않았다면, 그들은 두루마리들의 주인이 아니다.

필로는 요세푸스와 똑같은 관찰 소견을 많이 말하고 있다. 에세네파는 공동체주의자로 생활했다. "모든 사람이 공동으로 사용하지 않는다는 의미에서 자기 집을 소유하고 있는 사람은 아무도 없다.……그들은 모두 한 사람에게 적합한 재산을 갖고 있으며 지출을 공동으로 한다. 옷을 공동으로 소유하고 식량도 공공 급식이라는 그들의 제도를 통해 공동으로 소유하고 있다."[37] "한 사람이 갖고 있는 것은 모든 사람에게 속하는 것이라고 여기고 있다. 거꾸로 모든 사람이 가진 것은 한 사람이 가진 것이라고 생각한다."[38]

요세푸스와 마찬가지로, 필로도 그들은 "유대의 많은 도시들과 시골에 살고 있으며, 많은 사람들로 큰 사회를 이루어 살고 있다"[39]는 이야기를 하고 있다. 역시 요세푸스와 마찬가지로, 필로도 도시와 마을에서 벗어난 곳이나 사막에 고립되어 있는 공동체들에 대해서는 아무런 언급을 하지 않고 있다. 필로는 또한 에세네파는 도시에 살지 않는다는 말도 하고 있다. "이 사람들은 우선 도시 거주자들 사이에 뿌리깊어진 부정행위 때문에 도시를 피해 시골에서 살고 있다."[40] 그렇다면 어느 쪽인가? 그들이 도시에서 사는가, 살지 않는가? 예루살렘에서는 어떻게 했을까? 나는 겉으로 드러나는 이런 모순에 주목하고 있다. 왜냐하면 그것이 조각들을 옳게 짜 맞추는 작업이 얼마나 어려운지를 설명해주기 때문이다. 우리는 필로와 요세푸스 같은 고대의 저자들을 두루마리의 본문들과 관련시키고 나아가 쿰란에 대한 고고학과 연관시켜 보려고 노력하고 있으며, 사리에 맞고 일관되게 사실적으로 서술한 것을 찾고 있다. 그러나 우리는 필로 한 사람의 모든 작품들도 종합적으로 판단할 수가 없다.

필로는 에세네파가 독신주의자라는 것을 매우 분명히 밝히고 있다.

"그들은 결혼을 회피한다.……아내를 맞이하는 에세네인이 없기 때문이다."[41] 그러나 두루마리들에는 여자들과 어린이들에 관한 공동체 규칙이 포함되어 있다. 이것은 결혼을 하는 에세네인들과 독신을 지키는 에세네인들이 있었다는 말로 흔히 설명되고 있다. 후자는 쿰란의 주민들과 마찬가지로 사막에서 살았다. 전자는 서로 조화하려는 노력에 따라 도시와 읍에서 살았다. 필로는 아마도 도시와 읍에서 사는 사람들에 대한 말만하고 있는 것 같다. 그는 그들이 결혼을 하지 않는다고 이야기하고 있다. 그러나 쿰란에서 몇몇 여자들과 어린이들의 무덤이 발굴되어 혼란을 더해 주고 있다. 다음과 같은 필로의 말에 견주어 보라. "어린 아이에 불과한 에세네인은 없다. 애송이나 최근에 수염을 기른 사람도 없다."[42]

필로 역시 에세네파가 '맹세를 자제'한다는 말을 하고 있다.[43] 그러나 두루마리들에는 가입 지원자들에게 요구했던 정교하게 작성된 맹세서 내용이 자세하게 언급되어 있다.

노예들에 대해서도 이와 비슷했다. 필로는 "그들 가운데서 노예는 한 사람도 찾아볼 수 없다"고 말하고 있다.[44] 그러나 두루마리들에는 노예를 다루는 일에 관한 규칙이 포함되어 있다.

우리가 예상했던 대로, 필로는 소박하고 덕이 있으며 온순하고 헌신적이며 도덕적이고 경건한 사람들로 묘사하고 있다. 그러나 유감스럽게도 이런 식으로 특징지을 수 있는 사람들이 에세네파만이 아닌 것이 확실했다. 그러므로 이러한 특징들은 두루마리들과 에세네파를 동일시하기에 많은 도움이 되지 않는다.

우리가 요세푸스와 필로를 통해 에세네파에 대해 알게 된 것을 고려하여, 두루마리 자체의 증거를 가지고 두루마리들과 에세네파 사이의 관계를 정립할 수 있을까?

두루마리들에는 '에세네'라는 단어가 없고 다른 어떤 별명도 나타나 있지 않다.[45] 또한 당시에 서로 경쟁하고 있던 어느 다른 유대인 그룹의 이름도 없다. 두루마리들 중 몇 개가 그 가르침을 에세네(혹은 다른 무엇의) 것으로 확인해 주었더라면 더 쉬울 것이지만, 확인을 해주지 않고 있다.

두루마리들 중 상당수는 다른 곳, 아마도 예루살렘에서 써서 그곳으로 가져온 것이 분명하다. 우리가 이런 것을 아는 이유는 두루마리들 중 상당수가 그곳이 생기기 전에 쓴 것(즉 필사한 것)이기 때문이다.

게다가, 적어도 두루마리들의 절반은 그 내용상 종파적인 것이 아니다. 즉 그것들은 에세네파는 말할 것도 없고, 어느 특정한 유대인 그룹의 견해를 반영하고 있는 것이 아니라 전반적으로 유대교의 특성을 나타내고 있다. 200개 이상의 성서 두루마리들이 그렇다. 다른 많은 쿰란 사본들도 역시 그렇다. 그러나 대부분의 경우, 남아 있는 조각들이 정말 너무 작아서 어떤 특정한 유대인 그룹의 견해를 반영하고 있는지 혹은 반영하고 있지 않는지 밝혀낼 수가 없다.

그럼에도 불구하고, 많은 두루마리들이 다른 그룹, 아마도 예루살렘 성전을 관리하고 있던 그룹에 대한 적대심을 포함하여 특유의 견해를 나타내고 있는 것 같다. 학자들은 특유의 종교적·사회적·조직적 견해를 가진 그 사본들을 종파의 문서라고 부르고 있다. 사해 두루마리들이 에세네파의 견해를 반영하고 있다고 믿는 사람들은 그 종파의 문서들을 에세네 사본이라고 부르고, 그 두루마리들을 쓴 사람들을 에세네파라고 부르고 있다. 확신을 덜 가졌거나 더 중립적인 용어를 쓰기를 원하는 사람들은 그 문서들을 그저 종파적 사본이라고 부르고 두루마리에 그들의 견해가 반영되어 있는 사람들을 쿰란 종파라고 부르고 있다.

아마도 가장 분명한 종파적 문서는 공동체 규율집으로 알려진 두루마리로, 특정 유대인 공동체의 율법을 담고 있다. 공동체 규율집의 가장 완벽한 필사본은 1번 동굴에서 발견되었다. 미국 동양학연구소의 존 트레버가 두루마리들 중 하나를 촬영했다. 당시에 그 연구소 소장이었던 밀러 버로우즈는 그 문서를 출판하고 처음으로 이름을 붙였다. 그 사본은 독실한 감리교도인 그에게 비슷한 이름을 가진 감리교 전통의 한 책을 상기시켜 주었다. 그 이후 그것이 '공동체 규율집'이라 불리게 됨으로써, 한 연구자의 배경이 사본에 대한 해석에 얼마나 교묘히 스며들 수 있고 영향을 줄 수 있는지를 설명해 주었다.

그 사본의 고대 히브리 이름은 세레크 하-야카드 Serekh ha-Yakhad, 즉 공동체 규칙이었음이 분명하다. 가장 최근의 권위 있는 사본에서는 이것을 '집회의 규칙'이라 부른 이 사본의 부록과 구별하여 '공동체 규칙'이라 부르고 있다.[46]

쿰란 공동체의 것으로 알려진 문서의 중요성은 발견된 필사본들의 숫자가 말해주고 있다. 공동체 규율집의 경우, 적어도 10개의 다른 필사본이 대부분 4번 동굴에서 발견되었다. 그러나 1번 동굴에서 나온 필사본을 제외하고는 모두가 매우 단편적인 조각들이어서, 그것들이 같은 문서라는 것을 증명하기에 충분할 정도밖에 안 된다.

1번 동굴의 공동체 규율집은 11개의 단으로 구성된 거의 완전한 사본이며, 자주 사용되는 게자 버미스의 영어번역판에서 20쪽을 차지하고 있다.[47] 이 규율집은 '쿰란 공동체의 헌법'으로 불리어 왔다.[48]

이 규율집에는 공동체 가입 서약, 해마다 하는 서약 갱신, 공동체 생활을 위한 규칙, 공동체의 집회 혹은 평의회, 공동체의 규칙 위반에 대한 처벌 등에 대한 규정과 의식들이 기술되어 있다. 공동체의 몇 가지 신학적인 신조와 공동체가 창조주를 찬양하는 찬송가도 포함되어 있다.

이것은 전에는 알려지지 않은 독특한 사본이다. 게자 버미스는 이렇게 썼다. "내가 알기로는, 고대 유대 문서에는 공동체 규칙[공동체 규율집]과 유사한 것이 없다. 그러나 2세기와 4세기 사이에는 그리스도인들 사이에 비슷한 형태의 저술들이 번성했다. 12사도들의 가르침인 디다케와 사도들의 교훈인 디다스칼리아 및 사도들의 헌장 등으로 대표되는 이른바 '교회의 규칙서'들이 그것이다."[49]

공동체 규율집은 요세푸스가 기술한 에세네 공동체와 다른 점도 있지만 많은 점에서 매우 비슷한 어떤 공동체에 대해 말하고 있다. 또한 이 규율집은 다른 유대 저술들과 공명하고 있으며, 버미스가 말하는 바와 같이 나중에 생긴 그리스도교 교리와도 공명하고 있다. 게다가, 때로는 현재 실제로 있는 공동체에 대한 것을 기술하고 있는지, 아니면 세상 끝날 때의 종말론적이고 공상적인 어떤 공동체에 대해 기술하고 있는지 분명치 않을 때가 있다.

이 규율집에 기술되어 있는 공동체는 엄격하게 다스려졌고 위계질서도 엄격했다. "모든 사람은 각각 제자리에 앉아야 한다. 맨 앞에 사제들이 앉고 두 번째는 원로들이 앉아야 하며 나머지 모든 사람들도 그들의 계급에 따라 앉아야 한다.……계급이 낮은 사람은 상급자에게 복종한다."[50] "공동체의 권위에 투덜댄 사람은 누구든지 추방해야 하고 돌아오지 못하게 해야 한다."[51]

공동체의 구성원이 되려면 시험을 거쳐야 했다. 신참자는 1년을 기다린 후에야 "공동체의 깨끗한 식사에" 참여할 수 있었다. "그 1년 동안 공동체의 재산도 전혀 공유하지 못하도록" 되어 있었다.[52] 그 후 그의 지식을 알아보는 것이 아니라 공동체의 도덕률과 종교의식에 충실한지 알아보는 시험에 합격하면 그는 다음 단계에 들어갈 수 있었다. 그러나 그때도 "그는 2년을 완전히 채울 때까지 공동체의 마실 것에 손을 대지 못하게 되어" 있었다.[53] 2년이 지나면 그는 다시 시험을 보았다.

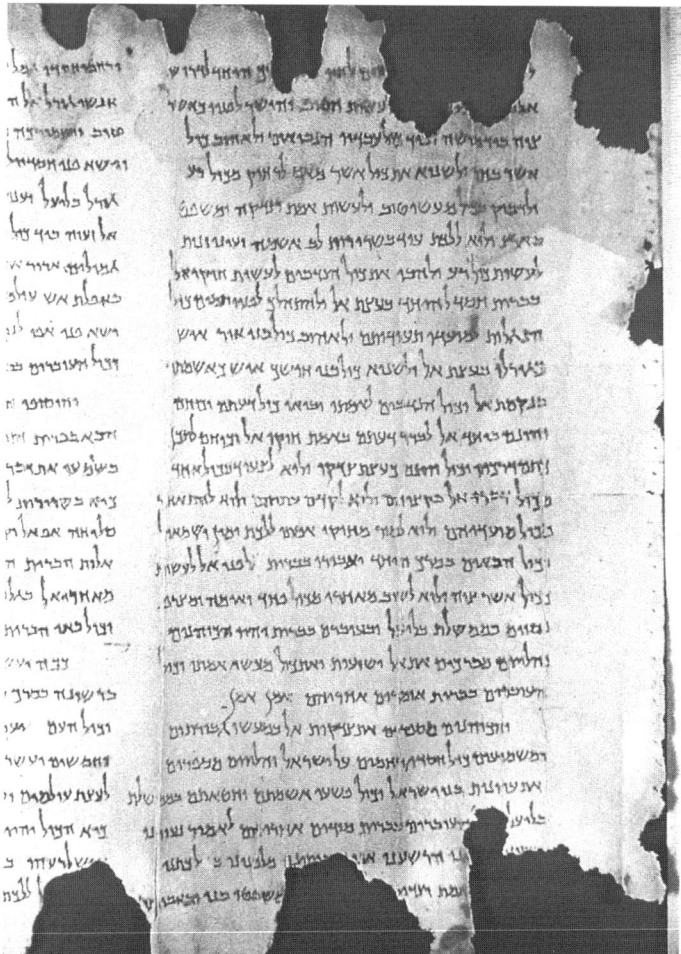

공동체 규율집 ●●●
'공동체 규칙'으로도 알려진 이 규율집에는 한 경건한 분리주의 유대인 그룹을 위한 규칙과 규정이 들어 있다.

처음 1년이 지나면 신참자는 모든 재산과 소득을 공동체의 출납원에게 맡겨 그의 계좌에 올려놓게 했지만 그것을 공동체를 위해 쓸 수 없었다.[54] 2년째가 지나면 그의 재산과 소득은 공동체의 기금에 합쳐졌다.

"이런 것들이 그들 모두가 걸어가야 할 길이었다.……그들은 공동으로 먹고 공동으로 기도하고 공동으로 생각해야 했다."[55] 매일 밤 3분의 1은 성서를 읽고 율법을 공부하고 기도를 하며 보내게 되어 있었다.

공동체는 회의를 원활하게 진행하기 위해 '표준회의진행법 Robert's Rules of Order' 같은 것을 갖고 있었다. "동료가 발언을 끝내기 전에 말을 가로막지 말아야 하고, 높은 사람에 앞서 말을 해도 안 되었다."[56] 일상적인 교제에도 지켜야 할 다른 규칙들이 있었다. "화를 내거나 심술을 부리거나 고집을 피우거나 질투심을 가지고 동료에게 말을 걸지 말라."[57] "대중 앞에서 동료를 비난하기 전에 먼저 증인의 면전에서 그를 훈계하라."[58]

처벌 규정도 있었다. 고의적인 거짓말을 하면 6개월간 속죄의 고행을 부과했다. 동료를 부당하게 고의적으로 모욕하면 1년간의 고행을 부과하고 공동체에서 추방했다.[59] 집회 중에 잠을 자면 30일간의 고행을, 동료를 보살펴주지 않았으면 3개월간의 고행을, 동료가 얘기하고 있는 것을 가로막으면 10일간의 고행에 처했다. 동료 앞에 벌거벗고 나타나면 6개월, 더러워진 옷을 입고 단정하지 못한 모습을 보이면 30일간의 고행을 부과했다.[60]

한 가지 특이한 규칙이 요세푸스가 에세네파에 대해 기술한 것에도 나타나 있어 특히 흥미롭다. 공동체 규율집에는 이렇게 규정해 놓고 있다. "신도들의 집회에서 침을 뱉는 사람은 누구든지 30일간의 고행에 처한다."[61] 요세푸스는 에세네파에 대한 기술에서, "그들은 사람들 가운데서 침을 뱉지 않으려고 조심하고 있다"는 얘기를 하고 있다.[62] 이것은 공동체의 법률에 포함시키기에는 이상한 금지령 같아 보인다. 그와 같은 명백한 문구가 들어 있는 그런 법률을 가진 공동체가 또 있을까? 놀랍게도 그 대답은 '그렇다' 이다. 어느 학자가 지적한 바와 같이, 예루살렘의 탈무드는 기도시간에 침을 뱉는 것을 금지하고 있다.[63]

앞에서 말한 바와 같이, 공동체 규율집에는 엄격한 이원론이 많이 들어 있다.

> 하느님은 인간을 창조하시고 세상을 다스리게 하셨다. 그리고 당신이 오실 때까지 갖고 살아갈 두 가지 정신을 마련해 주셨으니, 진리의 정신과 거짓의 정신이다. 진리에서 태어나는 사람들은 빛의 샘에서 솟아 나오지만, 거짓에서 태어나는 사람들은 어둠의 원천에서 솟아 나온다. 모든 의로움의 자녀들은 빛의 왕자가 다스리고 빛의 길을 걷는다. 그러나 거짓의 자녀들은 어둠의 천사가 다스리고 어둠의 길을 걷는다. 어둠의 천사는 모든 의로움의 자녀들을 타락시키려 한다.……그러나 이스라엘의 하느님과 그분의 진리의 천사가 모든 빛의 아들을 구해줄 것이다.[64]

그리고 "사제들은 하느님 편에 있는 모든 사람들을 축복해 주었다.……그리고 레위 사람들은 사탄 편에 있는 모든 사람들을 저주했다."[65] 그 저주는 굉장히 무서운 것이었다. "바라건대 저들을 복수심에 불타는 자들의 손에 넘겨주어 고문을 당하게 하옵소서. 저들에게 파괴를 몰고 와 주소서.……무자비한 저주를 받게 하소서.……영원한 불의 그늘진 곳에 떨어지게 하소서. 바라건대 하느님은 저들이 청하는 것을 들어주지 마시고, 저들을 용서하여 죄를 없애주지 마시옵소서. 바라건대 성난 얼굴을 들어 저들에게 복수를 하여 주시고, 저들에게 평화가 없게 하여 주시옵소서."[66]

그러나 의로운 사람의 특성은 정말 고무적인 것이었다. 그는 "겸손과 인내, 넘치는 사랑과 끝없는 선, 이해와 지식을 가진 사람……하느

님의 모든 업적을 신뢰하고 그분의 위대한 자애에 의지하는 사람"이었다.[67]

하느님은 영원히 해를 입을 분이 아니었다. 다음과 같은 묵시적 비전이 미래에 대한 희망을 안겨 주었다. "하느님은 거짓의 최후를 정해 놓으셨다. 그분이 오실 때에는 거짓을 영원히 파괴해버릴 것이다. 그 후에는, 정해진 심판 때까지 거짓이 지배하는 동안 사악한 길에 빠져있던 진리가 세상에서 영원히 되살아날 것이다. 그때 하느님은 당신의 진리로 사람의 모든 행위를 정화할 것이다.……정화하는 물처럼 그분은 진리의 정신을 인간에게 쏟아 부어 주실 것이다.……아직까지 진리의 정신과 거짓의 정신이 사람의 가슴속에서 싸우고 있으며 슬기로움과 어리석음 양쪽을 걷고 있다.……하느님은 그 두 정신이 정해진 마지막 날까지 그리고 새롭게 소생할 때까지 똑같은 정도로 존재하게 해놓으셨기 때문이다."[68]

그러는 동안, 계약자들은 "거짓된 사람들의 공동체에서 떨어져 나와……사독의 아들들, 즉 하느님과의 계약을 지키는 사제들의 권위 아래……뭉치게" 되었다.[69] 아론의 자손들인 사독과 그의 아들들은 솔로몬 시대로부터 기원전 586년 바빌로니아가 예루살렘 성전을 파괴할 때까지 예루살렘 성전의 사제직을 독점했던 사제들이었다. 성전(두 번째 성전)이 재건되었을 때, 사독의 자손들은 대사제라는 신성한 자리를 되찾았다. 그러나 이 책의 도입부에서 설명한 바와 같이, 하스몬 치하에서 그들은 추방되었고 그리스화된 유대인들이 그 자리를 차지했다. 많은 학자들은 사독 가문의 사제들이 해임된 때를 쿰란 종파의 기원으로 삼는다. 쿰란 사람들은 공동체 규율집과 그 외 다른 두루마리들에서 사독 가문의 사제들만 합법성을 갖고 있음을 강조하고 있다.

계약자들은 "사악한 사람들이 사는 곳에서 떨어져 나와……그분의 길을 닦기 위해 광야로 들어가야" 했다.[70] 그리고 나서 사본은 이사야서 40장 3절의 유명한 구절을 인용하고 있다. "사막에 길을 내어라. 우리의 하느님께서 오신다. 벌판에 큰 길을 훤히 닦아라." 이것은 물론 4복음서 모두에서 확인되고 인용된 구절이다(마태 3:3, 마르 1:2-3, 루카 3:4, 요한 1:23). 이사야서에서 나온 이 구절은 마태오와 루카 복음서에서 세례 요한이 그의 추종자에게 "회개하시오. 하늘 나라가 다가왔습니다."라고 책망하는 말의 일부이다. 요한 복음서에서는, 세례 요한이 그의 사명을 정의하기 위해서 이 구절을 인용하고 있다.

공동체 규율집에는 이밖에도 유대인 주류의 사상과 종교의식을 반영하고 있는 것들이 많이 있다. 폐회찬송에 있는 감동적인 가사를 읽어보라.

> 나는 하느님과의 계약에 참여하리라.
> 그리고 아침과 저녁이 시작될 때
> 나는 그분의 명령을 복창하리라.
>
> ......
>
> 나는 그분의 이름을 찬양하리라.
> 나가거나 들어가거나
> 앉거나 서거나 하기 전에
> 그리고 내가 침상에 앉아 있는 동안.
>
> ......
>
> 두려움과 공포가 시작될 때 나는
> 엄청나게 놀라운 일을 하신 그분을 찬미하리라.
>
> ......
>
> 나는 그분의 능력을 묵상하고

> 하루종일 그분의 자비에 의지하리라.
> 살아있는 모든 이의 심판이 그분에게 달려있고,
> 그분의 모든 행위가 진리임을 나는 아노라.[71]

전 세계 유대교 회당에서 매일같이 낭송되는 가장 아름다운 기도 중의 하나이며, 이스라엘에서 가장 잘 알려진 기도 중의 일부인 슈마는 신명기 6장에서 나온 것으로 다음과 같은 말들이 포함되어 있는데, 위에 인용한 공동체 규율집의 가사와 많이 다르지 않다.

> 마음을 다 기울이고 정성을 다 바치고 힘을 다 쏟아 너희 주 하느님을 사랑하여라. 오늘 내가 너희에게 명령하는 이 말을 마음에 새겨라. 이것을 너희 자손들에게 거듭거듭 들려주어라. 집에서 쉴 때나 길을 갈 때나 자리에 들었을 때나 일어났을 때나 항상 말해주어라.

혹은 시편 119편을 읽고 공동체 규율집에서 인용한 것과 비교해 보라.

> 당신의 계명을 되새기며
> 일러주신 길을 똑바로 걸으리이다.
> 당신의 뜻을 따름이 나의 낙이오니
> 당신의 말씀을 잊지 아니하리이다.
>
> ......
>
> 내 마음이 두려워하는 것은 당신의 말씀입니다.
> 당신의 말씀을 듣는 것을 나는 기뻐합니다.
>
> ......
>
> 거짓은 내가 싫어하는 것,
> 나는 당신의 법을 좋아합니다. (vv.15-16, 161-63)

혹은 비교는 일단 그만두고, 공동체 규율집을 마무리하는 찬송가의 다음과 같은 당당한 가사를 주목해 보라.

> 영원하신 그분은
> 가장 믿을 수 있는 후원자,
> 내가 걷는 길은 반석 위에 있어
> 절대로 흔들리지 않으리라.
> 내가 딛고 있는 그 반석은 하느님의 진리요
> 그분의 힘은 가장 믿을 수 있는 지주이기 때문이로다.[72]

요컨대, 근거를 두는 문서마다 주인공이 에세네파라는 주장이 충분히 입증될 만한 요소들이 계속 나오고 있지만, 이것은 에세네 가설을 뒷받침하는 가장 중요한 사본을 상당히 잘 묘사해 주고 있다. 이 같은 사본들 중 하나가 이른바 다마스쿠스 문서이다.

다마스쿠스 문서는 여러 가지 이유에서 유별나다. 특히 이 문서가 유대의 광야가 아니라 카이로에서 발견되었고, 사해 북서쪽 해안에서 두루마리들이 발견되기 반세기 전에 발견되었다는 점에서 그렇다.[73]

1896년 12월, 영국 케임브리지 대학교 탈무드 강사인 솔로몬 쉐흐터 Solomon Schechter는 카이로 교외 포스탓에 있는 벤 에즈라 회당에서 대학교에서 사용할 몇 가지 옛 필사본을 확보하길 기대하며 이집트로 가는 배를 탔다. 다른 많은 유대교 회당들과 마찬가지로, 천년이나 된 벤 에즈라 회당에도 게니자*genizah*가 있었는데, 이것은 신성하지만 매우 오래되어 닳아 해진 사본들을 보관하는 창고였다. 게니자는 사본들을 적절히 땅에 묻을 수 있을 때까지 다만 임시로 보관해 두는 곳으로 여겨지고 있었다. 그런데 알 수 없는 어떤 이유로, 벤 에즈라 게니자에 있는 사본들은 묻히지 않았고, 수세기 동안 그곳에 쌓였다. 신성한 문서들뿐 아니라 상상할 수 있는 온갖 종류의 세속적인 문서들도 포함되어 있었다.

　쉐흐터가 방문하기 전에, 골동품 시장에 나타나고 있던 문서들은 게니자에 있던 것으로 밝혀졌다. 골동품 상인들이 회당 관리인들에게 정기적으로 뇌물을 주고 그 문서들을 얻어내고 있었던 것이다. 문서를 입수해서 게니자를 비우기를 원했던 쉐흐터는 카이로의 대랍비에게 보내는 영국 유대교 수장의 편지는 물론 소속 대학교가 마련해준 소개장들을 갖고 갔다. 중동 지역의 팁인 박시시 *baksheesh*도 도움이 되었다.

　게니자 입구는 2층 여성용 전시장 위의 높은 벽에 나 있는 틈을 통해 들어가게 되어 있었다. 게니자 안은 어둡고 창문이 없었으며 바람이 통하지 않았고 움직일 때마다 수세기 동안 쌓인 묵은 먼지들이 일어났다. 거의 질식할 것 같았지만 작업을 계속했다고 쉐흐터는 보고하고 있다. 2개월 동안 그는 문서를 큰 가방 30개에 넣어 옮길 수 있었다. 건강이 좋지 않게 된 그는 거의 모든 것을 가지고 떠났지만 게니자를 완전히 비우지는 못했다.

　카이로 게니자 문서에는 지금 알려져 있는 것처럼 14만 개가 넘는 사본들이 포함되어 있다. 이것은 중세 때 유대인의 생활을 뛰어나게 잘 묘사해 놓은 어마어마한 수집물이다. 그러나 여기서 우리의 관심을 끄는 것은 이들 중 두 가지뿐이다.

　쉐흐터가 케임브리지로 가져간 문서들 중에는 A와 B라는 이름을 붙인 이른바 '사독의 작품'이라는 두 가지 사본이 들어 있다. 학자들은 A(훨씬 더 완전한 사본으로 8장의 양피지 양면에 쓴 것)와 B(한 장의 긴 양피지에 2단으로 쓴 것)의 연대가 12세기라는 데 의견이 일치하고 있다.

　그러나 이 연대는 이들 필사본이 필사된 연대이지 사본이 작성된 연대가 아니다. 이 필사본에 씌어 있는 히브리어는 고대 히브리어와 닮았고, 서기 70년에 로마인이 성전을 파괴한 후 발전된 언어는 전혀 반

게니자 문서를 살펴보고 있는 솔로몬 쉐흐터 ●●●
1897년에 솔로몬 쉐흐터는 벤 에즈라 회당 게니자의 문서들 중에서 '사독의 작품'이라는 사본을 발견했다(이 사진은 게니자 문서 상자들에 둘러싸인 모습을 보여주고 있다). 지금은 다마스쿠스 문서로 알려져 있는 이 작품의 사본이 50년 뒤 쿰란에서 발견되었다.

영되어 있지 않다. 쉐흐터는 그 사본이 성전이 파괴되기 전에 작성되었음이 틀림없다고 정확하게 추측했다.

쉐흐터는 또한 그 사본이 같은 신자 집단의 주류에서 떨어져 나와 그들 자신을 진정한 이스라엘로 여겼던 한 유대인 집단의 것으로 밝혀진 사실도 인정했다. 이 공동체는 사제 혈통인 아론의 후예로 '사독의 아들들'인 사제들이 이끌었던 것 같다. 이들은 솔로몬에 의해 임명되었다가 기원전 2세기 하스몬 통치자들에 의해 교체되었던 사제들이었다. 그래서 쉐흐터는 그 문서에 '사독의 작품'이란 이름을 붙였다.

여러 가지 면에서, 쉐흐터는 선견지명이 있었다. 사본이 알려지지 않은 여러 가지 작품들에 대해 언급하고 있기 때문에, 그는 "이 종파가 지금은 분실된 어떤 위경僞經도 갖고 있었음이 틀림없다"고 결론지었다. 그는 공동체 규율집과 같은 것이 있었을 가능성이 있다고 보기까지 했다. "이것은 이 종파가 이 종파의 신조를 담고 있는 어떤 종류의 입문서와 아마도 정식 규율집 같은 것을 갖고 있었음을 암시하는 것일 수 있다."[74]

반세기가 지난 후, 쿰란에서 나온 사본 조각들을 조사하던 학자들이 사해 두루마리들 가운데에서 카이로 게니자에서 발견된 것과 똑같은 사본을 확인했다. 사본이 하나뿐만 아니라, 적어도 10개(4번 동굴에서 8개, 5번 동굴에서 1개, 6번 동굴에서 1개)나 되었다. 분명히 이것은 쿰란의 수집물에서 매우 중요한 작품이었다.

사독의 작품은 누구의 가르침을 반영했을까? 사해 두루마리들이 발견되기 오래 전부터 이것이 학자들의 큰 관심사였다. 특히 영국 박물관의 히브리 필사본 관리자인 조지 마골리우스George Margoliouth라는 학자가 그 작품을 초기 그리스도교 공동체와 관련시켰기 때문이었다. 1910년 〈뉴욕타임스〉 1면 머릿기사는 그 작품에 대해 "그 인물들이 그리스도와 세례 요한 및 사도 바오로로 믿어진다고 설명"한다고 보도했다. 학문적인 관심의 초점을 이 사본 속에 깊이 간직되어 있는 사람의 가르침에 모아야 할 어떤 필요성이 있었다면, 이 머릿기사로 충분했다.

1922년에는 미국의 후기 히브리어 학자들 중 원로이자 뉴욕의 유대 신학교 교수였던 루이스 긴즈버그Louis Ginzburg가 그 문서를 분석한 신뢰할 수 있는 학문을 요약하고 자신의 견해를 덧붙였다. 긴즈버그는 그의 연구 논문을 「알려지지 않은 유대 종파 An Unknown Jewish Sect」라고 불렀다.[75] 쉐흐터와 긴즈버그는 다른 학자들과 마찬가지로, 요세푸스와 필로가 에세네파에 대해 기술한 내용을 물론 알고 있었다. 그 문제를 고려한 다른 학자들도 사독의 작품이 정결 의식과 맹세의 회피 및 안식일 엄수를 강조하고 있지만 에세네의 문서가 아니라고 결론지었다. 1913년에 외경外經과 위경에 관한 표준작품을 편집한 R.H. 찰스 R.H. Charles는 사독의 작품이 에세네 문서일 가능성을 한마디로 일축했다. 그는 "사독 사람들은 에세네파가 아니었다"라고 말했다.[76] 이 같은 견해를 갖게 된 주요 이유는 사독의 작품에는 동물 희생제물과 예루살렘 성전과 관련되는 법률이 포함되어 있는데, 에세네파는 동물 희생제물을 거부했다고 생각되었기 때문이었다.

그러나 쿰란 두루마리들이 발견된 이후에는 사독의 작품이 재해석되었다. 사독의 작품은 희생제물을 원래 거부하지 않으며, 다만 자격 없는 사제들이 바치는 제물과 사악과 불의를 감추고 있는 제물만을 거부한다는 것이었다.[77] 그래서 두루마리들이 발견되기 전에는 에세네 문서로 여기지 않았던 사독의 작품은 이제 에세네 가설을 뒷받침해 주는 주요 근거 중의 하나가 되었다.

쿰란에서 발견된 조각들을 포함하여 그 작품 전체가 이제는 다마스쿠스 문서로 알려져 있다. 카이로 게니자에서 나온 사본들의 공통 학문 기호는 CD이다. 이것은 카이로 다마스쿠스 Cairo Damascus [문서]를 의미하며, 그 작품 속에 다마스쿠스가 적어도 7번이나 언급되고 있는 것에 근거를 둔 명칭이다. 이 종파 사람들은 거기로 도망가서 새로운 계약을 성립시켰던 것 같다. 즉 "[그들은] 다마스쿠스 땅에서 새로운 계약을 맺었다."[78] 불행하게도 이 줄의 끝 부분이 떨어져 나가고 없다. 다마스쿠스에 대한 언급이 아마 바빌론을 가리키는 암호로 하나의 상징적인 도피를 의미할 뿐인지, 혹은 실제로 일어난 역사적 사건인지 분명치 않다. 학자들은 양쪽 다라고 주장해왔다. 혹은 쿰란을 가리키는 암호일 수도 있었다. 문서가 실제로 에세네파가 작성한 문서인지 아닌지를 밝혀내는 문제는 에세네파의 역사를 규명하는 일에 특히 중요하다.

다마스쿠스 문서는 두 부분으로 나뉘어져 있다. 첫 부분을 훈계라 부르고 때로는 권고라고 부른다. 이 문서는 읽기가 쉽지 않아서, 그 내용에 대한 상세한 설명을 독자가 알아듣지 못하는 것이 보통이다. 최근에 나온 한 주석서는 훈계 혹은 권고가 "이스라엘의 역사에 대한 비평으로, 일부 사람들에 대한 하느님의 자비로운 구원은 물론 이스라엘 사람들이 과거와 미래에 받을 처벌에 초점을 맞추고 있다"고 설명하고 있다.[79] 다음은 사본 중에서 더 쉽게 이해할 수 있는 하나의 간단한 실례이다.

> 하느님은……이스라엘에서 또한 당신의 지성소에서 당신의 얼굴을 감추시고, 이스라엘 사람들을 포기하시어 전쟁에 휘말리게 하셨다. 그러나……그분은 나머지를 남겨 두시고 그들을 포기하시지 않아 파괴를 면하게 하셨다.……이스라엘에 거짓의 물을 뿌린 가짜가 나타났다.……처음 계약을 맺었던 사람들은 그 계약을 통해 죄를 범하게 되었다. 그들은 하느님과의 계약을 저버렸기 때문에 버림받아 전쟁에 휘말렸다.……사독의 아들들은 이스라엘에서 선택된 사람들이며, 마지막 날에 일어설 불림을 받은 사람들이다.……(그들의 후계자들은) 아스다롯을 숭배했다. 그리고……계속해서 성소를 오염시켰다.……회개한 이스라엘 사람들은……유대 땅을 떠나와 다마스쿠스 땅에서 살고 있다.……(그리고) 다마스쿠스 땅에서 새로운 계약을 맺었다.……(가르침을) 간직하고 있는 사람들은 가난한 양떼들이다. 이들은 메시아가 오실 때 화를 면할 것이다. 그러나 남아 있는 사람들은 아론과 이스라엘의 메시아가 오실 때 살육되고 말 것이다.[80]

이처럼 훈계 혹은 권고에는, 성서에 나오는 것처럼 임명된 사제 사독의 후손들이 이끄는 이스라엘 민족 중 선택된 그룹이 맺은 새로운 계

쿰란 동굴에서 발견된 다마스쿠스 문서 조각들 ●●●

약이 언급되어 있다.

성전을 관리했던 사제들은 성전을 오염시켰다. 마지막 날에 올 메시아는 대부분을 파괴하겠지만 새로운 계약을 맺은 사람들은 옹호할 것이다.

다마스쿠스 문서의 두 번째 부분은 일련의 규칙 즉 법률이다. 쿰란 사본 가운데에서 나온 CD에 추가되어 있는 부분의 도움으로, 이제 우리는 전체 사본의 약 3분의 2를 법률이 차지하고 있었다는 것을 알게 되었다. 이들 법률은 대부분 안식일 엄수와 사제들의 청렴, 결혼, 맹세 등과 같은 문제들과 관련되어 있다. 흐려져가는 나의 노안을 특별히 사로잡았던 한 법률은 60세가 넘은 사람은 누구나 판관으로 일하는 것을 금지했다는 내용이다. "60세가 넘은 사람은 누구나 더 이상 사람을 심판하는 임무를 수행하면 안 된다. 몸과 마음이 쇠약해지면서 그의 전성기가 거의 없어졌기 때문이다."[81] 또 하나는 예루살렘에서 성교를 금지시키고 있는 것으로 보이는 법이다. "성전이 있는 도시에서 남자가 여자와 동침하여 성전이 있는 거룩한 도시를 더럽히지 않도록 하라."[82] 이것은 바리사이파나 사두가이파보다 훨씬 더 엄격하다.

다마스쿠스 문서에 대한 가장 권위 있는 책은 "그 문서의 형법전이 범죄의 목록과 형벌의 종류에 있어서 공동체 규칙[공동체 규율집]의 형법전과 매우 가깝게 일치하고 있음을" 지적하고 있다. 그러나 "CD의 법률은 공동체 규칙[공동체 규율집]을 근거로 쿰란 공동체에 관한 것이라고 흔히 추정되는 것과 일부 상충하고 있다."[83]는 말로 이 같은 주장을 상당히 제한하고 있다. 예를 들면, 공동체 규율집은 독신 남자들의 공동체를 반영하고 있는 것 같다. 반면에 다마스쿠스 문서의 법률에는 결혼과 여자와 어린이들에 관한 규정이 포함되어 있다. 공동체 규율집은 재산을 공동으로 소유하고 있는 공동체에 대해 기술하고 있는데, 다마스쿠스 문서는 그 그룹의 구성원들이 개인 수입을 갖고 있는 것을 당연한 것으로 여기고 있다. 공동체 규율집은 노예를 소유하는 것을 금하고 있으나, 다마스쿠스 문서는 노예에 관한 규정을 두고 있다.

다마스쿠스 문서가 에세네파의 작품이라는 증거는 아무리 좋게 보아도 확실치 않다.

대체로 말해, 사해 두루마리들이 대개 에세네파의 장서들인가? 두루마리 학자들 중에서 분명히 대다수가 이 물음에 그렇다고 대답한다. 그들은 두루마리들 가운데 종파적인 문서들은 에세네파의 것으로 인정할 뿐만 아니라, 쿰란의 폐허를 에세네파 주거지의 유적으로도 확인하고 있다. 사해 두루마리 연구의 주류에 들어가 있지 않은 소수의 학자들은 에세네파의 연관성에 반론을 펴왔다. 이런 학자들은 두루마리들과 에세네파의 생활 및 요세푸스와 필로가 기술한 교의 사이의 유사한 점을 살피지 않고 차이점을 살피는 경향이 있다. 그러므로, 두루마리들만 근거로 해서는 사실을 밝혀내기가 어렵다. 이제 쿰란의 폐허를 살펴볼 때가 되었다. 그 폐허들이 문제를 해결할 어떤 길을 열어줄 것인가?

제7장

쿰란의 유적

1951년과 1956년 사이 5계절 동안 쿰란에서 발굴작업을 하고 난 후 롤랑 드보 신부는 그곳을 매우 잘 알게 되었다고 생각했다.

그러나 그러한 판단은 두루마리들을 에세네 장서로 보았던 그의 판단에 의해 영향을 받았음에 틀림없다. 드보는 쿰란을 종말, 즉 마지막 날을 기다리며 사막에서 고립되어 살고 있는 종교적 공동체인 에세네파의 본거지라고 믿고 있었다. 이러한 그의 생각은 또한 수도원에서 공동생활을 하는 도미니코 수도회 수사라는 그 자신의 배경에 의한 영향도 받았다.

드보는 쿰란에서 우연히 몇 개의 잉크병과 두껍게 칠을 한 물건들이 들어 있는 긴 방을 보고서, 거기에 있는 물건들을 필경자들이 글을 쓸 때 사용했던 책상이라고 판단했다. 그리고 그 방은 바로 중세 수도원들에서 필경자들이 필사본을 복사했던 방을 가리키는 용어로 '스크립토리움'[1](필사실)이라고 생각했다.

그는 수많은 보통 접시들과 굽 달린 잔들이 들어 있는 작은 방에 인접해 있는 훨씬 더 큰 방을 발견하고서는, 큰 방을 종파 사람들이 함께 식사를 했던 식당, 즉 또 하나의 수도원 용어인 '레펙토리'[2]라고 판단했다.

그는 현장 인근에 있는 200기 이상의 개인 무덤이 있는 큰 묘지에서 50기에 가까운 무덤을 발굴하여, 여자와 어린이들의 무덤은 3~4기뿐이고 나머지는 남자들의 무덤이라는 것을 알게 되었다. 그는 이것을 주민들이 독신주의자였다는 증거로, 에세네파는 "사랑을 완전히 포기하고 여자들 없이 살고 있다"는 대 플리니우스의 말을 확인해 주는 것이라고 이해했다.

저수조와 다섯 개의 믹바오트 *miqva'ot* 즉 의식儀式목욕장을 갖추고 있는 정교한 급수시설을 찾아냈을 때는, 그곳 주민들이 의식적 정결을 중요시했음을 확인해주는 것으로 이해했다.

플리니우스가 쿰란 남쪽 32킬로미터 지점의 중요한 오아시스로, 에세네 주거지 '아래쪽에 있는*infra hos*'엔 게디에 관해 언급한 것을 읽고 나서, 드보는 쿰란을 플리니우스가 말하고 있는 에세네 주거지로 인정했다.

한마디로, 모든 것이 들어맞는 것 같았다. 그러나 불행하게도 드보는 그가 발굴한 것에 관한 최종 보고서를 쓰지 못하고 1971년에 사망하고 말았다. 그래서 그의 고고학적 결론이 다른 사람들에 의해 검토될 수가 없었다.

1987년, 두루마리들을 출판하지 못한 것에 대한 우려가 높아지고 있는 가운데, 드보를 대신하여 발굴작업을 했던 예루살렘의 프랑스 도미니코회 학교인 프랑스 성서 및 고고학 학교가 벨기에 학자 로베르 동셀을 고용하여, 드보가 남겨놓은 사진들과 그림, 평면도, 현장 노트 및 인공 유물들을 바탕으로 최종 보고서를 쓰도록 했다. 동셀의 부인 폴린 동셀-부뜨도 이 프로젝트에 참여했고 결국에는 이 프로젝트를 인수했다. 성서학교 신부들 중 한 사람은 이것을 내게 설명하면서 '빼앗았다'는 단어를 사용했다. 동셀 부인은 학교가 약속한 도움을 남편에게 주지 않았을 때 그를 원조했을 뿐이고, 자기가 남편보다 영어를 더 잘하기 때문에 '각광을 받았을' 뿐이라고 말하며 이 같은 비난을 부인했다.

여하튼 간에, 동셀 부부는 드보와는 근본적으로 다른 결론에 도달했다. 그들은 그곳이 고립된 종교 공동체가 생활했던 곳이 아니라, 부유한 이스라엘 사람들이 예루살렘의 겨울 추위를 피해 금세기 초기에 쿰란에서 북쪽으로 11킬로미터 떨어진 예리코 근처에 지었던 것과 매우 비슷한 겨울 별장, 즉 '빌라 루스티까'(전원풍 별장)라고 판단했다.

한 가지 점에서는 동셀 부부도 드보와 똑같았다. 그들이 일을 시작한 지 거의 10년이 지났는데도, 그들은 고고학자들이 최종 보고서라고 부르는 것을 여전히 출판하지 않았다. 그들은 이제 보고서를 도저히 쓰지 못할 형편이라는 것을 인정하고 있다. "쓸 계획이 없습니다." 동셀 부인이 내게 한 말이었다. 그러나 그들은 몇 개의 논문을 발표했다. 이 논문에서 그들은 드보가 발굴해서 찾아낸 사치품들은 그곳이 가난한, 더 정확하게 말하면 금욕생활을 하던 종교 공동체가 살던 곳이라는 판단을 내릴 수 없게 한다고 주장하고 있다. 그들은 드보가 필사실이라고 생각했던 방은 횡와橫臥식당, 즉 3면에 눕는 의자를 놓고 누워서 식사한 우아한 로마식 식당이라고 부르고 있다. 드보가 책상으로 보았던 것을 그들은 식당의 벽에 붙어 있던 몸을 기대는 긴 의자들이라고 말하고 있다.

그곳이 전원풍 별장이라는 그들의 결론은 조심스럽게 말하면 고고학계에서 환영을 받지 못했다. 많은 고고학자들은 그들의 전문지식이, 특히 동셀 부인의 경우 그 일을 하기에 적절치 못하다고 생각하고 있다(부인의 전공은 모자이크인데, 쿰란에서는 하나도 발견되지 않았다). 출판을 감독할 책임을 지고 있는 프랑스 성서학교 신부들 중 한 사람은 그들의 결론을 '엉터리'라고 했다. 성서학교와 동셀 부부는 이 글 때문에 서로 말을 하지 않고 있다.

쿰란 주거지 ●●●
쿰란 주거지 바로 뒷산, 우툴두툴한 돌출부에 4번과 5번 동굴이 있다.

    상황이 악화되자, 성서학교는 더 이상 기다리지 않고 드보가 발굴한 자료 중 일부—538장의 발굴 사진과 사진에 일치시켜 그린 48장의 도면 및 각 발굴 현장에 대해 드보가 써놓은 개요—를 그대로 출판하기로 결정했다.[3] 이렇게 일부가 출판됨으로써 다른 학자들이 드보의 업적을 처음으로 비평할 수 있게 되었다.

    평가가 형편없었다. 매우 존경받는 이스라엘의 고고학자 이즈하르 허쉬펠드Yizhar Hirschfeld는 "길벳 쿰란을 발굴하면서 일반적으로 인정되고 있는 층위학적層位學的 방식에 따라 하지 않았다.……[이것은] 드보의 현장일지에서 내리게 되는 불가피한 결론"이라고 비판했다.[4] 이것은 발굴에 대해 더이상 할 수 없는 가혹한 비평이었다. 발굴작업을 하는 데 있어서 층위별로 파고 들어가 지층마다 따로 분리하여 각각의 연대를 측정하고 별도로 해석할 수 있도록 하는 것보다 더 중요한 것은 없다.

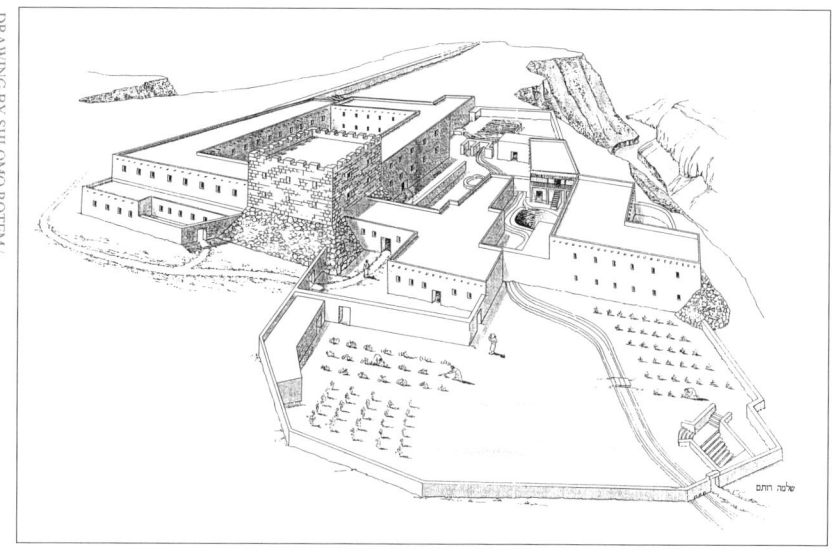

그림으로 재현해 본 한 쿰란 주거지 ●●●
탑이 있는 직사각형 건물이 최초의 주거지였고 그 외부의 구조물은 나중에 추가되었음을 암시해주고 있다. 그림 가운데에 있는 탑이 항공사진의 방향을 잡는 데 도움을 줄 것이다.

미국의 고고학자 조디 맥니스Jodi Magness도 비슷하게 비판적이었다. "이 책이 새로운 정보를 많이 제공해주고 있음에도 불구하고, 쿰란의 유물을 재평가하기가 여전히 어렵다.……단면 그림들과 같은 매우 중요한 정보를……제공하지 않고 있다.……쿰란에 있는 대부분의 방들은 건축상의 변화와 두 개 이상의 층이 말해주는 바와 같이, 한 개 이상의 주거층住居層을 갖고 있음이 분명하므로, 이 같은 정보가 없으면 일련의 시대를 정확하게 재구성해 볼 수가 없다."[5]

층위학적 방법들은 드보가 발굴작업을 하던 1950년대 이후 계속해서 개량되어 온 것이 확실하지만, 그 당시에도 쓸 만한 방법이었다. 층위학적 발굴작업을 처음으로 한 것은 놀랍게도 18세기 후반에 토마스

제퍼슨Thomas Jefferson이 버지니아에서 인디언 매장총埋葬塚을 발굴할 때였다. 그 기술은 1890년에 영국의 고고학자 매튜 윌리엄 플린더즈 페트리Matthew William Flinders Petrie경이 이스라엘 남부 텔 엘-헤시를 발굴하면서 도입했다(역주 : 집을 새로 지을 때, 무너진 옛 집터에 쌓인 돌과 흙더미를 성 밖으로 치우지 않고 그 위에 기초를 놓았다. 이런 과정이 수천 년 동안 지속되면서 주거지의 지반이 상당히 높아져서 유적지의 언덕인 텔이 형성된다. 이 텔에는 시대별로 유적층이 있기 마련이다). 그의 방법은 현대의 기준으로 볼 때 역시 좀 조잡한 것이었지만, 나중에 조지 라이스너George Reisner와 클라렌스 피셔Clarence Fischer를 비롯한 일련의 발굴자들에 의해 개량되었고, 층위학의 여왕 캐슬린 캐넌Kathleen Kenyon 여사가 쿰란 북쪽 불과 11킬로미터 지점에 있는 고대 예리코를 발굴하면서 절정을 이루었다. 여사는 드보가 쿰란에서 작업을 하고 있던 바로 그 시기에 발굴작업을 하고 있었다. 그리고 두 사람은 가까운 동료로서 서로 존경하고 있었다.

층위학적 발굴에서는, 부스러기 층을 분리해내는 것이 현장의 역사를 이해하는 열쇠이다. 성서학교 출판물은 드보가 이것을 하지 않았음을 분명히 보여주고 있다. 그가 표시한 현장 번호들은 층들을 구분하지

평면도

롤랑 드보가 그린 쿰란 주거지 평면도는 고고학자들에게 문제도 제기하고 답도 제시해주었다. 이 도면은 주거지에 있는 광범위한 급수시설과 기원전 31년에 지진으로 생긴 단층선, 방어용 경사진 담을 갖춘 탑, 주거지에 관한 드보의 이론에 열쇠가 되는 — 식당, 식품 식기 저장실, 벽을 따라 긴 의자가 놓인 공부방과 이른바 필사실 같은 — 여러 가지 방들을 분명히 보여주고 있다. 그러나 이 도면에는 정사각형 핵심 구조물을 완성시켰을 벽은 나타나 있지 않다. 이 벽은 최근에 발견되어 재건할 계획으로 표시되어 있다. 일부 고고학자들은 이 구조물이 원래 주거지의 핵심이었다고 믿고 있다. 가운데 있는 벽들은 얇고 이상한 각도로 연결되어 있다. 이것은 그것들이 나중에 추가되었을 수도 있고, 한때는 울타리가 없는 안마당이었음을 암시하고 있다.

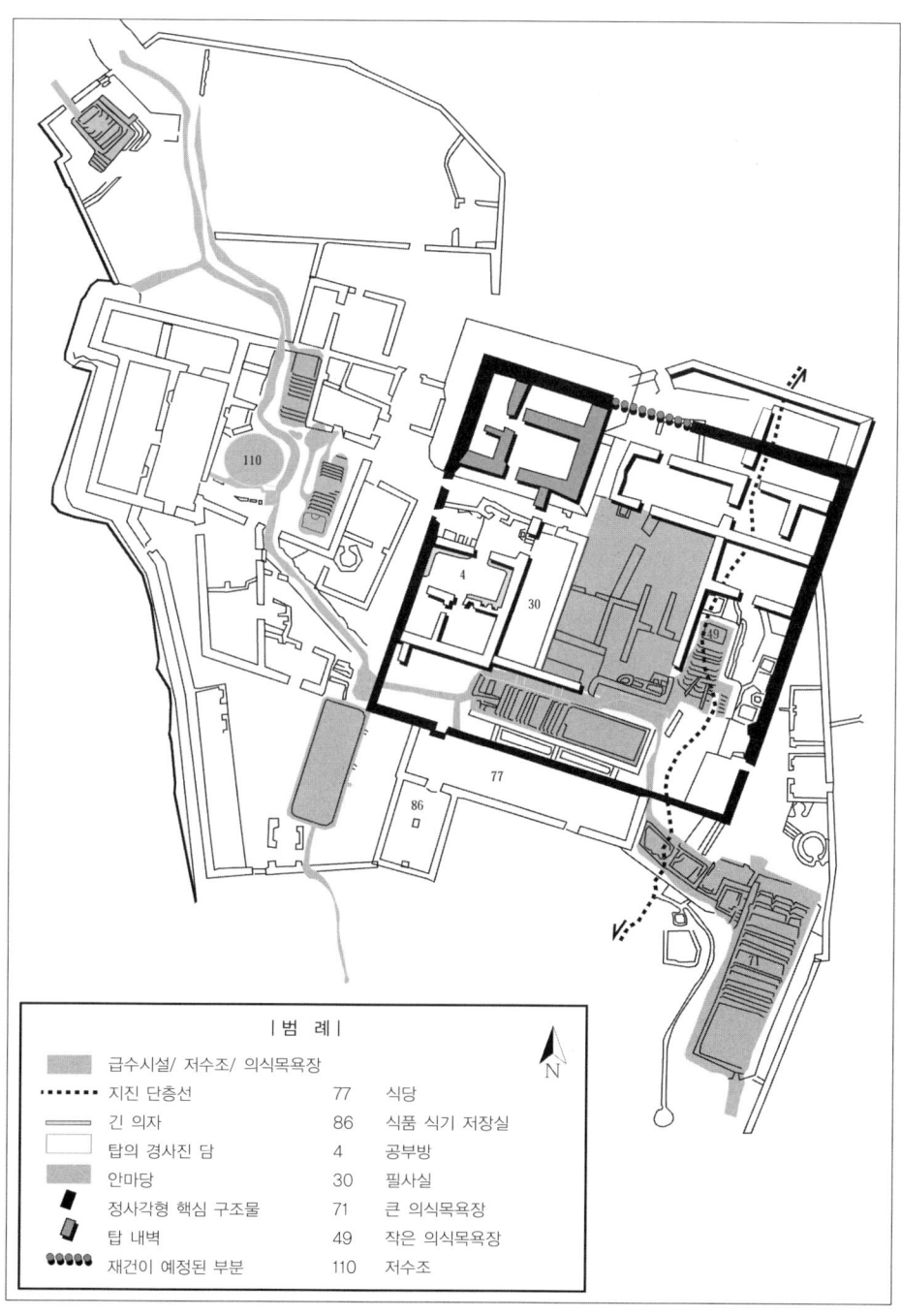

쿰란에서 발견된 잉크병 ●●●
쿰란 발굴에서 발견된 잉크병 3개(1개는 청동제품이고 2개는 도자기)

청동 잉크병 ●●●
1950년경 쿰란에서 베두인이 발견한 것으로 추정되는 이 청동 잉크병은 칸도에 의해 노르웨이 수집가에게 팔렸다.

않고 있다. 예를 들면, 하나의 현장에는 여러 유물층이 포함되어 있을 수 있는데 위와 아래 재층層에서 나온 자료에 똑같은 현장 번호가 붙어 있는 것이다. 따로 분리되는 유물 공간을 식별해주는 현장 번호 대신 드보가 사용한 현장 번호는 흔히 방들과 다른 공간의 유물목록만 나타내고 있을 뿐이다.

게다가, 드보는 또 하나의 고고학적 실수를 범했다. 그는 거의 전 지역을 발굴해버림으로써, 다른 고고학자들이 나중에 그의 조사결과를 확인하기 위한 발굴이나 혹은 미래에 필연적으로 나올 개선된 방법으로 발굴할 여지를 별로 남겨두지 않았다.

쿰란에서 발굴되지 않고 남은 곳 중 주요한 부분이 묘지이다. 이들 무덤 중 몇 기만 현대적인 방식으로 발굴하더라도 많은 것을 알아낼 것이다. 그러나 이스라엘의 정치적인 상황 때문에 이제는 이런 일을 할 수 없게 되었다. 극단적인 정통파가 유대인의 무덤 발굴을 사실상 금지시켜 왔다.[6]

드보가 찾아낸 인공유물들조차도 외부 학자들은 연구에 이용할 수 없다. 로베르 동셀이 최근에 지적한 바와 같이, "그의 임시 보고서와 비교적 짧은 그의 유일한 종합보고를 예증하기 위해 사용된 10여 개의 인공유물을 제외한 발굴물들은 공개되지 않고 있었다."[7] 동셀이 언급한 바와 같이, 발굴물들 중에는 석기石器, 불어서 만든 많은 유리제품, (대부분이 도구[8]인) 금속으로 된 물건, 목재, 갈대, 야자 나뭇잎, (지금은 거의 모두 분실된[9]) 1,200여 개의 동전들이 포함되어 있었다. 도기류陶器類에는 '채색한 예루살렘' 접시, 그리스의 흑색 기물器物, 로마의 적색 양각 도기, 우아한 모양의 컵과 사발, 테를 두른 접시들이 포함되어 있었다. 현재 이 중에서 아무것도 우리가 그곳을 해석하는 연구에 이용할 수가 없다. 우리는 그런 것이 있다는 것도 동셀의 말로 알고 있다. 최근에 한 학자는 "발굴한 증거물들을 전부 출판하는 것이 절실히 필요함"을 강조했다.[10] 그러나 지금 시점에서 우리는 갖고 싶은 것이 아니라 가지고 있는 것을 바탕으로 그곳을 해석해야 한다.

첫 번째 의문은 그곳이 두루마리들과 어떤 연관이나 관계가 있는가 하는 것이다. 두루마리들이 그곳 가까이에 있었던 것이 우연한 일일 뿐인가? 동셀 부부의 말이 옳다면 그 대답은 '그렇다' 이다.

그러나 두루마리들과 그곳을 분리해서 생각했던 학자들이 동셀 부부뿐만이 아니다. 시카고 대학교의 노먼 골브Norman Golb 교수는 예루살렘이 로마 군단의 위협을 받았을 때 두루마리들을 안전하게 보관하기 위해 예루살렘에서 유대 광야로 가져왔다고 믿고 있다. 앞에서 지적한 바와 같이, 로마에 저항한 첫 번째 유대인 반란은 서기 66년에 시작되어 서기 70년에 이른바 제2 성전이 파괴되고 예루살렘이 불타면서 사실상 끝났다. 고대의 문학적 근거에 의하면, 로마 군대는 서기 68년에 예리코 지역을 파괴했다. 로마 군단이 쿰란을 파괴한 것도 같은 시기였다고 일반적으로 생각되고 있다. 골브의 견해에 의하면, 쿰란은 예루살렘처럼 로마 군단과의 전투에서 파괴된 유대군의 요새였다.[11]

오스트레일리아의 두 학자 앨런 크라운Alan Crown과 리나 캔스대일 Lena Cansdale은 쿰란이 순례자들과 다른 여행자들을 위한 휴게소였을 뿐만 아니라, 사실상 교역화물의 통과항으로서 역청(아스팔트)과 소금 및 다른 상품들을 수송하는 활발한 사해 운수업 종사자들을 위한 휴게소였다고 주장하고 있다.[12] 사해는 소금 함유량이 많기 때문에, 배들이 소금 함유량이 적은 바다에서보다 더 무거운 짐을 운반할 수 있다. 그보다 더 중요한 것은 사해가 지중해 연안으로부터 산야를 횡단하여 트란스요르단Transjordan과 그 너머로 가는 길을 가로막고 있는 점이다. 옛날에는 사해 가장자리를 따라 육로로 화물을 수송하거나 혹은 지름길인 사해를 이용한 수상 수송을 해야 했다(그 당시에는 수면이 오늘날보다 약 20~24미터 정도 높았다. 지금은 사해로 흘러드는 요르단 강물이 너무 많이 증발되었기 때문에 수면이 낮아졌다). 이 지름길은 예루살렘으로 물자가 오가는 데 특히 중요한 길이었다. 예루살렘의 동쪽 계곡은 사해 지역으로 바로 연결되었다. 크라운과 캔스데일에 의하면, 쿰란은 이 같은 교통의 필요를 충족시켜 주었다. 그들이 보기에 그곳은 두루마리들과는 아무런 관계가 없었다.

최근까지 대부분의 학자들은 쿰란이 고립된 종교 공동체의 본거지였다는 드보의 견해에 동조했다. 학자들 대다수가 아직도 드보를 지지하고 있다. 그러나 이 같은 해석이 점점 더 논쟁거리가 되어가고 있다.

그럼에도 불구하고, 필립 데이비스Philip Davies가 말한 바와 같이, "발굴자들은 [고대] 문헌을 보고 어떤 예상을 하게 되었다는 것이 널리 인정되고 있다. 역사가 요세푸스와 대 플리니우스가 쓴 유대 에세네파에 관한 이야기와 공동체 규칙(1QS)[공동체 규율집]이 무엇보다 중요한 증거가 되었다."[13] 달리 말하면, 발굴자들은 그들이 발견할 것으로 예상했던 것을 발견했다.

그들의 예상은 그들 자신의 종교적 배경에 의해 형성되었는지도 모른다. 데이비스는 이어 다음과 같이 말하고 있다. "쿰란에 관한 다른 많은 초기 주석자들과 마찬가지로, 드보와 밀리크도 가톨릭 사제들이었다. 그렇지 않았더라면, 어떻게 그곳이 수도원이라고 설명될 수 있었겠는가?……두루마리들이 근처에 있는 동굴들 속에서 발견되지 않았더라면, 쿰란 폐허가 그렇게 해석되었을까?……[서기 3세기 이전에] 유대인 수도원과 같은 것이 있었는지 나는 전혀 모르고 있다. 그러나 발굴된 구조물들은 그런 생각을 염두에 두고 해석되었다."[14]

물론 드보의 입장이 지닌 주요한 기본요소는 두루마리들이 에세네파의 장서라는 믿음이다. 그러나 두루마리들이 쿰란과 연결될 수 있는 가? 무엇보다 가장 분명한 연관성은 두루마리들이 바로 그 근처에서 발견되었다는 것이다. 1번 동굴은 쿰란에서 북쪽으로 거의 1.6킬로미터 떨어져 있지만, 기록물이 들어있던 다른 많은 동굴들, 특히 4번 동굴은 거의 쿰란의 일부이다. 그곳에서 4번 동굴로 가장 쉽게 들어가는 길은 쿰란 벽에서 겨우 180여 미터 떨어져 있는 이회토泥灰土 언덕 바로 너머에 있다. 와디(역주 :비가 올 때만 물이 흐르는 乾川)에서도 4번 동굴로 들어갈 수 있다. 들어가는 길이 험악해 보이지만, 나는 별로 어렵지 않게 안으로 들어갔다. 사암砂岩이 매우 잘 부스러져서 쉽게 발판이 되어 주었다. 여하튼 간에, 4번 동굴과 쿰란 폐허가 가까이 있다는 사실이 어떤 연관성을 암시해 주고 있지만, 그것이 결정적인 증거는 아니다.

동굴 속에서나 유적지에서 발견된 도기들 역시 어떤 연관성을 암시해주고 있다. 동굴들 속에서 두루마리들 중 일부가 들어있던 특이하게 생긴 항아리들과 똑같은 항아리들이 쿰란에서도 발견되었다. 이 항아리들은 분명히 쿰란에서 나온 것이었다. 드보는 많은 항아리들을 구워낸 가마를 실제로 발견했다. 그러나 동굴 속에 두루마리를 갖다놓은 누군가가 쿰란에서 나온 항아리를 사용했다는 사실이 지금 우리가 얘기하고 있는 그런 연관성을 확정해주는가? 항아리를 가까이 있는 장사꾼한테서 쉽게 구입했을 수도 있다. 게다가, 대부분의 항아리들이 거칠고 세련되지 못한 것들임에도 불구하고, 항아리 그 자체가 그곳이 고립된 종교적 공동체의 주거지임을 말해주지는 않는다.

필사실은 어떤가? 방안에서 발견된 물건들이 필경용 책상(혹은 테이블)이었다는 드보의 생각은 오래 전부터 의문시되었다. 동셀 부부가 그 테이블을 긴 의자라고 단언하기 전부터도 그랬다. 드보가 그 물건들을 책상이라고 성급하게 결론지었을 뿐만 아니라 그 물건들을 그 가설에 맞게 진열되도록 배치했음이 이제 분명한 것 같다. 그가 책상이라고 판단한 인공유물들은 진흙 벽돌과 거친 돌로 만들어진 사다리꼴 물건이며 석고로 덮여 있다. 원래의 높이는 필경용 책상으로는 상당히 낮은 45.72센티미터에 불과했다. 내가 앉아 있는 책상의 높이는 바닥에서 71.12센티미터이다. 우리는 쿰란 '책상들'의 원래 높이를 알고 있다. 그 중 한 개가 꼭대기에서 밑바닥까지 약간의 석고가 남아 있어서 맨바닥과 합쳐지는 부분이 구부러져 있었기 때문이다.[15] 그러나 이 '책상들'을 전시하고 있는 박물관에서는 '책상'을 금속 구조물 위에 올려놓았기 때문에 높이가 맨바닥에서 66.04센티미터로 내 책상 높이에 불과 5.08센티미터 모자란다.

드보는 필경자들이 앉았던 것이라고 생각했던 물건들도 비슷하게 높여놓았다. 이들 '긴 의자들'의 높이는 약 20.32센티미터에서 25.4센티미터까지 다양했다. 그러나 박물관 전시장에서는 높이가 33.02센티미터 이상 되도록 '긴 의자'를 올려놓았다. 긴 의자라고 추정되는 것에 앉아 사다리꼴로 생긴 책상 위에서 글을 쓰는 것이 거의 불가능하다는 사실이 재구성된 모델을 통해 나중에야 밝혀졌다. 필경자가 그렇게 낮은 의자에 앉았다면 무릎이 책상 위로 올라왔을 것이다. "그는 [책상이라고 추정되는 것] 위에서 글을 쓰기 위해 매우 불편하게 몸을 구부렸을 것이며, 방해가 되는 두 무릎을 두 팔로 에워싸지 않을 수 없었을 것이다.……필경자가 무릎과 발을 어떻게 해야 글을 쓰기 편하게 테이블에 다가앉을 수 있는지 그 방법을 생각해낼 수가 없다."[16]

게다가, 필경자들이 당시에 필경용 책상을 사용했다는 것도 매우 믿기 어렵다. 비잔틴시대 그림에는, 복음서 저자들이 앉아서 쓸 것들을 무릎에 올려놓고 글을 쓰는 것을 보여주고 있다. 책상 위에 올려놓고 글을 쓰고 있는 모습은 전혀 없다. 수백 년 후에 그린 이런 그림들을 보고도,

4번 동굴과 5번 동굴 ●●●
사진 가운데 있는 절벽에 나란히 위치해 있다.

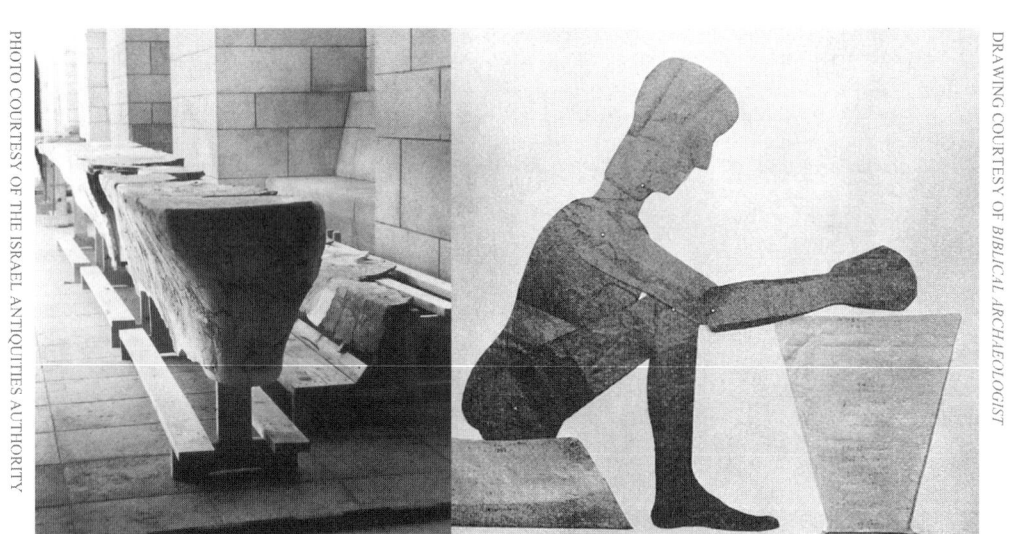

쿰란에서 발견된 책상으로 추정되는 물건 ●●●
록펠러 박물관에 책상으로 전시되었던 어리둥절한 물건들. 이제는 이러한 추정을 지지하는 학자는 별로 없다.

'책상'을 이용하고 있는 필경자 ●●●
필경자들이 '필사실'에서 '필경용 책상'을 이용하려면 매우 불편한 자세로 앉아야 했을 것이다.

"옛날에 고안된 그처럼 편리한 것[필경용 책상]을 잊어버렸다거나 내버렸다고 주장하는 것은 이치에 맞지 않는다"고 어느 학자가 지적했다.[17]

　이런 물건들을 책상이라고 진열한 박물관 전시장은 오래 전에 철거되었지만, 전시물의 사진은 지금도 종종 이용되고 있다. 사실, 우리는 그것을 그대로 인쇄해서 여기에 실었다.

　앞에서 지적한 바와 같이, 드보가 책상들이라고 생각했던 것을 동셀 부부는 로마식 횡와식당, 즉 식당의 긴 의자들이라고 판단했다. 그러나 동셀 부부가 제시한 많은 것들과 마찬가지로 이것도 오래가지 못했다. 횡와식당 의자들이라고 추정한 이들 긴 의자들은 폭이 45.72센티미터에 불과하다. "횡와식당의 침대나 의자로서는 말할 것도 없고, 어떤 종류의 소파나 침대로서도 너무 좁다. 횡와식당의 침대는 몸을 편안하게 눕힐 수 있게 되어 있고, 가끔 한 사람 이상 수용할 수 있게 되어 있다"[18]고 한 유명한 고고학자가 지적했다. 이스라엘에서 유일하게 발견된 한 횡와식당의 긴 의자는 폭이 거의 183센티미터이다.[19] 게다가, 쿰란의 이 이상한 장치들은 밑 부분이 점점 가늘어져서 맨 밑바닥이 때로는 17.78센티미터 정도로 좁다. 이래서는 도저히 안정된 소파나 침대가 되지 못할 것이다.

　이 가구는 하나의 수수께끼로 남아 있다. 한 학자는 그것들에 대해 필경자들이 앉았던 자리라는 의견을 내놓았다.[20] 다른 학자는 그것들이 정말 테이블이지만, 필기를 위한 테이블이 아니라, 필경자들이 아마 거기에 잉크병들과 펜들을 올려놓았을 것이라고 주장하고 있다.[21] 여기에다, 그 물건들이 필기용 가죽을 수직이나 수평으로 줄을 맞추어 자르는 데 사용된 테이블이었다는 의견을 제시하는 학자도 있다.[22]

　그 물건들이 몸을 눕히는 소파가 아닌 것이 분명해 보이기 때문에, 아래로 떨어진 그 물건들이 있던 이층방이 횡와식당이었을 가능성이

드보가 필사실로 확인한 방 ●●●
붕괴된 이층의 거친 돌 위에서 그는 잉크병 2개를 발견했다. 그래서 그는 두루마리들을 여기서 필사했다고 결론지었다.

없다(그 물건들은 위층이 붕괴하면서 부서져 쌓인 것 같은 부스러기 위에서 발견되었다). 그러면 책상들이 없었더라도 그 방이 필사실이었을까? 사실, 드보는 그 방에서 잉크병 두 개를 발견했다. 그렇다고 잉크병 두 개가 반드시 필사실임을 말해주는가? 문제를 더 혼란스럽게 하는 것은 드보가 그 옆방에서 세 번째 잉크병을 발견한 사실이었다. 게다가, 골동품 시장에 나왔던 적어도 3개의 다른 잉크병도 쿰란에서 나온 것으로 추측되고 있다.[23] 그러나 필사실이라고 추정한 곳에서는 말할 것도 없고, 그 발굴에서는 가죽이나 파피루스 필사본은 단 한 조각도 발견되지 않았다. 이상하지 않은가? 그 발굴에서 목재와 갈대 및 야자나무 잎을 포함한 다른 유기 물질들은 발견되었다.

반대로, 그 두루마리들이 쿰란의 주거지에서 나왔더라면, 그 가운데에서 계약서나 편지, 매도증서, 임대차 계약서, 재판기록 같은 더 세속적이고 비문학적인 문서들을 발견할 것으로 기대했을 것이다.

요르단 계곡 위쪽과 아래쪽에 있는 다른 동굴들에서는 이와 비슷한 문서들이 발견되었다. 싸움이 벌어졌을 때 지방 피난민들이 그곳에 갖다 놓은 것이었다. 쿰란 사람들에게는 그런 문서들이 없었는가? 쿰란에 사는 사람들이 두루마리들을 그 동굴들 속에 갖다 놓았다면, 쿰란 동굴에는 왜 그런 문서가 있었다 해도 거의 없었는가?

드보가 식당이라고 했던 그 큰방은 많은 사람들이 표면이 울퉁불퉁한 다듬지 않은 식기류를 가지고 식사를 했던 장소인 것 같아 보인다. 이것이 고립된 종교 공동체임을 말해주는가? 그렇지 않고 예루살렘을 오가는 여행자들과 순례자들이 이용했을 수도 있지 않을까? 품질이 더 세련된 도자기도 현장에서 발견되었다. 이것은 더 여유가 있었던 사람들이 즐기기 위해 사용했을 수 있지 않을까?

드보는 그곳에 사람이 거주했던 주요 시기를 5기로 나누었다.

가장 오래된 시기는 기원전 약 8세기나 7세기인 철기시대였다. 드보는 둥근 저수조(locus 110)의 연대를 이 시기로 잡았다. 그 후 그곳은 버려졌다가 기원전 2세기(1a기)에야 다시 사람들이 거주했다. 이 작은 주거지는 기원전 1세기(1b기)에 크게 확장되었다. 드보 자신도 1a기와 1b기 사이의 구분이 이해하기 힘들다는 것을 인정하고 있다.[24] 많은 고고학자들은 그런 구분을 전혀 인정하지 않는다.[25] 그리고 식견이 높은 고고학자들은 이제 기원전 150년에는 그곳에 사람들이 거주하지 않았고, 기원전 약 100년이나 혹은 훨씬 더 뒤에 거주했을 가능성이 더 많다고 주장하고 있다.[26]

기원전 31년에는 지진으로 그 지역이 철저히 파괴되었다. 쿰란이 입은 피해 정도도 역시 뜨거운 쟁점이 되어 있다.[27] 드보에 의하면, 쿰란은 지진이 있은 후 버려졌다가 기원전 4년(2기)에야 사람들이 다시 거주하게 되었다. 그러나 요즘 많은 학자들은 거주 공백이 있었더라도 별로 없었을 것이라고 믿고 있다.[28] 그곳은 서기 68년 로마군이 예루살렘으로 진격해 가는 길에 파괴되었다.

그곳이 서기 68년에 파괴되었다는 견해는 드보의 발굴에 근거를 둔 것이 아니라, 주로 요세푸스의 이야기에 근거를 두고 있다. 요세푸스는 로마 달력으로 서기 68년 6월 20일에 해당되는 날 나중에 황제가 된 베스파시안Vespasian이 예리코에 도착하여, 거느리고 있던 부하 장군들 중의 한 사람인 제10군단 사령관 트라얀Trajan과 합류했으며, 이 트라얀은 나중에 역시 황제가 된 트라얀의 아버지였다고 이야기하고 있다. 예리코 주민 대부분은 도망갔고, 남아 있던 사람들은 사형에 처해졌다.[29] 베스파시안이 예리코에 진을 치면서, 군대가 전국 여러 곳에서 2년 뒤 예루살렘을 최종 공격할 만반의 준비 태세를 점차 갖추어 나갔다.[30] 쿰란 발굴에서 발견된 로마의 화살촉이 서기 68년에 로마에 굴복했다는 결론을 뒷받침해 주고 있다.[31] 그리고 그곳에서 나온 가장 늦은 연대의 주화鑄貨들 역시 이 당시에 로마군의 파괴가 있었음을 뒷받침하고 있다.[32]

그 후, 쿰란은 사해를 감시하던 로마군 파견대에 의해 잠시 점령당했고, 아마 제2차 유대인 반란 기간(서기 132~135)에도 유대인 반란군이나 로마군에 의해 다시 잠시 점령당했을 것으로 드보는 보고 있다.

그곳에 대한 관심은 당연히 두루마리들의 연대와 같은 시기에 초점이 모아지고 있다. 고고학자가 합리적으로 믿을 만한 결론을 내리도록 할 충분한 정보를 제공하는 최종 보고서가 없기 때문에, 그곳의 상황에 관해 내가 들은 가장 훌륭한 추론은 이스라엘 고고학자 이즈하르 허쉬펠드의(아직 출판되지 않은) 추론이다. 그는 당초에 그곳을 네모난 요새형 구조물이 차지하고 있었다고 믿고 있다. 평면도에서 그것을 쉽게 확인할 수 있고(147쪽 참조), 여러 층으로 된 탑이 아직도 그곳의 북서쪽 모퉁이에 서 있다. 그 탑은 공격을 받을 경우 주민들의 안전을 보장해 주었으며, 건축적인 면에서 보면 그 지역에 대한 소유주의 지배권을 분명히 말해주고 있다.

적어도 나에게 기원전 2세기 초엽의 쿰란 주거지가 네모난 요새형 건물뿐이었다는 것을 강력히 암시해주고 있는 한 가지 요소는 쿰란에서 남쪽으로 불과 3.2킬로미터 떨어져 있는 사해 연안 엔 페쉬카에 있는 비슷한 구조물과 비교가 된다는 것이다. 같은 시대의 이 주거지가 쿰란과 관계를 맺고 있었음은 의심할 여지가 없다(하나의 담이 두 곳을 실제로 연결했는지도 모른다).[33] 그러나 엔 페쉬카는 쿰란과는 달리 한 개의 큰 샘에서는 물론 여러 개의 작은 샘에서 물이 나오고 있었다. 아마도 이 물이 대부분 농사와 대추야자, 항만시설과 역청에 공급되었을 것이다. 엔 페쉬카의 주요 구조물은 쿰란에서 처음 계획된 네모난 구조물과 거의 쌍둥이 같은 것이다.

엔 페쉬카 구조물에는 중앙에 안마당이 있어서, 첫인상으로는 쿰란의 경우와 다른 것 같아 보인다. 쿰란의 사각형 구조물 한가운데에서 우리가 안마당을 발견할 것이라고 예상한 곳에는 내부 공간들(loci 23-25, 32-37)을 만드는 벽들이 있다. 그러나 곧고 폭이 똑같으며 서로 직각을 이루고 있는 쿰란 구조물의 다른 벽들과 달리, 쿰란 안마당에서 발견되는 벽들은 드보의 평면도에서 볼 수 있는 바와 같이 폭이 다양하고 때로는 이상한 각도를 이루고 있다. 이 벽들은 흔히 사방을 둘러막은 공간(방)을 만들고 있지 않다.[34] 요컨대, 이들 벽들은 나중에 추가된 것 같아 보인다.

확실히, 엔 페쉬카 구조물에는 그곳이 어떤 종교 공동체의 본거지였음을 암시해주는 것이 전혀 없다. 그럼에도 불구하고, 드보는 그곳의 건축물에서 그와 같은 흔적을 볼 수 있었다. 그는 "[엔 페쉬카]에 있는 이 건물은 분명히 개인 저택이 아니고, 어떤 종교 공동체의 필요에 걸맞은 건물"이라고 썼다.[35] 그는 다시금 그가 발견하고 싶었던 것을 발견했다.

허쉬펠드는 쿰란의 사각형 요새 밖에 있는 건물들은 요새를 지은 후에 점차로 추가한 것이라는 이치에 맞는 주장을 하고 있다. 허쉬펠드에 의하면, 그처럼 요새화한 전초기지들이 당시에는 흔했고 반드시 군용도 아니었다. 나중에, 헤로데 대왕 치하 때 요새에 별채들이 추가되었고, 평화와 안정이 지속되는 동안에는 헤로데의 지방장관이 그 단지 전체를 행정시설로 이용했다. 이 시기의 평면도로는 그곳을 도저히 군사시설로 보기 어렵다. 나중에, 즉 지진이 있은 후에야 그곳이 에세네파의 주거지가 되었고 사각형 요새 밖에 건물들이 추가되지 않았을까?[36]

저수조와 의식용 목욕장을 정교하게 연결하고 있는 광범위한 급수 시설은 어떻게 된 것인가? 이런 것들이 그곳이 종교적인 공동생활을 하던 곳이라는 드보의 주장을 확증해 주는가?

브라이언트 우드Bryant Wood라는 학자는 쿰란에 2백 명이 살았을 것이라고 추정하고, 일상생활과 목욕에 필요한 물의 양을 실제로 계산하여 쿰란에서 쓸 수 있는 물의 양과 비교했다. 그는 당나귀들이 얼마나 많은 물을 마시고 증발로 물이 얼마나 손실될 것인지도 계산했다. 그는 "필요한 물의 양보다 2배 이상의 물을 쓸 수 있었다"고 결론지었다.[37] 그래서 그는 쿰란에서 많은 의식 목욕이 있었던 것으로 믿고 있다.

그러나 이즈하르 허쉬펠드는 정반대의 결론을 내리고 있다. 그는 "이것은 상당히 많은 양의 물이다."라고 인정하며 이렇게 말을 잇고 있

쿰란 탑(위) ●••
쿰란의 핵심 구조물 북서쪽에 있는 탑. 밑바닥의 경사가 구조물을 더 안정시켜 주고 있다.

의식목욕장(왼쪽) ●••
이 의식목욕장에 있는 단층선은 기원전 31년의 지진으로 생겼을 것이다. 이 지진으로 이곳은 잠시 버려지게 되었다.

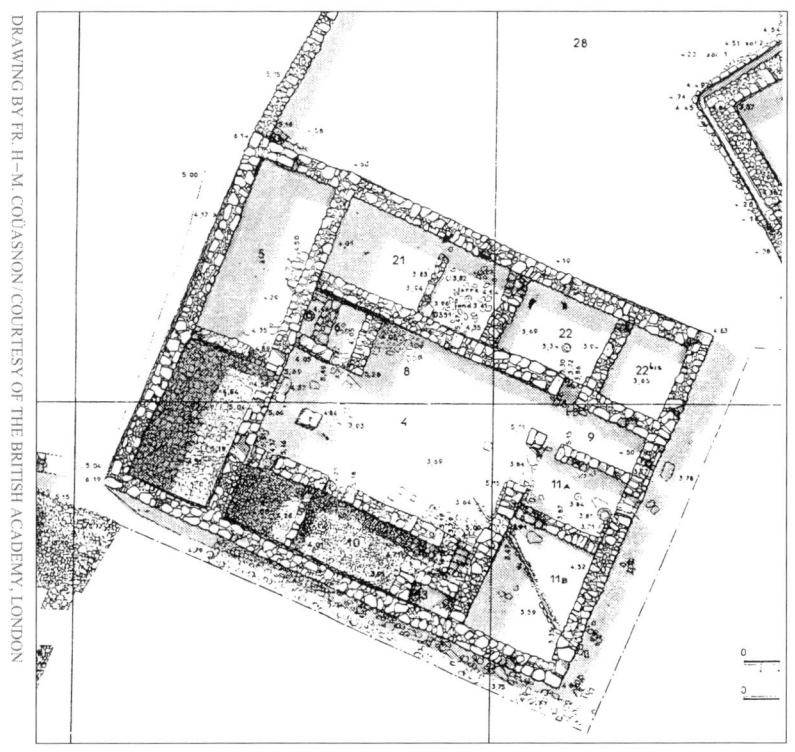

엔 페쉬카 ●••
엔 페쉬카에 있는 직사각형 건물 평면도. 쿰란에 있는 핵심 건물의 평면도와 비슷하다.

다. "그러나 그 지역의 다른 사막 요새들에서 모아들였던 물의 양과 비교해서 유별나게 많은 것은 아니다.……실제로, 쿰란의 물의 양은 다른 사막 요새들의 물의 양에 비해서 적은 양이다."[38]

그러나 쿰란에서 많은 의식 목욕을 하고 있었다고 생각해 보라. 이런 생각은 그곳을 에세네가 살던 곳으로 인정하는 것과 확실히 모순되지 않는다. 요세푸스를 비롯한 다른 사람들은 에세네파가 의식 목욕으로 그들 자신을 정화했음을 지적하고 있다. 그러나, 다른 유대인들도 의식 목욕을 했다. 이 당시 예루살렘에는 그런 목욕장이 마맛자국처럼 많았다.

쿰란이 유대인들이 살던 곳이라는 데는 의심할 여지가 없다. 그곳 자체의 발굴에서 발견된 유일한 기록물은 메모용으로 사용했던 항아리 조각인 몇 개의 도편陶片들이었다. 이들 도편들 중 대부분은 히브리어로 씌어 있고 유대인 이름이 적혀 있다. 한마디로 말하면, 그곳은 유대인들이 차지하고 있었다. 이 점에 대해서는 논쟁의 여지가 없다. 그러므로, 의식 목욕을 했다는 사실도 고립된 종교 공동체에 대한 결정적인 증거가 아니고, 유대인 공동체가 있었다는 것만 말해주고 있을 뿐이다.

쿰란에는 샘이 없고 강우량도 1년에 1,016밀리미터에 미치지 못하며, 그것도 어떤 해에는 그만큼도 안 되고 모든 비가 10일 내지 20일 사이에 오기 때문에,[39] 쿰란이 어떻게 해서 실제로 그렇게 많은(어떤 추산에 의하면 1년에 10만 리터나 되는) 물을 얻었는지 궁금해 할 수 있다.[40]

땅위에 흐르는 물을 조심스럽게 모았다는 것이 그 답이다. 그곳에서 북쪽으로 내려다보이는 와디 쿰란은 사해로 흘러들어간다.

바다를 뒤로하고 있는 와디를 자세히 관찰해보면, 수백만 년 동안 물이 1년에 2~3번씩 그것을 통해 흘러서 사암을 마멸시키면서 모래바닥을 조성했다는 것을 쉽게 상상할 수 있다. 와디는 바다에 가까워지면서 앞치마처럼 퍼진다. 고지에서 보면 아직도 사막의 모래땅에서 물이 흐르는 형태를 볼 수 있다. 그러나 이 모래땅의 와디가 해안에서 육지 쪽으로 800미터 채 못되는 곳에서 갑자기 끝난다. 거기서 도보 여행자는 힘들게 수직으로 올라가야 할 높은 석회암 절벽들과 마주치게 된다. 물은 이들 석회암 층 속으로 쉽게 스며들지 못한다. 그래서 비가 올 때는 많은 물이 석회암 표면 위로 넘쳐서 바다 쪽으로 흘러감으로써 와디 쿰란 끄트머리 부분에서 거대한 폭포수가 되어 낮은 지대로 떨어져 못을 이루게 된다. 못이 가득 차면 물이 와디 속으로 계속 흘러 내려가서 결국 사해로 들어간다.

쿰란의 급수시설은 이 자연 못에서 물을 수로로 끌어들여 절벽을 돌아 주거지로 들어오도록 되어 있다. 이 수로를 통해 물이 저수조를 하나씩 채움으로써 사막 광야 가운데 있는 그곳에 물을 풍부히 공급한다. 참으로 정교한 토목공학의 작품이다.

쿰란 집터에 인접해 있는 공동묘지들 역시 의문을 자아내고 있다. 앞에서 지적한 바와 같이, 발굴된 약 50기의 무덤 중에서 3~4기만 여자와 어린이들의 무덤이었다. 이것이 그 공동체의 독신제도를 말해주는가? 몇 명의 여자들과 어린이들이 있었다는 사실이 바로 그 반대임을 보여준다는 주장을 할 수도 있었다.

개인 무덤 수효도 또 하나의 수수께끼 같은 의문을 자아내고 있다. 200기가 넘는 개인 무덤들이 매우 질서정연하게 줄을 맞춰 자리잡고 있다. 어떻게 해서 이렇게 많은 사람들이 이곳에 묻혀 있는가? 무덤마다 지표면에 타원형으로 돌무더기를 쌓고 흔히 양끝에 더 큰돌을 놓아 표를 해 놓았다. 한 기를 제외하고, 모든 무덤들이 남북을 향해 있다. 무덤마다 1.22미터 내지 1.83미터 깊이의 직사각형 구덩이를 파고 보통 그 밑바닥 동쪽 벽에 또 하나의 구덩이를 파서 시신을 반듯이 눕혀놓을 선반을 만들었다. 시신은 머리를 남쪽으로 두고 양손은 양옆이나 골반 위에 올려 포개놓았다. 하부의 측면 구덩이는 시체를 올려놓은 후, 흙벽돌이나 돌로 봉하고 나머지 구덩이는 흙으로 채웠다. 마지막으로 위에다 돌무더기로 덮었다.

이처럼 규모가 크고 질서 있는 공동묘지는 오랜 기간에 걸쳐 고도로 조직화된 행정이 있었음을 암시하고 있다. 그러나 어느 때나 쿰란에서 200명이 일하며 살았다면, 그것은 너무 많았다.[41] 그러면 왜 그렇게 많은 무덤이 있는가? 그 공동묘지들은 어떤 종교단체가 그곳을 지배했음을 의미하는가? 전형적인 군인 무덤의 유품들이 없는 것으로 보아 군인들의 무덤은 아닌 것 같다(하나하나 정성을 들여 줄을 맞추어 매장한 것으로 볼 때 그 무덤들이 군사적인 대결에서 생긴 것이 아니라는 것을 암시해 주고 있다).

마지막으로, 엔 게디가 에세네파 주거지 아래에(*infra hos*, 즉 문자 그대로 '이것들 아래에') 있다는 대 플리니우스의 언급 역시 확정적인 말이 아니다. 이 같은 표현에 의지하는 사람들은 그것을 엔 게디는 에세네파 주거지의 남쪽에 있으며, 따라서 쿰란의 남쪽에 있다는 의미로 받아들이고 있다. 그러나 고대에는 '아래'가 '……의 남쪽'을 의미하지 않았다. 고대인들은 동, 서, 남, 북이라는 단어를 사용했다. 그래서 플리니우스도 이런 단어를 사용했지만, 여기서는 '남쪽'이라는 단어를 사용하지 않았다.[42]

이 문제를 연구한 학자들은 대체로 infra hos가 '남쪽'을 의미하지 않는다는 데 의견이 일치하고 있다. 이 문맥에서는 그 말이 정확하게 무엇을 의미하는지에 대해서는 의견의 일치가 덜 되어 있다. 오스트레일리아 학자 크라운과 캔스데일에 의하면, "플리니우스가 '아래에'라고

와디 쿰란의 폭포수 수로 ●●●
주거지 뒤편 석회암 절벽을 찍은 이 사진에서 폭포의 흔적을 볼 수 있다. 매년 몇 번의 홍수가 주거지에 풍부한 물을 공급해 주었다.

쿰란 묘지의 무덤 ●●●
작은 돌무더기들이 쿰란 주거지에 인접해 있는 큰 공동묘지에 있는 무덤들을 표시해 주고 있다.

쿰란 무덤의 유골 ●●●
쿰란 무덤의 밑바닥 선반 위에 본래의 위치대로 놓여 있는 유골.

말했을 때는 다른 어떤 것보다 고도가 더 낮은 곳을 의미했을 뿐이었다."[43]

여러 학자들이 이 문제를 연구했지만, 결론에 이르는 결과를 얻지 못했다.[44] 그러나 한 사람 이상이 플리니우스가 말하는 에세네 주거지의 위치가 쿰란이 아니라 엔 게디 위쪽 절벽 위의 더 높은 곳을 가리킨다는 의견을 내놓고 있다. 나는 이 문제를 하버드 대학교 고전학과 과장이었던 프린스턴 고등과학 연구원의 글랜 바우어소크Glen Bowersock 교

쿰란 묘지 ●●●
쿰란 공동묘지에는 무덤마다 돌무더기로 표시되어 있는 거의 200기에 달하는 무덤들이 줄지어 배열되어 있다.

수와 논의했다. 다른 전문가들과 마찬가지로, 바우어소크도 infra hos가 '……의 남쪽'을 의미하지 않는다는 데 동의했다.

그는 나에게 편지를 보내어 "제가 보기에는 [크라운과 캔스데일]이 그 중요한 구절에서 infra가 '남쪽'을 의미하지 않는다고 한 것은 정말 옳습니다"고 했다.[45] 그러면서 바우어소크는 그것이 문자 그대로 '아래'를, 즉 최소한 여기가 아님을 의미한다는 생각도 받아들이지 않고 있다. "지금으로서는 그 단어가 비교적 높은 곳을 말하기 위해 여기나 혹은 (의심스럽지만) 지리적인 맥락에서 다른 어디에 대해 사용되고 있다고 생각하지 않습니다. 물론(예를 들면 '나는 창문 아래 서 있다'는 표현처럼) 다른 맥락에서 사용될 수 있습니다."[46]

그는 infra가 아마 수역水域과 관계되는 장소를 가리킬 것이라고 애기했다.⁴⁷ 마침 바우어소크는 그리스어 문맥에서 그 단어로 인해 발생하는 문제를 연구하고 있다. 즉 '아래'를 의미하는 그리스어 infra는 아마도 바다나 강물과 관련하여 상대적인 위치를 가리키는 것 같다. 즉 더 가까운 위치가 infra이다.⁴⁸ 바우어소크는 편지에다 이렇게 썼다. "이집트에 대한 전통적인 용어(상부 이집트와 하부 이집트)가 해답을 주는 게 아닌가 하는 생각이 듭니다. 상부 이집트는 남부 이집트이고 하부 이집트는 북부 이집트입니다. 이유는 남북의 축에서 본 바다와의 거리 때문입니다."

사해가 플리니우스의 글에서 언급되어 있는 관계 수역이라면, 그는 엔 게디가 에세네파 주거지보다 infra, 즉 바다와 더 가까운 하부에 있다고 말하고 있는 것이다.

반면에, 요르단 강을 말하는 것이라면, 남쪽이 정말 더 낮은 하류이다. 요르단 강은(나일 강과는 달리) 북쪽에서 남쪽으로 흐르고 있다.

플리니우스가 infra를 상대적으로 높은 곳을 표현하기 위해 사용하고 있든 혹은 사해와의 상대적인 거리를 표현하기 위해 사용하고 있든, 그는 에세네 주거지가 엔 게디 위쪽 절벽에 위치에 있음을 말하고 있는 것 같다. 이렇게 되면 쿰란은 배제되기 마련이다. 그러나 언급하고 있는 것이 (드보가 제시한 것처럼⁴⁹) 요르단 강이라면, 쿰란이 여전히 에세네 주거지일 수 있다. 드보는 또한 플리니우스가 엔 게디를 언급한 후에 마사다*Masada*를('즉 이곳에서 마사다로' 라고)⁵⁰ 언급하고 있는 것을 정확하게 지적하고 있다. 플리니우스는 북쪽에서 남쪽으로 가면서 여러 곳에 대한 이야기를 하고 있는 것 같다. 이것 역시 에세네 주거지가 엔 게디 북쪽에 있음을 암시하는 것 같다.

엔 게디의 위치는 잘 알려져 있다. 그것은 쿰란에서 남쪽으로 32킬로미터 떨어진 사해 연안 근처 절벽 기슭에 있다. 드보는 infra hos가 엔 게디 위쪽 절벽에 있는 에세네 주거지와 관련되어 있을 가능성을 알고 있었다. 그러나 그는 이 같은 설명에 들어맞는 장소를 알아내지 못했다.[51] 그래서 그는 쿰란을 선택했고, 그것이 그가 쿰란을 발굴했을 때 자연스럽게 호감을 가졌던 결론이었다. 그러나 그는 "플리니우스가 쓴 특별한 구절 그 자체가 결정적인 것이 아님"을 인정하고 있다.[52] 오직 두루마리들만이 이를 증명해 줄 것이다.

드보의 견해와는 반대로, 엔 게디 위쪽에 이 지방 키부츠족들이 "에세네 마을"이라고[53] 부르는 몇 개의 고고학적 유적이 있다. 이들 유적들이 플리니우스가 설명하는 요건을 충족시킬 것인지 발굴을 해보면 밝혀질 것이다.[54]

또 하나의 요소 : 쿰란 발굴에서 1,200개 이상의 주화가 발견되었다. 이에 비해, 엔 페쉬카에서 발견된 것은 144개뿐이었다. 이것이 쿰란이 엄격한 종교 공동체가 있던 곳이 아니라 상업 중심지였음을 암시하는가?[55]

쿰란의 건물들에서는 회당이라고 볼 수 있는 공간이 없다. 그러나 필로에 의하면, 안식일에 에세네 사람들은 "그들이 회당이라고 부르는 신성한 장소로 나아갔다."[56] 일반적인 추측과는 반대로, 성전이 파괴되기 전에 팔레스타인에는 많은 회당들이 있었다. 복음서들은 예수가 가파르나움에서 회당에 출석했다고 이야기하고 있다. 성전이 파괴되기 전에 쓴 바오로의 편지에 의하면, 바오로는 유대인 거주지에 있는 회당들을 찾아 다녔다. 탈무드에는 성전이 서 있는 동안에도 성전산 위에 회당이 하나 있었고, 시 자체에는 확실히 더 많은 회당들이 있었다고 언급되어 있다. 이들 예루살렘의 회당들 중 하나에서 명판銘板이 하나 발굴되었다. 고고학자들은 예루살렘 성전이 로마군에 의해 파괴되기 전부터 회당 건물이 적어도 3개가 있었음을 밝혀냈다. 3개 중 2개는 쿰란에서 멀지 않은 광야 지역인 헤로디온과 마사다에 있었다.

쿰란에 회당이 있었던 흔적은 없다. 드보가 식당이라고 불렀던 방의 원형 공간은 다른 공간과는 달리 포장이 되어 있고 회반죽을 발랐지만, 그 방은 회당이라는 이름을 도저히 붙일 수가 없다. 드보도 달리 주장하지 않았다.[57]

마사다는 원래 헤로데 대왕이 산악 요새 겸 궁전으로 지었지만, 로마에 대한 대반란(서기 66~70년) 중에는 전투적인 유대인 당파에 의해 점령되었다. 실제로, 이들 유대인들은 서기 70년에 예루살렘이 함락되었지만, 73년 혹은 74년까지 그곳을 내놓지 않았다. 그리고 그들은 그곳에다 회당을 개축했다. 게다가, 반란 기간 중 적어도 후반기 동안 그 건물이 이 목적으로 사용되었음은 의심할 여지가 없다. 왜냐하면 회당의 마루바닥 밑에 묻혀 있는 두루마리(혹은 두루마리 조각)들이 발견되었기 때문이다. 여기에는 분명히 회당의 게니자,[58] 즉 닳아 해진 사본들을 보관하는 창고가 있었다.

이들 마사다 두루마리 조각들 중 하나는 안식일 제물의 노래로 알려져 있다. 더 완전한 상태인 사본이 쿰란에서도 발견되었다. 그 사본이 양쪽에서 발견된 것이 호기심을 자아내고 있다. 마사다를 방어했던 유대인들은 격렬한 전사들이었다. 에세네파는 평화주의자들이라고 말하고 있다. 에세네파에 대한 설명에서 필로는 이런 말을 하고 있다. "던지는 화살과 창, 단도나 투구, 혹은 가슴받이나 방패 같은 것을 만드는 사람은 단 한 사람도 찾아볼 수 없다. 일반적으로, 무기나 기구를 만들거나 전쟁과 관련된 어떤 산업을 하는 사람은 아무도 없다."[59] 안식일 제물의 노래는 때때로 두루마리들이 에세네파와 관련되는 것으로 보이는 종파의 문서들 중 하나로 확인되고 있다. 그렇다면, 그것이 마사다에서는 어떤 역할을 하고 있었는가? 이들 투사들이 사용했던 사본이 어떻게 에세네 관련 증거가 될 수 있는가?

대체로, 고고학적인 증거만을 고려할 때, 두루마리들이 쿰란 가까이에서 발견되지 않았다면 우리는 결코 쿰란을 고립된 종교 공동체가 거주하던 곳이라고 생각하지 않았을 것이며, 틀림없이 에세네파의 본거지라고 생각하지 않았을 것이다.

제 8 장

불확실한 결론

쿰란이 에세네파의 주거지였는지 그리고 사해 두루마리들이 에세네파의 장서인지는 골치 아픈 문제로 남아 있다. 의심스러운 것이 많음에도 불구하고, 내가 내린 결론은 그곳이 아마도 에세네파 장서가 있는 에세네파 주거지였을 것이라는 것이다.

1966년에, 프랭크 크로스는 에세네파는 쿰란에 살았으며 두루마리들에 대해 책임이 있다고 명확하게 결론지었다. 그는 이렇게 말했다.

> 쿰란 종파를 에세네파와 동일시하기를 '조심하는' 학자는 놀라운 입장에 처하게 된다. 그는 비슷하게 기괴한 견해를 가진 두 주요 당파가 같은 사해 사막 지방에서 자치주의 종교 공동체를 만들어, 유사하거나 거의 동일한 정결례와 식사의식 및 공식의식을 거행하면서, 2세기 동안 사실상 함께 살았다는 것을 진지하게 제시해야 한다. 그는 [요세푸스와 필로 같은] 고전 저자들이 조심스럽게 기술한 한 집단인 [에세네파]는 건물 잔해나 질그릇조차 남기지 않고 사라졌고, 다른 한 파인 [쿰란의 주민]은 고전에서 조직적으로 무시당한 채 광범위한 폐허와 정말 훌륭한 장서를 남겼다고 가정해야 한다. 나는 쿰란 사람들과 그들의 영원한 손님인 에세네파를 무조건 동일시하고 싶다.[1]

1992년에, 노틀담 대학교의 젊은 일류 사해 두루마리 학자 제임스 C. 판데어캄James C. VanderKam은 "대부분의 학자들이 프랭크 크로스의

설득력 있는 말에 동의할 것"이라고 썼다.[2]

나는 크로스와 판데어캄의 말에 감탄하지만, 최근에 "에세네파의 쿰란 기원설은 일반적으로 말하는 것보다 그럴 가능성이 훨씬 더 적다"고 한 옥스퍼드대 학장 마틴 굿맨Martin Goodman의 말에 동의하지 않을 수 없다.[3]

판데어캄은 공동체 규율집은 이 문제를 해결해주는 '가장 중요한 쿰란 사본'이라고 주장하고 있다. 그러나 가장 최근에(『공동체 규칙』이라는 제목으로) 출판된 권위 있는 공동체 규율집의 서문에서는 그것이 에세네파 문서일 가능성조차 비치지 않고 있다.[4]

판데어캄은 "사해 두루마리 공동체와 에세네를 동일시하는 근거를……주로 다음 두 가지 자료에 두고 있다. 즉 (1) 로마의 지리학자인 대 플리니우스로부터 나온 증거와 (2) 요세푸스를 비롯한 사람들이 기술한 에세네파의 신념 및 관습과 비교해본 두루마리 자체의 내용이 그것이다."[5]

그러나 우리가 살펴본 바와 같이, 엔 게디가 에세네파 주거지의 "아래에 있다"는 플리니우스의 언급은 애매한 것이다. 판데어캄은 "엔 게디 북쪽 사해의 서쪽에 있는 공동체의 중심지로서 고고학적 유적이 발견된 유일한 장소가 쿰란"이라고 말하고 있다.[6] 일부 학자들이 "아래에 있다"는 말은 사실 방향이 아니라 고도를 가리키며 대 플리니우스가 실제로 말하고 있는 것은 에세네파 주거지가 엔 게디 위쪽— 더 높은 곳—에 있다는 것이라고 주장해왔음을 인정하면서, 판데어캄은 "그 위치에는 주거지가 없었다"고 말하고 있다. 그러나 이 점에서 그는 잘못 알고 있다. 앞에서 언급한 바와 같이, 엔 게디 위쪽에는 이른바 에세네 마을이라는 고대 유적이 있으며, 아직 한 번도 발굴되지 않았다.

게다가, 우리는 그 지역에 있는 모든 장소를 다 알지 못하고 있다.

고고학적 조사가 최근에 단 한 번 페사크 바르-아돈Pesach Bar-Adon이라는 헌신적이고 총명하며 선의를 가진 고고학자에 의해 실시되었을 뿐이다. 그러나 그는 현대적인 조사 원칙에 따라 조사를 진행하지 못하였다. 마틴 굿맨이 지적한 바와 같이, "아직도 충분히 탐사하지 못한 지역들에서 수많은 다른 장소가 언제든지 나타날 수 있다."[7]

내가 내린 결론은 다음과 같다.

1. 그곳과 동굴이 가깝다는 점을 고려하면, 두루마리들이 쿰란과 관련되어 있는 것이 거의 확실하다. 그러나 두루마리들이 반드시 그곳 주민들의 소유는 아니었다. 쿰란에서 살던 사람들의 협력을 받아, 두루마리들을 안전하게 보관하기 위해서 어딘가에서 그 지역으로 가져왔을 수도 있다.

그러나 드보가 발견한 3개의 잉크병은 적어도 일부 두루마리들이 그곳에서 필사되었음을 시사하고 있다. 골동품 시장에 나타난 몇 개의 잉크병들도 쿰란에서 나온 것이라고 한다(아마도 일꾼들이 훔쳤거나, 원래 출판팀의 일원인 존 알레그로가 골동품 상인으로부터 어떻게든 확보한 것일 것이다). 그렇게 많은 당시의 잉크병들이 나오는 곳을 또 발견하기 어려울 것이다.[8]

1966년 겨울에는 히브리어 도편(글이 새겨진 질그릇 조각)이 쿰란에서 발견되었다. 그것은 하버드의 프랭크 크로스와 히브리 대학교의 에스텔 에셀Esther Eshel에 의해 즉시 해독되었다.[9] 크로스는 그것을 공동체 가입 지원자가 맹세에 따라 제출한 양도증서로 해석하고 있다. 프랭크와 에셀에 의하면, 그것은 그 종파의 신참자가 두루마리들에서 사본들과 관련되어 있는 밀접하게 조직된 집단에 대해 사용하는 말인 '야하드', 즉 '공동체'에 노예와 재산(무화과 나무와 올리브 나무들을 포함한 집)을 기증한 것을 기록하고 있다. 크로스와 에셀의 해석이 옳다면, 이것은 그곳과 두루마리들을 연결시킬 강력한 증거이다. 그러나 그들의 해석은 이미 도전을 받아왔다. 그들은 그들의 해독에 "심각한 반대가 없을 것 같다"고 조심스럽게 말하고 있지만, 그러면서도 그 말을 구성하고 있는 세 개의 히브리 글자 중 한 자(마지막 글자)만이 "확실하다"고 실토하고 있다. 아무튼 아다 야데니Ada Yardeni라는 유명한 이스라엘 학자는 다른 해독법을 제시했다.[10]

여하튼 간에, 쿰란과 같은 비교적 작은 광야의 주거지가 그만큼 많은 책에 해당하는 800개 이상의 두루마리라는 장서를 독점하고 있었다는 것을 나로서는 정말 믿기 어려워 보인다. 그러나 많은 두루마리들이 거기서 발견되었고, 아마 적어도 그만큼 많은 것이 남아 있지 않았을 것이다. 고대에는 이것이 엄청난 장서였을 것이다. 이 장서들이 쿰란 주민들의 영구적인 소유물이었을 것 같지 않다.

남아 있는 필사본들 가운데 나타나 있는 매우 많은 필체도 두루마리들을 쿰란에서 쓰지 않았음을 시사해 주고 있다. 아직 체계적인 연구가 이루어지지 않았으므로, 학자들은 한 개 이상의 두루마리에서 나타나 있는 세 가지 필체만을 확인했다. 이들 세 필체로 쓴 두루마리는 모두 합쳐서 열두 개가 채 안 되었다.[11] 이 숫자는 더 연구를 하면 늘어날 것이 틀림없다. 그러나 그럼에도 불구하고 수백 명의 필경자가 이 문서들을 만들었다는 사실은 이 문서들을 쿰란에서 만들었다는 생각이 잘못되었음을 논박하기 쉽게 한다.

쿰란 주변 지역, 유대 광야는 언제나 사람들의 피난처였고, 보물과 문서들을 숨겨두는 곳이었다. 다윗은 사울 왕의 추격을 받고 이 메마른 광야, 정확하게 말하면 엔 게디로 도망쳤다. 용변을 봐야 했던 사울은 다윗이 숨어있던 바로 그 동굴로 들어갔다. 그러나 다윗은 하느님이 기름을 부어 세운 왕을 죽이고 싶은 마음을 억눌렀다. 그 대신에 자기가 죽이고 싶었으면 죽일 수 있었다는 것을 증명하기 위해 사울이 용변을 보는 동안 그의 겉옷 자락을 잘라내었다(1사무 24). 엔 게디보다 쿰란과 더 가까운 곳에 이른바 보물의 동굴이 있는데, 다윗 시대 이전 수천 년 전에 확인되지 않은 금석金石 병용시대 사람들이 그곳에다 왕관과 홀笏, 기旗를 비롯하여 정교하게 세공을 한 청동 및 상아 제품들을 숨겼다.[12] 다윗 시대가 지나고 오랜 세월이 흐른 후에 제2차 유대인 반란(서기 132~135년) 때의 바르 코크바 Bar Kokhba 전사들은 전시에 주고받은 가장 중요한 문서들 중 일부를 근처에 있는 동굴 속에 남겨두었다.[13] 기원전 4세기에 알렉산더 대왕의 군대를 피해 도망치던 사마리아 피난민들은 예리코 북쪽 와디 달리예에 있는 동굴에 숨었지만, 숨은 곳이 발견되어 동굴 입구에 놓은 불로 질식해 죽었다. 그들이 남긴 해골과 벌레 먹은 문서들이 사해 두루마리를 처음 발견한 부족과 같은 베두인에 의해 1960년대에 발견되었다.[14] 이런 것이 유일한 실례가 아니기에, 다른 곳에서 가져와 이들 동굴에 숨겨놓은 문서들을 발견하는 것이 드문 일이 아니라고 주장하기에 충분하다.

2. 쿰란의 폐허는 아마도 고립된 종교 공동체의 주거지였을 것이다. 이에 대한 가장 설득력 있는 증거는 겉모양이 전혀 우아하지 않은 조잡하고 도색과 장식이 없는 접시들과 사발들이 들어 있는 식품저장실 바로 옆의 그 긴 방(21×4.6미터)이다. 그 방(Locus 77)은 식당이었음에 틀림없다.

그리고 200여 기의 무덤들을 타원형 돌무더기로 분리해서 정성을 들여 표시해 놓은 공동묘지도 있다. 이들 무덤은 거의 예외 없이 똑같은 특징을 갖고 있어서 종교적인 획일성을 확실하게 시사해 주고 있다.

식당과 공동묘지를 어떻게 해석해야 하는가? 아마도 그 식당은 지나가는 여행자들을 위해 거기에 있었을 것이다. 아마도 그 무덤들은 200여 년 동안 그곳 주민들을 위해 필요했을 것이다. 아마도 그것은 그 지역 전체를 위한 공동묘지였을 것이다. 아마도 다른 곳에도 이와 같은 공동묘지가 있었겠지만, 남아 있지 않거나 발견되지 않았을 것이다. 이런 생각들은 추측일 뿐이다. 가장 그럴듯한 설명은 그 식당과 무덤들이 공동체의 주거지임을 암시해 주고 있다는 것이다. 그 주거지역 내에 분명한 주택지역이 없는 사실은 대부분의 주민들이 아마 천막이나 동굴 속에서 살았을 것임을 의미한다. 실제로, 아주 최근의 발굴이 이것을 확인해 주는 것 같다. 천막용 말뚝들에 대한 증거로 보이는 것이 그 근처에서 발견되었고, 주민들이 살았을지도 모르는 동굴에 이르는 작은 길도 있었다.[15] 이런 모든 것이 쿰란이 어떤 종류의 종교 공동체였으며, 그 공동체에 속했던 사람들이 장원 영주의 저택이나 상업적인 화물 통과항 혹은 전원풍 별장 같은 곳이 아니라 수수한 환경 속에서 함께 식사를 했던 곳이었음을 암시해주고 있다.

1997년에는 미국 서부 유타주의 한 사해 두루마리 전시장에서 쿰란에서 나왔다는 독특한 청동 제단을 전시했다. 지금은 어느 개인 수집가가 그 제단을 소장하고 있다.[16]

그 제단은 발굴 당시 예루살렘에 있었던 존 알레그로가 칸도로부터 구입했던 것으로 전시 목록에 올라 있다. 그것은 유례 없이 이상해 보이는 물건으로 아마도 모조품이겠지만, 어쨌든 언급을 하지 않을 수 없다. 만일 그것이 진짜이고 쿰란에서 나온 것이라면, 그것 역시 쿰란이 종교적 주거지였음을 시사하는 것이기 때문이다.

그러나 그곳이 공동생활을 하는 종교단체의 주거지였을 것 같다고

식당에 인접해 있는 식품저장실의 항아리들 ●●●
쿰란의 식당 옆 식품저장실에서 수천 개의 단지와 굽 달린 잔들을 살펴보고 있는 J. T. 밀리크 신부.

해서 그곳을 에세네파와 반드시 동일시하는 것은 아니다. 그곳이 그러한 결론과 일치되고 있지만, 반드시 그런 결론이 나와야 하는 것은 아니다. 결국, 에세네파에 대한 가설은 두루마리들에 의거하지 않을 수 없다.

3. 두루마리들 중 상당수는 쿰란에 주거지가 생긴 초기 철기시대 이후보다 1세기 전에 씌어졌고, 다른 곳에서 가져왔음이 틀림없다. 성서 두루마리들과 같은 것들은 분명히 에세네파 문서가 아니다.

에세네파 가설은 결국 종파의 문서로 확인된, 즉 일관성 있고 신원을 확인할 수 있는 종교적 견해를 반영하고 있는 문서들에 의거하고 있다.

요세푸스와 필로가 에세네파에 대해 기술한 것과 두루마리들이 크고 작은 문제들에서 상당히 일치하고 있는 것이 사실이다. 예를 들면, 요세푸스가 언급하고 있는 침을 뱉는 것을 금지하는 규칙이 그런 것이다. 그러나 명백하게 차이가 나는 것도 있다. 예를 들면, 요세푸스는 에세네 사람들이 재산을 공유한다고 얘기하는 반면에, 다마스쿠스 문서(14.13)에는 각자 매달 2일분 수입을 가난한 사람들과 병자 및 고아들에게 주어야 한다고 되어 있다. 에세네 사람들은 평화를 애호하는 사람들이었던 것으로 여겨지고 있는데, 이른바 전쟁 두루마리에는 격렬한 군사적 대결이 기술되어 있다(제10장 참조). 그들은 노예를 소유하지 않았던 것으로 여겨지고 있는데, 다마스쿠스 문서에는 그들의 노예를 이방인들에게 팔 수 없다고 되어 있다(12.10).

에세네파에 대한 고대의 기록들과 두루마리가 일치하는 것들 중 많은 부분은 다른 많은 유대인 그룹들과 공유하고 있는 특징, 즉 신규 가입절차, 운명의 역할, 숙명론, 금욕주의, 종말론적 견해 등과 관련되어 있다. 고대의 자료들은 별로 알려지지 않은 수많은 유대인 그룹들, 즉 열심당원, 시카리, 최초의 그리스도인, 유대계 그리스도인, 하시딤, 테라페우테, 보에투스파, 그리스인, 헤로데 당원, 반누스의 금욕주의 유대교파, 사마리아 사람 등등에 대해 언급하고 있다. 우리가 전혀 모르고 있고 이름조차 모르는 다른 많은 그룹들이 있었음은 의심할 여지가 없다. 한 랍비의 자료에 의하면, 서기 70년 로마군이 성전을 파괴하기 전에 유대교 내부에 최소한 24개의 이단 그룹이 있었다.[17] 이들 그룹들은 모두가 자기네 그룹이 성서의 진정한 의미를 구현하고 있으며 옛 이스라엘의 진정한 유산을 보존하고 있다고 생각했다. 추측건대 두루마리들을 에세네파의 것으로 인정하게 하는 특징들은 알려져 있거나 혹은 알려져 있지 않은 다른 어떤 유대인 그룹들이 지닌 특징일 수도 있다.

요세푸스나 필로는 물론이고 다른 어떤 고대의 저자도 에세네파가 다른 달력을 사용했고 다른 유대인들과 다른 날에 유대교 휴일을 지켰다는 얘기를 하지 않고 있다. 만일 에세파가 다른 날에 유대교 휴일을 지켰다면, 그것은 엄청나게 중요한 결정적인 특징이었을 것이다. 그러나 에세네파에 대한 고대의 기술들에서 이 같은 단서는 전혀 발견되지 않고 있다. 그런데 두루마리들은 그 종파가 실제로 다른 달력을 가지고 있었음을 매우 분명하게 밝히고 있다. 그것은 유대교의 표준 달력인 음력과는 다른 양력이었다.

게다가, 그 종파의 두루마리들은 그들의 그룹이 에세네파라는 말을 하지 않고 있다.

마지막으로, 우리는 고대의 자료들이나 두루마리들을 해석하면서 내용에 없는 것으로 해석을 하지 않도록 조심해야 한다. 예를 들면, 요세푸스나 두루마리들은 에세네파가 광야에 살았다는 얘기를 하지 않고 있다. 그들은 그들 자신을 다른 유대인들과 분리시켰지만, 예루살렘이나 혹은 그들이 살던 다른 읍을 반드시 떠난 것도 아니었다.

유대교는 이 당시에 심하게 분열되었고, 어떤 유대인 그룹들은 흔적을 남기지 않았다. 우리가 알고 있는 다른 유대인 그룹들은 견해가 서로 상당히 겹쳐져 있었다. 예를 들면, 공동체 규율집과 복음서들은 주님의 길을 닦기 위해 사막으로 들어가는 주제에 관한 이사야서를 다같이 인용하고 있다. 그러나 우리는 이것을 가지고 광야에 공동생활의 보루를 갖고 있던 초기 그리스도인들이 두루마리 공동체에 포함되어 있었다고 결론지을 수 없다.

마틴 굿맨이 이 문제를 다음과 같이 잘 설명했다. "사해 종파는 성서해석, 종말론, [종교적 율법] 할라카, 재계齋戒와 같은 많은 중요한 선입견을 동시대의 다른 유대인들과 공유하고 있었다. 1세기 유대교의 모든 형태들은 결국 모세 오경인 토라에서 나왔고 비슷한 문화적 · 사회적 영향을 받았기 때문에, 서로 비슷하다고 해서 놀랄 일이 아니다.……학자들이 쿰란 종파를 다른 유대인 그룹들과 동일시하게 만든 것에 대한 자세한 설명은 1세기 유대교의 모든 그룹들이 공통 기원을 갖고 있다고 설명하는 것이 가장 그럴듯하다."[18]

그러나, 만일 우리가 사해 두루마리들을 현재 알려져 있는 어느 그룹과 동일시해야 한다면, 에세네파가 가장 가까운 그룹인 것 같다. 언젠가 나는 지금은 고인이 된 히브리 대학교의 요나스 그린필드에게 두루마리들이 에세네가 아니라면 적어도 에세네다운 것이라는 데 동의하느냐고 물었던 적이 있다. 그의 대답은 "글세, 에세네 같은 것이라고 할까요"였다.

존스 홉킨스 대학교의 카일 맥카터는 그 종파의 두루마리들을 에세네파에 귀착시킬 수 있도록 결론짓는 다른 방법으로, 알려져 있는 다른 그룹들을 제외시키는 방법을 제시했다. 예를 들면, 두루마리들의 종말론적 성격은 요세푸스가 언급하고 있는 두 개의 주요 그룹인 바리사이파와 사두가이파를 배제시키고 있다(그렇더라도, 쿰란 종파는 사두가이파와 마찬가지로 사제의 후예였다).[19]

이런 모든 이유에도 불구하고, 두루마리들과 관련지을 그룹을 하나 선택해야 한다면, 나는 에세네파를 선택할 것이다. 그러나 나는 이런 결론을 결코 확신하는 것은 아니다. 일부 학자들이 에세네파 가설에 찬성하면서 약간의 '재고의 여지'를 두는 한 가지 방법은 쿰란 사람들이 고대 저자들이 기술한 에세네파와 똑같지는 않으나 에세네 그룹의 일종이었다는 의견을 제시하는 것이다.

4. 다양한 필체와 문서의 수효를 고려해 볼 때 있음직해 보이는 바

와 같이, 장서를 쿰란으로 가져왔다면, 예루살렘에서 가져왔으리라는 것은 의심할 여지가 별로 없다. 그만한 양의 장서를 보유하고 있었을 예루살렘은 분명히 쿰란에서 하룻길 거리에 있는 곳이었다. 두루마리들을 안전하게 보관하기 위해 동굴로 가져왔을 연대는 필경 로마에 저항한 제1차 유대인 반란으로 예루살렘이 위협받고 있을 때인 서기 66년 이후일 것이다.

시카고 대학교의 노먼 골브는 두루마리들이 사실은 성전의 장서였다고 주장하고 있다.[20] 그러나 문서들 자체가 이런 생각을 명료하게 반박하고 있다. 수집된 문서 중에는 바리사이파나 사두가이파 문서는 단 하나도 없다. 그런데 이들은 두루마리들이 나온 시기에 성전의 사제단을 지배하고 있던 두 개의 가장 눈에 띄는 그룹이었다. 두루마리들은 사실 예루살렘 성전에 대한 반대의사를 자주 표명하고 있다.

나는 장서가 다른 그룹, 아마도 예루살렘의(에세네 문 근처에 살았던) 에세네파에 속했던 것이거나, 아니면 아마도 우리가 확인할 수 없는 어떤 다른 그룹에 속했던 것으로 믿고 있다.

다른 여러 가지 가능성이 있는 것을 부인할 수 없다. 그러나 정말 설득력이 있는 것은 하나도 없다. 우리는 추측만 하고 있을 뿐이다. 아무도 정정당당하게 말할 수 없다. 불확실성은 아마도 새로운 증거가 나타날 때까지 계속될 것이다.

제 9 장

유대교 성서를 음해하는 것

사해 두루마리들에는 지금까지 발견된 가장 오래된 성서 사본들이 포함되어 있다. 두루마리들 가운데에서 약 200가지 다른 성서 필사본들을 확인했다. 가장 오래된 것은 기원전 3세기 중반 것이었고 가장 늦은 시기의 것은 서기 1세기 중반 것이었다. 가장 늦게 쓴 히브리 성서인 다니엘서에서 나온 한 쿰란 조각은 연대가 성서를 쓴 지 겨우 50년 후인 기원전 2세기 후반으로, 지금까지 발견된 다른 어떤 히브리 성서 사본보다도 원본의 연대와 가깝다.

그러나 두루마리들과 성서 사본의 관계에 대한 문제는 흔히 무시되고 있다. 첫째는, 조각난 성서 사본들은 전에 알려지지 않은 사본들보다 훨씬 더 쉽게 재구성할 수 있다. 왜냐하면 완전한 성서 사본들이 일종의 원형原型 구실을 하여 조각난 성서 두루마리들 중에 없어진 부분들을 거기에 따라 맞출 수 있기 때문이다.

사해 두루마리들 가운데 있는 성서 사본들은 현존하는 가장 오래된 히브리 성서보다 1천년이나 더 오래된 것이다. 그런데도 그 사본들은 현대의 사본들이 대체로 놀랄 만큼 정확하다는 것을 나타내 보여주고 있다. 그럼에도 불구하고, 사해 두루마리의 성서 사본과 비교해본 결과, 새로운 성서 번역판에 비교적 작은—일부는 작지 않은—변화가 있었음이 밝혀졌다.

한번은 하나의 절 전체를 쿰란 필사본의 사무엘기 상권 11장 첫머리에서 되찾아 복원한 경우가 있었다. 암몬 왕 나하스가 이스라엘의 도시 야베스 길르앗을 포위한 이야기를 하고 있는 부분이었다. 표준 히브리 사본은 이 암몬 왕이 공격한 이유를 말하지 않고 그가 이스라엘 사람들에게 요구한 항복조건만을 밝히고 있다. 나하스의 조건은 가혹한 것이었다. 그는 이스라엘 남자들의 오른쪽 눈알을 후벼내는 것에 동의해 주기만 한다면 포위를 풀고 살려주겠다고 했다. 이런 잔인한 조건을 내건 이유는 설명하지 않고 있다. 사해 두루마리들 가운데에서 발견된 사무엘서의 히브리어 사본은 조각난 것이지만, 암몬 왕 나하스가 야베스 길르앗을 공격하기로 결심한 이유와 죽이지 않고 그처럼 잔인한 항복조건을 내건 이유를 설명하고 있다.

암몬은 요르단 강 동쪽 르우벤과 가드라는 이스라엘 부족에게 할당된 땅에 있다. 나하스는 이 땅을 그의 것이라고 생각했다. 쿰란에서 나온 추가된 자료는 그가 이스라엘 주민들을 반역자로 보았다고 설명하고 있다. 반역자에게는 눈을 멀게 하는 것이 고대의 기본적인 형벌이었다.[1] 쿰란 사본에 의하면, 나하스는 이스라엘로부터 그의 땅을 탈환하자 이 같은 전통적인 형벌을 부과했던 것이다. 오른쪽 눈만을 빼내는 것이 이스라엘 사람들을 사실상 장님이 되게 하지는 않더라도, 그러한 장애는 전투에서 무능력한 전사가 되게 할 것이었다. 거리 감각이 없는 검객, 궁수와 투석병사는 군사적으로 큰 위협이 되지 않을 것이었다.

쿰란 사본에 의하면, 이스라엘 사람 7천 명이 나하스를 피해 요르단 강을 건너 서쪽으로 도망하여 야베스 길르앗으로 갔으나, 나하스가 그들을 쫓아와 공격하면서 요르단 강 동쪽의 이스라엘 동포에게 부과했던 것과 같은 형벌을 부과하려고 했다.

이스라엘의 초대 군주인 사울 왕은 야베스 길르앗에 대한 공격과 나하스의 야만스러운 조건에 관한 소식을 듣자, 다른 이스라엘 부족들을 소집하여 야베스 길르앗의 포위망을 성공적으로 풀었다. 그래서 그의 초기 군주정체가 확고하게 인정받게 되었고 결국은 암몬의 운명도 봉쇄되었다.

이 구절은 학자들이 'homeoteleuton', 즉 유사문두類似文頭 또는 유사문미類似文尾의 우연한 생략이라고 부르는 착각으로 인해 히브리 성서 사본에서 빠졌을지도 모른다. 어떤 단어의 겉모양을 본 필경자의 눈이 뒤에 나오는 겉모양이 똑같이 생긴 단어로 뛰어넘어 가는 이 착각은 두 단어 사이의 모든 것을 빠뜨리게 한다. 나하스라는 이름은 빠진 구절의 첫 단어일 뿐만 아니라 11장의 첫머리에도 나온다(우리는 이제 이 빠진 구절을 11장의 첫머리나 혹은 10장의 끄트머리에 넣을 수 있다). 표준 히브리 사본에서 11장은 "그러자 나하스는……"하며 시작된다. 고대 필경자는 빠진 구절에 있는 '나하스'를 쓰고 나서 눈을 들어 그가 필사하고 있던 본문으로 눈을 돌렸지만, 다음 구절에서 두 번째 나오는 '나하스'에 눈길을 줌으로써 그 사이에 있는 모든 것을 빠뜨려 버렸을지도 모른다.[2] 그리고 나서 그 틀린 사본은 거듭거듭 그대로 필사되어오다 마침내 표준 히브리 사본의 일부가 되기에 이르렀다.

개신교에서 일반적으로 사용하고 있는 성서 번역본인 신개역 표준성서는 이 틀린 구절을 사무엘기 상권 10장 끄트머리에 이미 포함시켰다. 이 번역본에서 부수되는 절 번호가 없는 이 구절은 다음과 같이 기록되어 있다. "이제 암몬족의 왕 나하스는 가드 사람들과 르우벤 사람들을 가혹하게 박해하고 있었다. 그는 모든 사람의 오른쪽 눈알을 빼고 이스라엘에는 한 사람도 인도하지 않았다. 요르단 강 건너 이스라엘 사람들 중에는 암몬족 왕 나하스가 오른쪽 눈을 빼지 않았던 사람은 하나

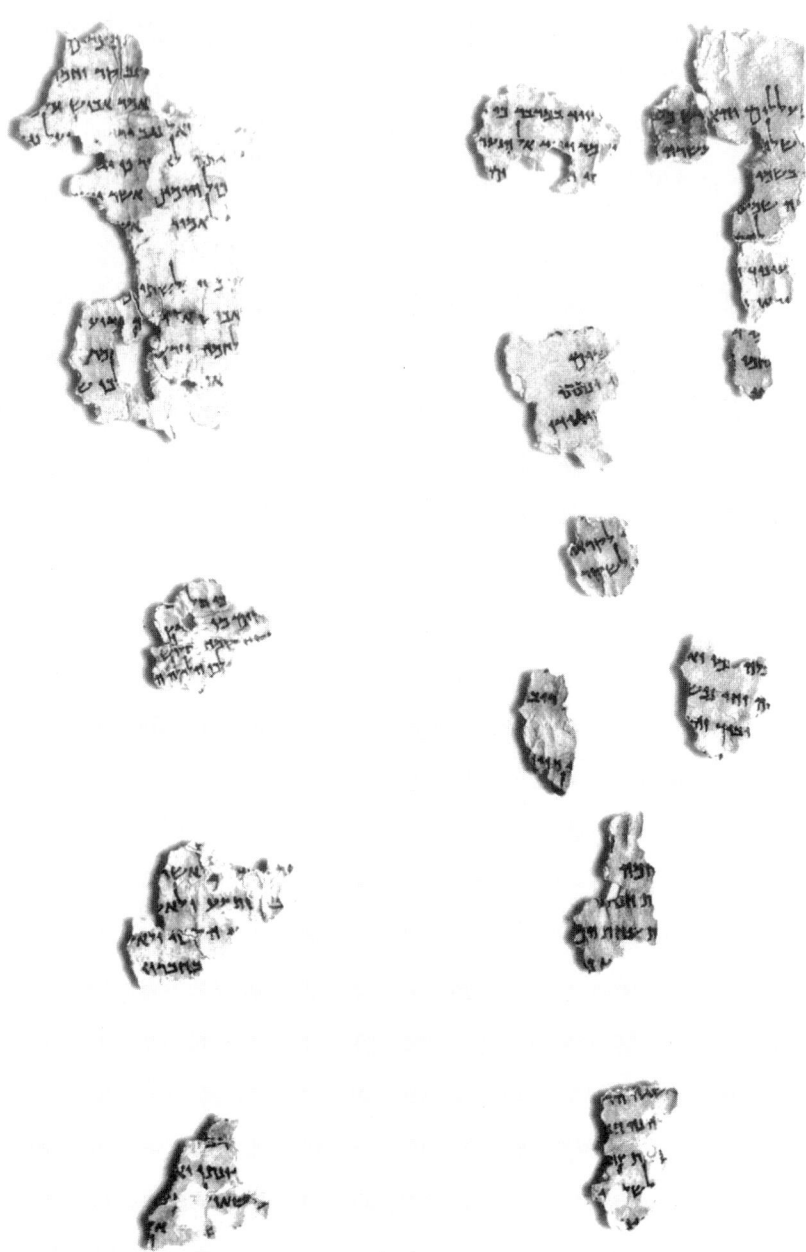

사무엘기에서 나온 히브리어 파편 ●●●
사무엘서에서 나온 이 조각은 마소라 사본(MT)보다는 그리스어 70인역 성서(LXX)와 일치하고 있으며, LXX 번역본이 표준 MT의 이본인 히브리 사본을 사용했음을 보여주고 있다.

도 없었다. 그러나 7천 명은 암몬족으로부터 도망하여 야베스 길르앗으로 들어갔다."

그리고 나서 다음 장은 이렇게 시작된다. "한 달쯤 지나 암몬 사람 나하스가 야베스 길르앗으로 올라와 포위 공격했다……" 각주에서는 마소라 사본, 즉 MT로 알려진 권위 있는 랍비의 사본은 이 문장의 첫 번째 네 단어를 빠뜨렸다고 말하고 있다.

쿰란 사본이 발견되기 전에도, 학자들은 여기에 무언가 빠졌을 것이라는 생각을 할 수 있었다. 히브리 성서(MT)에서 나하스가 처음으로 언급되었을 때는 "암몬 사람 나하스"라고만 소개되었다. 이것은 왕에 대해 처음 언급할 때 쓰는 일반적인 형식이 아니었다. 사무엘기와 열왕기 네 권에서는 통치하고 있는 외국의 왕을 소개할 때마다 "Y의 왕 X"[3]라 하고 있다.

쿰란 사본에서 나온 잃어버린 구절을 추가함으로써, 나하스가 처음 언급될 때 당연히 왕으로 확인되고 있다. "암몬족의 왕 나하스"(문자 그대로 암몬 후손들의 왕)라는 말은 쿰란에서 나온 구절이 원래 히브리 사본의 일부임을 강력히 증거하고 있다.

이것이 히브리 사본에서 빠뜨린 일부였다는 또 하나의 단서는 나하스가 야베스 길르앗을 공격하게 된 배경을 얘기하고 있는 요세푸스의 기술에서 나온다. 그 기술에는 나하스가 자신의 통치에 '반항'해온 요르단 강 동쪽 이스라엘 사람들의 오른쪽 눈을 뺐다는 사실이 포함되어 있다. 당시에 나하스는 아마 도망쳤을 길르앗 사람들을 요르단 강 서쪽으로 추격해 들어가 야베스 길르앗에서 그들을 공격했을 것이다. 거기서 나하스가 그들의 오른쪽 눈을 빼는 것이 포함된 항복조건을 제시했다고 요세푸스는 쓰고 있다. 요세푸스에 의하면, "육체의 작은 부분을 잘라낼 것인지 아니면 완전히 사멸할 것인지는 그들이 선택할 문제였다." 분명히 성서를 베낀 요세푸스의 글에는 쿰란에서 되찾아낸 없어진 구절이 포함되어 있다. 이 사실은 새로 발견된 구절이 실제로 원본은 아니더라도 더 오래된 성서 사본의 일부였음을 확인하는 데 도움이 되고 있다.[4]

10세기 때, 갈릴래아 호숫가 티베리아에서 활동하던 마소라 학파로 알려진 유대교 전통주의 학자들이 자음으로 표기된 성서에 모음을 첨가하고 여러 가지 주석을 붙여서 히브리 성서의 공식 사본이 된 것을 만들어냈다. 그렇게 해서 나온 것이 마소라 사본(MT), 즉 지금의 표준 히브리 성서였다.

현존하는 MT의 가장 오래된 사본은 연대가 10세기로 거슬러올라가는 유명한 알레포 코덱스(사본)이며, 서기 약 1400년 이후 알레포 회당에서 보관해 왔는데, 관리인은 그것을 현대 학자들에게 보여주기를 거부해 왔었다.[5] 1947년에, 미쳐 날뛰던 시리아의 폭도들이 국제연합의 팔레스타인 분할 결정에 항의하기 위해 알레포 회당에 불을 질렀을 때, 알레포 코덱스 일부가 불에 탔다. 그러나 나머지는 어떻게 해서 구해냈고 몇 년 뒤에는 시리아에서 이스라엘로 밀반출되었다.[6] 그래서 지금은 380장 중에서 남은 294장이 예루살렘의 히브리 대학교 도서관에 보관되어 있다.

알레포 코덱스를 이용할 수 없었기 때문에, 현대 학자들은 대부분 알레포 코덱스보다 약 1세기 뒤에 나온 히브리 성서에 의존해 왔다. 서기 약 1005년에 나온 레닌그라드 코덱스는 본문이 알레포 코덱스와 매우 비슷하고, 알레포 코덱스나 혹은 그와 매우 유사한 다른 필사본에 따라 수정된 흔적까지 보여주고 있다. 레닌그라드 코덱스는 상트페테르부르크의 국립 도서관에 보관되어 있다. 이 코덱스는 수세기 동안 잔존해

온 MT의 가장 오래된 완질본이다. 이런 점에서, 이 코덱스는 '비블리아 헤브라이카(BH)'로 알려져 있는 유명한 히브리어 성서 비평집의 기본 텍스트가 되어 있다. BH는 지금 5판을 낼 준비를 하고 있다.[7]

BH는 각 판마다 여러 가지 다른 필사본들에 나타나 있는 엄청나게 많은 차이점들을 열거하는 정교한 학문적 자료를 수록해 놓고 있다. 그 가운데에서 편집자들은 그들의 텍스트에 넣을 어느 문장을 선택한다.

초기 히브리어 필사본들이 가장 훌륭한 해석을 결정해 주는 유일한 근거는 아니다. 기원전 3세기에 이미 토라, 즉 모세 오경이 알렉산드리아에 살면서 그리스말을 하는 유대인들을 위해 히브리어에서 그리스어로 번역되었다. 그 후 곧 나머지 히브리어 성서들도 그리스어로 번역되었다. 아리스테아스의 편지로 알려진 한 문서에 의하면, 프톨레마이오스 2세(필라델포스)는 그의 알렉산드리아 도서관을 위해 번역을 명령했다. 그러나 이것은 아마도 알렉산드리아의 유대인들이 요구했을 것이다. 아리스테아스의 편지에는 이어 예루살렘의 대사제가 번역을 할 학자를 각 부족에서 6명씩 72명을 파견했고, 그 학자들은 72일 만에 모세 오경에 대한 번역작업을 완료했다고 되어 있다. 알렉산드리아에 살았던 유대인 철학자 필로가 자세히 전하는 전설에 의하면, 72명의 학자들은 따로따로 번역을 했지만, 각자가 똑같은 필사본을 만들어냈다고 한다. 그들의 노작은 '70인역譯 성서(요약해서 LXX)'로 알려져 있다.

현존하는 70인역 성서 사본들은 가장 오래된 마소라 사본들인 알레포 사본과 레닌그라드 사본보다 훨씬 더 오래된 것이다. 연대가 4~5세기로 거슬러 올라가는 가장 유명한 LXX 사본 세 가지는 현재 영국 도서관에 있는 시나이 사본과 알렉산드리아 사본, 그리고 바티칸 도서관에 있는 바티칸 사본이다.

그러나 70인역 성서 필사본을 기본 히브리 사본의 출처로 보는 것

레닌그라드 코덱스 ●●●
연대가 서기 약 1005년으로 추정되는 레닌그라드 사본은 성서 마소라 텍스트(MT)의 가장 오래된 완질본이다.

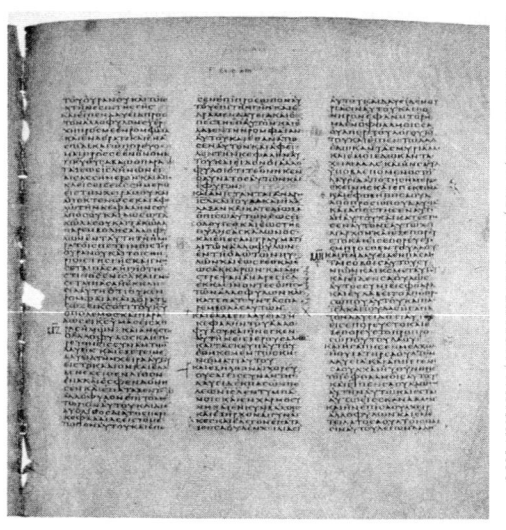

바티칸 코덱스 ●●●
4~5세기에 나온 3단으로 된 바티칸 사본은 70인역 성서의 가장 오래된 사본 중 하나이다.

은 여전히 믿기 어려웠다. 무엇보다도 70인역 성서는 번역본이고, 마소라 사본과 차이가 나는 것이 번역에 기인하는 것인지 아니면 그리스어 사본의 번역 대본인 히브리어 사본에 기인하는 것인지 흔히 분명하지 않다. 또한 70인역 성서와 마소라 사본 사이에는 상당히 큰 차이가 있다. 예를 들면, 70인역의 예레미야서는 거의 20% 정도 더 길다. 하긴 이것은 그리스어 사본이 작성되어 유포된 후에 2차로 추가된 것일지도 모른다. 70인역 에스테르기에는 학자들이 부록이라 부르는 일련의 긴 이야기가 포함되어 있다. 70인역은 창세기에서 아담과 노아 사이에 한 세대를 추가하고 있다. 그리고 마소라 사본에는 없는 시편도 한 편 실려 있다.

그리스어 번역판은 또한 히브리어 성서에 포함되어 있지 않은 유딧, 토비트, 솔로몬의 지혜서 및 집회서와 같은 외경들을 모두 포함시켰다(로마 가톨릭 교회는 정경의 근거를 그리스어 번역판에 두고 있으므로, 이 책들이 가톨릭 교회의 정경의 일부이지만 제2경전이라 불리고 있다).[8]

마소라 사본과 70인역 성서 이외에, 세 번째 경향의 필사본은 사마리아 공동체가 간직해왔다. 그들에게는 모세 오경만이 정경이었다. 사마리아 사람들의 오경은 마소라 사본의 오경과 매우 비슷하여, 서로 다른 곳이 6천 곳뿐이다![9] 사마리아의 오경은 일반적으로 본문의 근거가 무시당해 왔다. 왜냐하면 그것이 시기적으로 뒤늦은 것이고 2차적인 것이며 게다가 더욱 중요한 것은 사마리아의 신학을 반영하기 위해 바꾼 것이어서 차이가 난다고 흔히 생각하기 때문이었다. 17세기 이후, 학자들은 사마리아 오경 중 약간 다른 탈출기(출애굽기)에 대해 알고 있었다. 그러나 본문 비평 목적에 대수롭지 않다고 여겨 대개 무시해버렸다. 그랬는데, 쿰란에서 바빌론 유배 전에 사용했던 고대 히브리 필사본 중에서 사본 하나가 발굴되었다.[10]

그 사본은 사마리아 사람들이 오늘날까지 그들의 거룩한 문서로 (수정한 형태로) 보관해온 사본과 똑같은 필사본이었다. 쿰란의 탈출기 필사본은 사마리아 탈출기를 충실히 따르고 있으며,[11] 시대가 바뀌면서 두 가지 탈출기가 유대교에 유포되고 있었음이 이제 확인되고 있다. 하나는 原사마리아 사본이었고 다른 하나는 原마소라 사본이었다.

사해 두루마리가 발견되기까지는, 학자들은 마소라 사본과 70인역 성서 그리고 사마리아 오경, 이 세 가지 경향의 필사본만으로 히브리 성서의 기본 텍스트를 정해야 했다. 사실, 신약성서(그리스어 성서)와 랍비의 문헌에 성서(오경)에서 따온 인용구들이 상당수 있었지만, 그런 인용구들이 그다지 도움이 되지 않았다. 출처가 분명하지 않아 본문 해석이 종종 막혀버렸다. 예를 들어, 약 1900군데가 바뀐 곳에서 흔한 일이지만, 70인역 성서와 사마리아 오경이 정확하게 똑같이 마소라 사본과 다르게 바뀌어 있을 때는 어떤 선택을 해야 했겠는가?

이처럼 제한된 후기의 출처를 가지고서는, 초기에 본문이 발전해온 과정을 밝히거나 심지어 여러 가지 필사본의 전통이 지닌 상호관계를 이해하는 것이 불가능하지는 않지만 역시 매우 어려웠다.

쿰란에서 나온 두루마리들은 이러한 문제들에 접근할 수 있는 근거 자료들을 풍부히 제공해 주고 있다. 사해 두루마리들 중에서 대략 4분의 1이 성서 필사본들이며, 에스테르기를 제외한 모든 히브리 성서 조각들이 포함되어 있다.[12]

그리스어 70인역 성서가 번역한 것이긴 하지만, 거기에 좀 더 많은 권위를 부여하는 한 가지 결과가 나왔다. 사해 두루마리들에서 나온 히브리 성서 조각들에 의해서, 70인역 성서와 마소라 사본 사이의 차이는 흔히 70인역 성서가 번역판이라는 사실에 기인하는 것이 아니라, 번역을 한 사람들이 약간 다른 히브리 기본 텍스트를 가지고 작업을 한 사실에 기인한다는 것이 드러나고 있다. 이것이 사실상 70인역 성서에 대한 신뢰도를 높여주고 있다(정도는 약하지만, 똑같은 상황이 사마리아 오경에도 적용되고 있다). 표준 히브리 성서 공인 본문과 70인역 성서 사이에 차이가 있을 때, 학자들은 이제 70인역 성서에 있는 것을 받아들이는 경향이 더 많아졌다. 그렇지 않으면 그들은 쿰란 텍스트나 사마리아 오경에서만 발견되는 다른 것을 선호할 수도 있다. 두루마리 편집장인 히브리 대학교의 에마누엘 토브는 한마디로 이렇게 쓰고 있다. 쿰란에서 나온 성서 본문들은 "우리에게 마소라 사본을 더 이상 본문에 대한 사고의 중심에 두지 말도록 가르쳐 주었다."13

특별히 극적인 하나의 실례가 신명기 32장에서 모세의 입을 통해 말하는 유명한 시에 포함되어 있다. 이 시에서 그는 주님이 민족들에게 땅을 나누어주시면서 백성들의 경계를 정해주셨던 '아득한 옛날'을 회상하고 있다. 마소라 사본에서는, 이 경계를 '이스라엘의 아들들'(히브리어로 b'nai yisrael)에 따라 정했다. "지존하신 분께서 민족들에게 상속 재산을 나누어주실 때, 사람들을 갈라놓으실 때, 이스라엘의 아들들의 수에 따라 민족들의 경계를 정하셨다"(신명기 32:8). 그러나 민족들의 경계가 정해졌을 당시와 모세가 이스라엘 사람들이 약속의 땅에 도착하기 전에 여기서 이스라엘의 자손들에게 말을 하고 있는 그 당시에는 이스라엘이 없었다. 그들은 여전히 사막에서 헤매고 있었다. 그러므로 '아득한 옛날'은 이스라엘이 존재하기 훨씬 전이었다. 70인역 성서는 이 점에서 상당히 다르다. 이 성서는 '이스라엘의 아들들'이라 하지 않고 '하느님의 아들들'(그리스어로 huioi tou theou)이라고 말하고 있다. 이렇게 말하는 것이 더 이치에 맞지만, 다신교 냄새가 난다. 즉 세상의 모든 민족은 각각 어떤 신의 아들에게 할당되어 있어, 그모스는 모압 사람들이 숭배하고, 코스는 에돔 사람들이, 밀곰은 암몬 사람들이, 바알은

가나안 사람들이 숭배하는 등으로 되어 있다. 한편 야훼*는 당신의 선택된 백성인 이스라엘 사람들을 돌보고 있다.[14]

히브리 성서가 작성될 당시의 원문과 10~11세기에 나온 가장 오래된 잔존 사본 사이에 아마 언젠가 '하느님의 아들들'이라는 어리둥절하게 하는 말을 삭제한 변화가 있었는가? 아니면, 초기의 히브리어 사본을 그리스어 번역본보다 더 선호하게 되어 있는가?

시나이 사막에서 북쪽으로 멀리 떨어져 있는 쿤틸러트 아쥬드(히브리어로 Horvat Teman)는 일종의 예배당이 있던 옛 여행자들의 중간 휴식처로 최근 여기에서 그림과 글씨가 새겨진 기원전 약 800년의 큰 저장용 항아리 몇 개가 발견되었다. 항아리들 중 하나에는 "숌론(사마리아)의 야훼와 그의 아세라"라는 글귀가 새겨져 있고, 다른 하나에는 "테만의 야훼와 그의 아세라"라는 글귀가 새겨져 있다. 몇몇 학자들은 아세라가 어떤 나무나 혹은 다른 어떤 숭배의 상징물을 가리킨다고 주장하지만, 대부분은 아세라가 어떤 특정한 이교도 여신을 가리킨다는 것에 동의하고 있다. 그림들 중 하나에는 야훼와 그의 배우자가 그려져 있는지도 모른다. 하지만 이것은 더 많은 논쟁거리이다.[15]

이스라엘 중심부에 더 가까운, 헤브론에서 서쪽으로 불과 12킬로미터 떨어진 길벳 엘−콤이라는 곳에서 발견된 같은 시대에 새겨진 한 글귀에는 "나의 수호자이신 야훼와 그의 아세라의 축복을 받아라"라고 되어 있다.[16]

야훼에게 배우자가 있었다면, 자녀들은 왜 없겠는가? 대부분의 학자들이 이스라엘의 종교사에서 일신교는 비교적 늦게 발전되었다는 데 동의하고 있다. 이스라엘에서 손꼽히는 고고학자인 암논 벤−토르 Amnon

---

*야훼는 히브리어 4자음 문자 YHWH로 구성되어 있는 이스라엘 하느님의 이름이다.

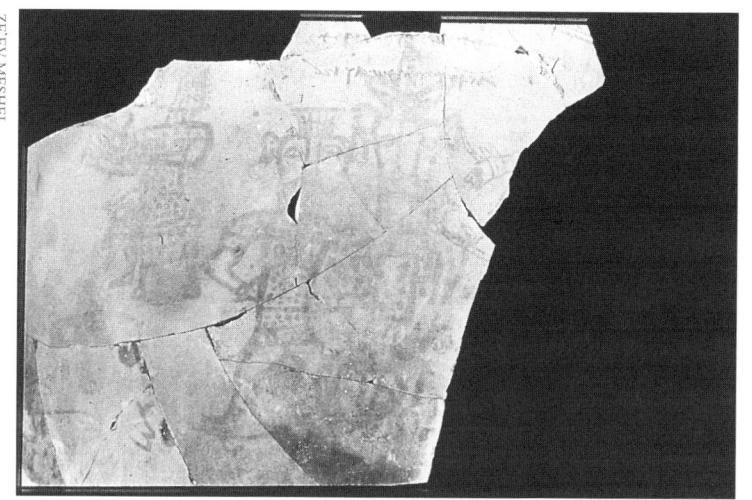

쿤틸러트 아쥐드에서 발견된 곡식을 담아두는 항아리, 즉 저장용 항아리에 새겨진 글과 그림 ●●●
새겨진 글은 야훼와 아세라를 언급하고 있다. 일부 학자들은 야훼와 그의 배우자가 그려진 그림이라고 믿고 있다.

Ben-Tor는 언젠가 나한테 "야훼는 [당신의 독점권을 확보하면서] 처음에는 매우 많은 어려움을 겪었다"는 말을 한 적이 있다. "너희는 내 앞에서 [혹은 나 이외에] 다른 신을 모시지 못한다"고 한 첫 번째 계명은 야훼가 유일한 신이라는 뜻인가, 아니면 텍스트가 암시하는 대로 야훼가 우두머리 신이라는 뜻인가? 높이 평가받는 하퍼콜린스 성서사전에는 "이 계명은 다른 신의 존재를 부인하지 않는다. 그러나 이 계명은 이스라엘이 자신의 하느님에게 모든 충성을 다 바칠 것을 요구하고 있다"고 설명하고 있다.[17]

그러므로 '하느님의 아들들'이라고 한 70인역 성서가 비록 번역판이긴 하지만, '이스라엘의 아들들'이라고 한 히브리 성서보다 더 좋은 텍스트라고 강하게 주장할 수 있다.

한편, 히브리 성서는 창세기 6장 첫머리에서 '하느님의 아들들' *b'nai ha-elohim*이 사람의 아리따운 딸들을 보고 그들과 잠자리를 같이하여 거인족을 낳는다는 구절에서처럼 '하느님의 아들들'이라고 말해야 할 때는 분명히 그렇게 말하고 있다. '하느님의 아들들'이란 문구는 성서 중 다른 데서도, 특히 욥기와 시편에서도 나타나고 있다. 욥기 38장 7절에서, '하느님의 아들들' *b'nai ha-elohim*은 세상이 창조되는 장관을 보기 위해 분명히 그 자리에 있었기 때문에, 기뻐서 환성을 질렀다.

그러므로 히브리 성서 저자들은 그들이 하고자 할 때는 주저 없이 하느님의 아들들이라고 했다.

이런 것들이 사해 두루마리들이 발견되기 전에 있었던 찬성과 반대의 쟁점들이었다. 그 논쟁은 이제 쿰란 4번 동굴에서 발견된 조그마한 가죽 조각에 의해 해결되었다. 신명기 32장 두루마리에서 나온 그 조각에는 '하느님의 아들들'이라는 매우 중요한 말이 포함되어 있다. 따라서 기원이 바뀔 즈음부터 그 중요한 구절에서 '이스라엘의 아들들'이라

신명기 32장 8절의 조각
4번 동굴에서 나온 이 작은 가죽 조각에는 신명기 32장 8절에 있는 '하느님의 아들들'이라는 매우 중요한 말이 포함되어 있다.

하지 않고 '하느님의 아들들'이라고 했던 히브리어 신명기가 있었던 것이다. 분명히 그것은 나중에 마소라 사본에서 바뀐 원본이었다.

이제 우리가 알고 있는 바와 같이, 원본은 그것이 수정되면서 잃어버린 힘을 갖고 있다. 원래의 명확한 표현에서는, 야훼는 당신의 몫으로 이스라엘을 선택했고, 반면에 다른 시시한 신들은 다른 민족들에게 할당되었다.

새 예루살렘 성서와 새 영어 성서 및 새 미국 성서는 다른 번역판 가운데에서도 특히 신명기 32장 8절에서 '하느님의 아들들'이란 어구를 사용하고 있다. 반면에 새 유대 출판협회의 번역판은 '하느님의 아들들'이란 표현도 채택하지 않고 '이스라엘의 아들들'이란 표현도 채택하지 않음으로써 문제를 비켜가고 있다. "[지존하신 분]은 이스라엘의 수효와 비교하여 민족들의 경계를 정하셨다"고 얼버무리고 있다. 다른 번역판들은 이 구절과 창세기 6장 2절에서처럼 '하느님의 아들들'을 언급하는 다른 구절에서 다른 완곡한 표현을 쓰고 있다. 새 미국 성서는 '하늘의 아들들'이라 하고 있다. 새 유대 출판협회 번역판은 '신적인 존재들'이라 하고는 다른 사람들은 이 말을 '하느님의 아들'이라고 번역한다는 각주를 달아놓고 있다.

마지막으로 한 가지 실례는 쿰란 두루마리들이 성서 본문 비평에 미친 영향을 예증해주고 있다. 이 실례는 계약의 궤를 예루살렘으로 모셔오는 다윗 왕에 대해 기술하고 있는 사무엘기 하권 6장에 있다. 행렬을 선도하면서 다윗은 군중들 앞에서 앞치마나 허리에 두르는 겉옷 같은 아마포 에폿만을 허리에 매고 알몸을 드러내며 덩실덩실 춤을 추고 있다. 다윗의 아내 미갈은 이 같은 천한 행동을 보고 그를 '경멸'했다. 미갈은 빈정거리는 말투로 그를 맞이한다. "오늘 이스라엘의 임금으로서 체통이 참 볼만하더군요. 건달처럼 신하들의 여편네들이 보는 앞에서 몸을 온통 드러내시다니!"

다윗은 이렇게 대꾸한다. "나는 주님 앞에서 춤을 출 것이고 이번보다도 더 경망히 굴 것이며, 내가 보기에도 천하게 될 것이오. 그러나 당신이 말한 저 여편네들은 나를 더욱 우러러볼 것이오."

이 반#공식적인 유대 번역판(가장 최근의 유대 출판협회에서 나온 번역판)은 마소라 사본에 근거를 두고 있다. 그러나 각주에서 마소라 사본에서 '내가 보기에'로 해석하는 것을 70인역 성서는 '당신이 보기에'로 해석한다는 설명을 하고 있다. 마소라 사본('내가 보기에 천하게')보다는 70인역의 ('당신이 보기에 천하게'라는) 해석이 더 나은 해석으로 이치에 맞는 것 같다. 많은 다른 영어 번역판, 예를 들면 새 미국 성서, 새 예루살렘 성서, 개역 영어성서 등은 모두 "내가 보기에"가 아닌 "당신이 보기에"로 해석하고 있다. 쿰란 사본들이 70인역 성서에 더 많은 신뢰도를 부여해온 것을 고려하여, 성서 본문 비평가들은 이제 70인역 성서가 본문의 이런 점에서 더 나은 성서라는 것을 확신할 수 있게 되었다.

쿰란에서 나온 200개 이상의 필사본들은 거의 모두가—여기 한 조각 저기 한 조각으로—조각난 것들이다. 그럼에도 불구하고, 그 자료들은 전집 속에 포함되어 있는 여러 가지 성서 필사본(학자들의 전문용어로 사본형태)들을 분석하기에 충분하다. 프랭크 크로스는 성서 두루마리들을 다음과 같이 마소라 사본 전통과 가장 가깝게 닮아 보이는 것, 70인역 그리스어 성서와 닮은 것(우리는 지금 이 성서의 히브리어 기본 텍스트 중 일부를 갖고 있다), 그리고 사마리아 전통과 닮은 것의 세 종류로 나누었다. 이들 필사본 전통 안에서도 제각각 차이점이 있지만, 이는 일반적으로 각각 원마소라, 원(原)70인역, 원사마리아로 볼 수 있다. 크로스는 세 가지 사본 형태의 기원을 서로 다른 장소에서 찾는다. 원마소라는 바빌로니아에서 발전했고, 원70인역은 이집트에서, 원사마리아는 팔레스타인에서 발전했다. 그러나 사해 두루마리들의 성서 필사본들 중 일부는 이들 범주 중 어느 것에도 넣을 수가 없다.

크로스가 성서 사본들을 세 가지로 분류한 것에 대해, 또 한 사람의 위대한 사해 두루마리 학자이며 두루마리 출판팀의 편집장인 히브리 대학교의 에마누엘 토브가 이의를 제기해왔다. 그는 "대부분의 [성서] 사본들은 독특하며",[18] "그것들은 본문과 언어 혹은 필체의 주요한 특성들을 아무것도 공유하고 있지 않다"[19]고 말한다. 크로스가 지적하는 바와 같이 "[토브]는 계통, 어족, 형태라는 말을 조심스럽게 피하고 있다."[20] 크로스는 토브와 자신의 차이를 '세분파'와 '응집파' 사이의 차이라고 말하고 있다.[21] 진화생물학에서, 세분파는 모든 개체에서 새로운 종을 본다. 응집파는 작은 변종들을 하나의 종으로 묶는다. 크로스는 이렇게 말한다. "토브는 세분파이고 나는 응집파이다."[22]

누가 옳든, 한 가지는 분명하다. 쿰란에서는 다양한 텍스트를 받아들였다는 것이다.

토브는 성서 사본들이 쿰란에서 씌어진 것으로 확인했으며 이 사본들이 성서의 철자와 언어를 현대화하는 경향이 있다고 믿고 있다. 토브는 이것이 "성서 사본에 자유로이 접근"할 수 있게 한다고 말한다.[23] 놀랍게도, 특히 쿰란 사람들의 엄격한 종교적 규칙을 감안해 볼 때, 이들 필사본에는 부주의로 틀린 것들과 조잡한 글씨, 말끔하지 못한 수정 등이 많이 포함되어 있다.[24] 분명히, 필경자들은 사본을 정확하게 전달하는 일이 신성한 일임을 깊이 인식하지 못하고 있었다.[25] 사해 두루마리들 가운데 성서 사본에 대해 책임을 졌던 누군가가 사본이 표준화되지 않은 것에 관심을 가지지 않았던 것이 분명하다. 성서 사본이 성서 사본으로 표준화되지 않았을 때 우리도 한동안 그랬다.

성서에는 흔히 성서 자체의 이견이 포함되어 있다. 세부적인 것들뿐만 아니라 큰 문제들에서도 어쨌든 달리 바뀐 것들이 있다. 예를 들면, 신명기는 그 이름이 암시하는 바와 같이, 두 번째로 얘기하는 율법이다. 그리고 여러 가지 면에서 앞서 나온 책들에서 규정했던 것들과는 다른 얘기를 하고 있다. 그래서 우리는 신명기 5장에서 되풀이된 십계명이 탈출기 20장에서 처음 얘기한 것과는 상당히 바뀐 것이 있음을 발견한다.

성서는 역대기 두 권에서 또 하나의 개작된 역사를 소개하고 있다. 역대기 역시 아담으로 시작하지만, 그 견해는 전에 가졌던 것과는 다르다. 예를 들면, 과거에 단죄받았던 왕들을 찬양하고, 과거에 찬양받았던 왕들을 단죄하고 있다. 사무엘기와 열왕기 같은 더 일찍 나온 책들에서는, 다윗David의 철자가 모음이 없는 3개의 히브리 글자로 되어 있다. 역대기에는(그리고 나중에 나온 일부 예언서들에는) 철자가 4개의 히브리 글자로 되어 있다. 즉 마지막 d 앞에다 모음(y)을 하나 삽입하여 정확한 발음을 표시하고 있다. 누군가 이런 책들을 정경에 포함시키기로 결정한 사람은 이러한 변화를 아주 기꺼이 수용했다.

더 많은 개작된 성서상의 역사가 외경인 희년서에 실려 있는데, 여러 개의 사본이 쿰란에서 발견되었으며, 흔히 '다시 쓴 성서'에 대한 하나의 실례로 꼽고 있다.[26]

아마도 희년서는 기원전 약 150년 이후에 쓴 것이기 때문에 성서에 포함되지 않았고 외경으로 분류되었을 것이다. 그러나 희년서는 당시에 일부 사람들이 당연히 성서로 여겨왔고 지금도 로마 가톨릭과 일부 다른 그리스도교 종파는 정경(혹은 제2경전)으로 여기고 있다.

사해 두루마리들의 도움으로, 적어도 우리는 히브리 성서 텍스트가 언제쯤 확정되었는지를 대략적이나마 판단할 수 있다.

사해 두루마리들이 골동품 시장에 나왔을 때, 전문 고고학자들과 아랍 부족들은 와디 쿰란 남쪽에 있는 동굴들을 비롯하여 다른 와디들에 있는 동굴들을 탐사했다. 그래서 다른 두 개의 와디, 즉 나할 헤베르[27]와 와디 무라바아트에서 19개의 성서 두루마리들을 찾아냈다. 이 필사본들은 쿰란의 자료들보다 연대가 다소 늦고 로마에 대항한 제2차 유대인 반란, 즉 바르 코크바 반란으로도 알려진 반란기간(서기 132~135년) 동안에 숨겨진 것이 분명하지만, 때로는 역시 사해 두루마리로 간주되고 있다. 이들 나중의 성서 두루마리 19개는 모두 마소라 사본과 밀접하게 관련되어 있다.[28] 반면에 쿰란에서 나온 두루마리들은 관련된 자료의 폭이 넓고 다양하다. 일부는 마소라와 밀접하게 관련되어 있고, 다른 일부는 70인역, 또 다른 일부는 사마리아 오경과 관련되어 있으며, 그리고 일부는 이런 것들과 아무 관련이 없다.

로마군이 예루살렘을 파괴한 서기 70년과 바르 코크바 반란을 진압한 서기 135년 사이에, 성서 사본이 거의 완전히 표준화되었다. 표준화 과정은 로마군이 성전을 파괴하기 전부터 시작된 것 같고, 제2차 유대인 반란 때는 대부분 완성되었을 것이 분명하다.[29]

나할 헤베르에서 발견된 12 소小예언서의 그리스어 필사본은 그 본문을 원마소라 사본에 맞추어 조직적으로 수정했음을 보여주고 있다.[30] 그러나 쿰란 두루마리들에서 분석된 필기 수정을 이렇게 단정할 수는 없다. 이 같은 '필기 간섭'(기존 사본에 가한 대부분의 수정)에 대해 연구해 온 에마누엘 토브는 "마소라 사본은 당시에 다른 사본들을 거기에 따라 수정할 만큼 권위 있는 사본이 아니었다.……내가 아는 바로는 [쿰란에서 나온] 히브리 성서 중에서 마소라 사본에 따라 수정되었다고 수긍할 수 있는 사례가 전혀 없다"고 말하고 있다.[31] 반대로, 철자와 언어의 차이와 관련되는 몇몇 경우에는 수정으로 그 본문이 "마소라 사본과의 거리를 훨씬 더 멀어지게 했다."[32] 그럼에도 불구하고, 쿰란에서 나온 성서 사본 중 대다수가 이미 원마소라 사본이다. 쿰란에서 나온 상당수 표본으로 판단해 볼 때, 표준화 과정이 이미 시작되었던 것으로 보이고, 아니면 적어도 사람들이 선호했던 것은 원마소라 사본이었다.

사본을 정경으로 인정하는 것과 표준화하는 것은 다르다. 정경으로 인정하는 것은 특정한 책들을 권위 있고 신성한 책으로 채택하는 것을 말한다. 표준화와 정경 인정 과정은 흔히 많은 경우에 같은 시기에 진행되지만 별도로 진행된다.

토라, 즉 모세 율법, 더 정확하게 말하면 모세 오경은 아마 바빌로니아로 유배되었던 사람들이 이스라엘로 돌아왔을 때 정경으로 인정되었을 것이다. 성서 자체가 그의 선조가 대사제 아론에까지 거슬러 올라가는 에즈라를 '모세의 율법에 능통한 학자'로 묘사함으로써 그것을 암시하고 있다(에즈라 7:6). 에즈라는 이 법을 알고 적용할 줄 아는 판관들을 임명했다. "하느님의 법을 따르지 않는 자는 누구든지……처벌하라" (에즈라 7:26).

탈무드에 의하면, "이스라엘이 토라를 잊어버렸을 때, 에즈라가 바빌론에서 돌아와 그것을 회복시켜 주었다. 그리고 이스라엘이 다시 한 번 토라를 잊어버리자, [기원전 1세기에] 바빌로니아 사람 힐렐이 와서 그것을 회복시켜 주었다."[33] 이것은 모세 오경뿐만 아니라 그 후에 나온 책들에 대한 정경 인정 과정에 참여했음을 시사하고 있는지도 모른다.

신약성서에서 '율법과 예언자들'에[34] 대해 자주 언급하고 있는 것은 1세기 말엽에는 이러한 범주에 들어있는 책들이 권위 있는 책으로 인정받았다는 것을 의미한다.

최근까지, 학자들은 히브리 성서가 정경으로 최종 승인된 것은 로마군이 예루살렘을 파괴한 후인 1세기 말엽에 박식한 랍비들이 어떤 책들로 히브리 성서를 구성할 것인지를 결정하기 위해 만났던 이른바 야브네 회의에서 이루어졌다고 보았다. 그러나 가장 훌륭한 최근의 연구 논문은 그와 같은 회의가 없었다고 결론짓고 있다.[35] 야브네의 랍비들이 기껏 의견을 모은 것은 코헬렛(전도서)과 아가雅歌 같은 주변적인 책들에 국한되었다. 코헬렛과 아가는 정경에 포함되었고, 벤 시라의 지혜서는 결국 거부당했다.

그러나 랍비의 정경 승인 작업이 한 번뿐이 아니었다는 것은 랍비의 정경에 포함되지 않은—토비트, 유딧, 솔로몬의 지혜서, 집회서, 첫 번째 마카베오서 2권 같은—많은 책들을 수용하고 있는 70인역 성서가 말해주고 있다. 유대교와 개신교는 현재 이런 책들을 외경으로 지정하고 있다. 로마 가톨릭 전통에서는 이런 책들을 제2경전이라 부르고 있다.

사해 두루마리들이 발견되기 전까지, 에녹(더 정확하게 말하면 에녹 1서)이라는 외경은 에티오피아의 번역판으로만 알려져 있었다. 이제 쿰란에서 아람어 원본을 필사한 조각들이 20개나 발견됨으로써, 적어도 일부 그룹들이 현재 외경 취급을 받고 있는 에녹과 아마 다른 책들을 권위 있는 성서로 여겼음을 암시하고 있다. 에녹에 대한 언급은 신약성서에서 최소한 14번이나 나온다. 신약성서인 유다 서간은 영감을 받은 성서에 대한 권위자로 에녹을 인용하고 있다(유다 14-15). 에티오피아 성서의 일부 사본에는 에녹이 정경에 포함되어 있다.

쿰란에서는 이른바 다시 쓴 성서인 희년서를 권위 있는 성서로 여겼음이 분명하다. 이 책의 사본이 적어도 15개나 확인되었다. 이것은 쿰란 종파가 이 책을 중요시했음을 바로 증언해주고 있다. 오늘날까지 에티오피아의 아비시니아 교회는 이 책을 정경으로 여기고 있다.

MMT로 알려진(제10장에서 더 충분히 거론되는) 사해 두루마리는 쿰란에 아마도 다른 신성하고 권위 있는 책들이 있었음을 말해주고 있다. MMT는 "모세의 책과 예언자들의 책, 다윗(의 저술) 및 지난 시대[의 사건들]"을 말하는 것이다.[36] 다윗의 저술에 대한 언급은 시편을 말하는 것일지 모른다. 루카는 '율법과 예언서와 시편'에 대해 말하고 있다(루카 24:44). 그러면 지난 시대의 사건들에 대한 저술들은 무엇인가? MMT의 다른 곳에서 우리는 "율법과 재판, 정결 규정과……이스라엘의 의

MMT ●●●
MMT로 알려진 사본은 쿰란 종파의 엄격한 종교적 율법과 그들의 반대파의 율법을 대조시키고 있다.

식"에 대해 언급한 것을 발견한다.[37]

결국 히브리 성서의 일부가 된 여러 가지 책들이 지닌 권위의 한가지 척도는 쿰란 동굴에서 찾아낸 사본의 숫자이다. 쿰란에서 가장 인기 있었던 '성경' 책은 39개 사본에서 나온 조각들이 발견된 시편이다. 토라 책들인 신명기(36개 사본), 탈출기(17개 사본), 창세기(15개 사본), 레위기(13개 사본), 민수기(8개 사본)가 그 뒤를 잇고 있다. 예언서들 가운데는 이사야(20개 사본)가 분명히 가장 인기 있었다(쿰란에서 가장 인기 있었던 시편과 신명기 및 이사야는 초기 그리스도인들에게도 인기가 있었다. 이들 세 가지 책은 신약성서에서 가장 자주 인용되는 히브리 성서들이다). 역사서 사본 수로만 보면 쿰란 사람들은 분명히 역사에는 별로 관심이 없었다. 역대기 사본과 에즈라 및 느헤미야 사본은 각각 1개만 발견되었을 뿐이고, 여호수아는 2개, 판관기 및 열왕기는 3개, 사무엘기는 4개가 발견되었다.

요컨대, 쿰란에서 나온 성서 사본들은 여전히 유동적인 것이어서, 확정된 사본도 확정된 정경도 반영하고 있지 않았다.[38] 여러 가지 다른 사본의 전통을 받아들이고 있었다. 결국 정경에 포함되지 않은 일부 책들을 권위 있는 책으로 보았다.

한때는 권위 있는 책들로 여겨졌으나 지금은 남아 있지 않은 최소한 6권의 책이 성서에 언급되어 있다. 이를테면, 야살의 책(여호수아 10:13과 그 외 다른 곳), 주님의 전쟁기(민수기 21:14), 이스라엘 왕조실록(1열왕 14:19와 그 외 다른 곳), 솔로몬 왕의 실록(1열왕 11:41) 등이다. 그러나 쿰란의 필사본들이 본문도 권위도 확정되지 않았던 시기에 나온 것이라는 사실에도 불구하고, 그 필사본들은 최종적으로 정경으로 인정된 성서에 포함된 사본들과 놀랄 만큼 유사하다.

제10장

다양한 유대교

　　두루마리들은 제2 성전시대 후기의 유대교에 지금까지 인정받지 못했던 다양성이 있었음을 강조해 주고 있다. 바로 그 때문에 학자들은 단순히 유대교라 하지 않고 유대교들이라고 한다.[1] 이것은 쿰란 종파의 유대교에서 예증되고 있다. 그들이 에세네파든 혹은 어떤 다른 종류의 유대인들이든, 두루마리들에 보존되어 있는 그들의 종교적 문헌은 이 같은 풍부한 다양성을 밝혀주고 있다.

　　프랭크 크로스는 가장 오래된 문헌에 나타나 있는 랍비 유대교―서기 70년에 로마인들이 제2 성전을 파괴한 후 랍비들이 발전시켰던 유대교―는 파괴 후 창조되는 모습이 아니라, "시나이 산이 아니면 적어도 제2 성전시대로 비교적 변함 없이 돌아가는 어떤 단일체"의 모습을 보여주고 있다고[2] 말한 바 있었다. 유대 역사에 대한 이와 같은 전통적인 견해는 사해 두루마리들에 의해 분명히 도전받고 있다.

　　크로스가 설명하는 바와 같이, "[서기 70년에] 제2 성전이 무너진 후 바리사이파가 득세하고 랍비의 정통신앙이 대두되기 전의 유대교는 우리가 생각했던 것보다 더 복잡하고 다양했다.[3] 유대교의 묵시적 성향은 유대교 역사가들이 생각했던 것보다 훨씬 더 강하고 더 널리 퍼져 있었다.……유대인과 그리스도인 양쪽의 많은 학자들은 그들의 전통

속에 있는 묵시적 요소들을 경시하기를 좋아한다."[4]

계시를 의미하는 그리스어에서 나온 '묵시'는 형용사로는 물론 명사로도 사용되고 있으며, 환상 속에 하늘의 비밀을 밝혀주는 문헌을 말한다. 베일에 가려진 말로 가득 찬 이 문헌은 흔히 큰 역사적 위기에 초점을 맞추고 있다. 세상은 전쟁을 하는 세력, 선과 악, 하느님과 악마 같은 적에 사로잡힌 채 최후의 심판을 향해 나아가고 있다. 현재 일어나고 있는 사건들의 의미를 올바로 이해하면 그것에 의해 세상이 끝나는 마지막날이 가까이 다가온 징조를 알게 된다(종말론). 그러므로 묵시는 종말론과 밀접하게 관련되어 있다. 메시아도 앞으로 나타나게 될 것이므로, 묵시는 메시아 신앙과도 밀접하게 관련되어 있다.

비밀스런 환상, 다니엘에게 전달되고 천사들에 의해 해석되는 예언, '별처럼 빛날' 순교자들의 부활에 대한 약속(다니엘 12:3), 역사가 이제 정점에 도달해가고 있다는 확신이 담겨 있는 다니엘서는 히브리 성서 묵시문학의 주요한 실례이다. 이 책에서 가장 잘 알려진 환상에서는 "사람의 아들 같은 이가 하늘의 구름을 타고" 왔다(다니엘 7:13). 신약성서에서 '사람의 아들'이라는 칭호는 메시아인 예수에게 붙이고 적용된다. 다니엘서는 히브리 성서에서 가장 늦게 나온 책으로, 사해 두루마리 중 일부보다 더 늦은 기원전 약 150년에 작성되었다.

신약성서에서, 흔히 묵시록이라고 말하는 계시록 역시 이와 유사한 묵시적인 책이며, 요한이라는 사람이 그리스도로부터 받은 환시幻視를 기술하고 있다. 이 환시에 의하면, 충실한 그리스도인들에 대한 박해에 이어 민족들에 대한 처벌이 있고 하느님과 하느님을 추종하는 사람들의 승리가 이어진다. 최후의 우주적인 전쟁은 하르마게돈(그리스어로 Har Megiddo, 즉 므기또 산)이라 부르는 곳에서 일어날 것이다.

사해 두루마리들 중에서 가장 눈에 띄는 묵시록의 표본인 전쟁 두루마리에서도 이와 비슷한 전투를 그려놓고 있다. 이 두루마리는 때때로 빛의 아들과 어둠의 아들의 전쟁에 대한 두루마리로 불리고 있으며, 문서의 기호인 시글룸*siglum*은 1QM이다. 이 두루마리는 원래 베두인이 1번 동굴에서 발견한 것들 가운데 들어 있었다. M은 전쟁을 뜻하는 히브리어 밀하마*milchamah*의 약자이다(역주: 1Q는 Qumran 1번 동굴이라는 뜻이다). 이름이 암시하는 바와 같이, 이 두루마리는 세상 끝날 때 하느님이 이끄는 선한 세력과 사탄 같은 악신 벨리알이 이끄는 악한 세력 사이의 전쟁을 기술하고 있다. 세상이 끝나는 마지막날과 관련되어 있기 때문에 학자들은 이 두루마리의 주제를 묵시적 종말론이라고 말하고 있다.

부분적으로만 보존되어온 이 두루마리의 남아있는 19개 단락은 전쟁이 왜 일어났으며 전쟁 후에는 무슨 일이 있을 것인지에 대해서는 기술하지 않고, 전쟁 준비와 전쟁 그 자체를 기술하고 있다. 본문에는 몇 가지 감동적인 기도도 포함되어 있지만, 전쟁의 의미가 분명치 않다. 이런 의미에서 전쟁 두루마리는 실망스러운 것이다.

이것만큼은 분명하다. "이것은 하느님의 백성을 위한 구원의 시기일 것이고, 그분의 동료들에게는 지배의 시대일 것이며, 사탄인 벨리알의 무리들에게는 영원히 계속되는 파멸의 시대일 것이다.……고귀하신 그분의(하느님의) 위대성이 모든 빛의 아들들을 영원히 비추어 평화와 축복과 영광과 기쁨과 장수를 누리게 할 것이다"(I.4–5,9). 한편, 전쟁 자체는 무서운 것일 것이다. "그것은 하느님이 구속하실 백성들에게는 [엄청난] 고난의 시기가 될 것이며, 별안간 시작되어서 영원한 구속이 이루어질 때까지 그 유례가 없을 온갖 고통을 겪는 시기가 될 것이다(I.13).

본문은 하느님의 군대와 보살피는 천사들, 전투원들의 복장, 그들이

부는 트럼펫, 그들이 들고 있는 깃발, 전투 준비에 필요한 재계齋戒, 그들이 행진할 때 갖추는 대형을 매우 자세하게 기술하고 있다. 전투복 겉옷에는 "푸른색과 자주색 및 진홍색으로 수를 놓게" 되어 있다. 방패는 "거울처럼 닦은 청동으로" 만들게 되어 있다. 아무도 불결한 몸으로 전투에 임해서는 안 된다. 변소는 "막사 주변에서 꼴사나운 알몸을 볼 수 없도록" 막사 밖 2,000 큐빗(1큐빗은 약 46센티미터) 떨어진 곳에 있어야 한다 (VII.8).

"사제들이 트럼펫을 계속 불어서 전투대형을 갖추게 할 것이다." 그리고 나서 한 사제가 일어나서 신명기 20장 2~4절을 인용하면서 이렇게 말할 것이다. "이스라엘아, 들어라! 오늘 여러분은 적과 싸우러 간다. 마음을 약하게 가지지 말고 두려워하지 마라! 당황하지도 말고 그들 앞에서 떨지도 마라. 하느님께서 여러분을 위하여 적들과 싸우시러 여러분과 함께 나아가셔서, 여러분을 구원해 주실 것이다."

사탄은 벨리알이라 불리기도 하고 악의의 천사라 불리기도 한다. 그의 통치권은 "어둠 속에 있다." 한편, 옛날부터 하느님이 임명한 "빛의 왕자는 우리를 지원하러 오게 되어 있다."

"오, 이스라엘의 하느님, 누가 당신과 힘을 견줄 수 있겠습니까? 당신의 힘센 손길이 가난한 이들과 함께 하고 있습니다." 그분은 "악을 멸하시고, 어둠이 물러가게 하시며 빛을 확대하시어······영원히 머물게 하시고, 모든 어둠의 아들들을 박멸하실 것이다."

결과는 이미 정해져 있다.

> 그들의 왕들이 너희를 섬길 것이며
> 너희를 억압하던 자들이 모두 너희 앞에 굴복할 것이다.
> [그들은 너희 발의] 먼지를 [핥을 것이다].
> 오, 우리 백성의 딸들이여, 환호하라!

> 찬란한 보석으로 치장하고
> [뭇 민족들의 왕국들을] 지배하라!
> [주권이 주님에게 있을 것이며]
> 영원한 지배권이 이스라엘에 있을 것이다.

전쟁 두루마리는 쿰란에서 나온 많은 종파의 필사본들 중에서 묵시적 · 종말론적 · 구세주적인 측면을 보여주는 유일한 필사본이다. 매우 다른 것이지만, 성전 두루마리도 두루마리 공동체의 여러 가지 양상을 이해하는 데 도움을 주는 또 하나의 필사본이다. 성전 두루마리의 한 단락은 이 두루마리가 이런 이름을 갖게 된 환상적인 성전을 기술하고 있다(5개의 주요 단락 중 이 단락이 전체 두루마리에서 거의 절반을 차지하고 있다). 성전 두루마리는 종말론적 전쟁을 수행하는 방법을 기술하는 대신에, 종말론적 성전—아마도 예루살렘에 있는 불법적인 성전과 대체하여 영원히 있을 성전—을 짓는 방법을 기술하고 있다. 미국 가톨릭 대학교의 일류 두루마리 학자인 조셉 피츠마이어 신부가 지적한 바와 같이, 성전 두루마리의 성전은 지성소가 '마지막 날에 하게 되어 있는'[5] 역할, 즉 메시아 시대에 할 역할을 강조하고 있다. 다른 학자는 계획한 그 성전을 상상 속에서 이상 시대를 재건한 '유사 유토피아적인'[6] 성전이라고 기술했다.

성전 두루마리는 바빌로니아에서 돌아온 유배자들이 지은 수수한 제2 성전을 헤로데가 새로 크게 짓기 전인 기원전 2세기 언젠가에 작성되었다.

그러나 헤로데가 방대하게 새로 지은 성전도 성전 두루마리에 기술되어 있는 상상의 성전 구내와는 비교를 할 수가 없었다. 그 성전은 중심이 같은 3개의 정사각형 안마당—성전이 서 있는 바깥뜰, 중간 뜰, 안뜰 등—으로 구성되어 있다. 바깥뜰의 측면은 길이가 각각 대략 800

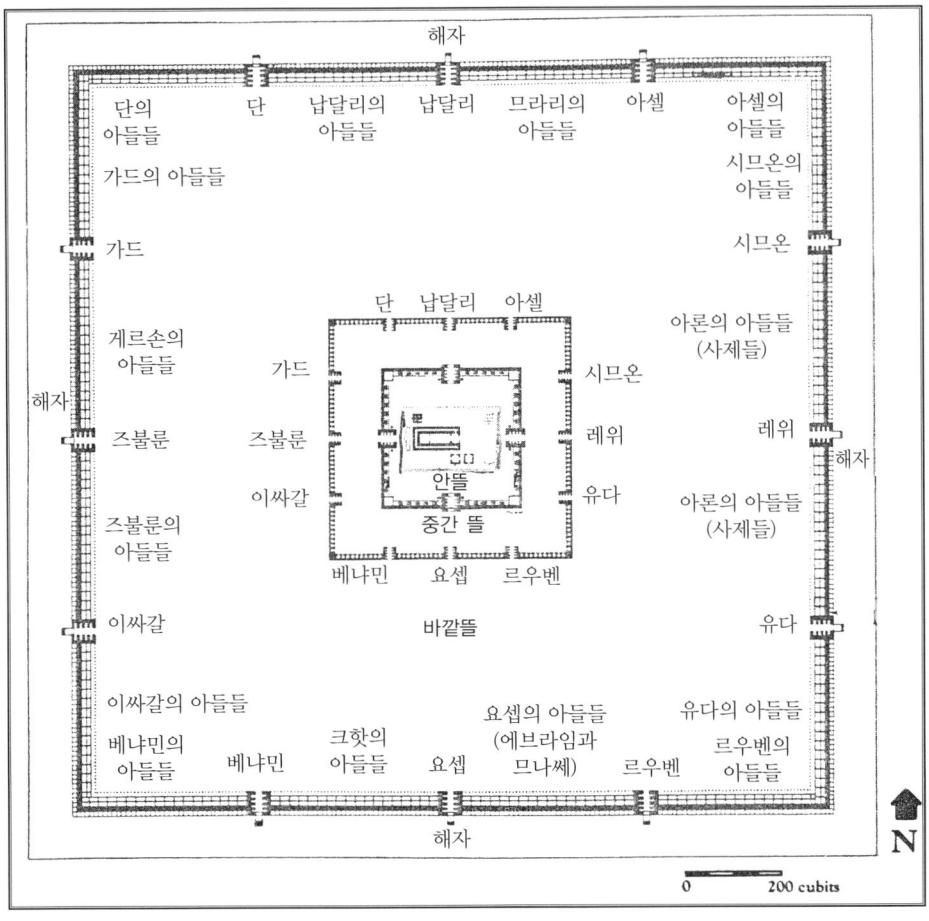

성전 두루마리에 묘사되어 있는 종말론적 성전의 평면도

미터이고 3개의 문이 있어 모두 12개의 문이 있으며, 문마다 각각 이스라엘 12부족의 이름을 지니고 있다. 중간 뜰의 벽 역시 12개의 문이 있었고 같은 위치에 같은 이름이 붙어 있다. 구내 면적은 오늘날의 구 예루살렘 시가지가 차지하고 있는 면적과 거의 똑같다. 메이건 브로쉬 Magen Broshi는 이렇게 말한 바 있다. "두루마리 성전에 기술되어 있는 성전과 비교하면, 헤로데 성전은 축소형이다."[7]

상상 속의 성전은 현재의 구 예루살렘의 중간쯤에서 동쪽으로 뻗어 나가 키드론 골짜기를 건너 올리브산까지 이르게 되어 있다. 현재의 구 예루살렘 위로 높이 솟아오른 가파른 언덕에 이어지는 경사가 급한 골짜기를 감안하면 있을 수 없는 위치이다. 이와 같은 종류의 터무니없는 환상은 묵시문학의 전형이다.

성전 구역에 대한 성전 두루마리의 기술은 새로운 예루살렘에 대해 기술하고 있는 여러 가지 다른 사해 두루마리 본문 조각들과 분명히 관련되어 있다.[8] 이들 본문에서, 천사 같은 한 측량자가 이야기를 하는 사람에게 안내원을 대동하고 종말론의 예루살렘을 관광시켜 주면서, 새로운 도시의 거리들뿐만 아니라 주택들—방, 창문, 격자 창, 계단, 문 등—을 측정하고 있다. 이야기를 하는 사람은 자기가 본 것을 1인칭으로 보고하고 있다.

성전 두루마리는 또한 성전 도시의 법률은 물론 성전의 가구와 성구聖具, 봉헌되는 제물, 거기서 지키는 축제에 대해 자세히 기술하고 있다. 성전 두루마리에 기술되어 있는 많은 축제들은 과거에 옛 문헌에서 확인되지 않았던 새 포도주 축제, 새 보리 축제, 새 (올리브) 기름 축제, 목재 봉헌 축제가 포함되어 있다. 두루마리에는 또한 속죄의 날(욤 키푸르)과 초막절 축제 같은 더 친숙한 축제들에 대한 기술도 들어 있다.

게다가, 또 하나의 두루마리에는 천상의 성전에서 부르게 되어 있는 안식일 노래들이 실려 있다. 때로는 '천사의 전례'라고 부르는 이 노래들은 천사 사제단에 대해 기술하고, 천상의 지성소에서 안식일에 행하는 예배에 대한 이야기를 하고 있으며, 천사의 찬미를 떠올려주고 있다. 사본 편집자는 이 전례를 "천상의 성전에 와 있는 느낌이 들도록 짜여진 유사 신비전례"라고 불렀다.[9]

모든 지식의 신들 elim 가운데서 높으신, 지극히 높으신 하느님 elohim을 찬미하라.

신들 elohim에게 경건한 이들은 영광의 왕을 신성하게 하여 그의 신성으로 그에게 경건한 모든 이들을 신성하게 하도록 하라.

모든 신들 elohim을 찬미하는 왕자들이여, 장엄한 찬미로 하느님 elohim을 찬미하라.

그분은[신들의 하느님] el elim, 높으신 모든 왕자들의 하느님, 모든 불변의 중의에서 나온 왕 중 왕이시기에.[10]

이 같은 환상적인 종말론과 묵시적 대변동은 일반적으로 유대교와 관련되어 있지 않고 그리스도교와 관련되어 있다. 이 문제에 대한 일류 권위자인 존 콜린스John Collins에 의하면, "묵시 사상은 초기 그리스도교의 신앙 형성에 결정적인 역할을 했다.……이 같은 양상은 서기 1세기 후 유대교에서는 대체로 쇠퇴했지만, 그리스도교에서는 중세에 이르기까지 번성했다."[11]

그러나 두루마리를 쓸 당시에는, 종말론과 묵시주의 및 구세주 신앙이 유대교 주류의 매우 중요한 부분이었고, 그리스도교의 형상들은 바로 이러한 유대교의 형상들에서 발전된 것이었다. 프랭크 크로스에 의하면, "많은 보수적인 유대인들은 이런 현상이 계속되는 것을 불안해하고 있다. 그들이 그리스도교에서 얻은 체험에 비추어, 유대교에서 그리스도교를 될 수 있는 대로 멀리 밀어내고 싶어한다."[12]

내가 묵시적 종말론은 서기 70년에 성전이 로마군에 의해 파괴되고 나서 유대교에 사실상 살아남아 있지 않았다고 넌지시 말하자, 크로스는 거숀 숄렘Gershon Scholem이 써서 광범위하게 영향을 미치고 있는 『유대교의 메시아 사상 The Messianic Idea in Judaism』이란 책을 선반에서 꺼내 첫머리의 한 구절을 가리켰다. "서문에서 나는 널리 퍼져 있는 오해를 바로잡기 위한 말을 우선 한마디 해야겠다. 내가 하고자 하는 말은 유대교 학자들과 그리스도교 학자들이 일반적으로 역사적인 상황을 똑같이 곡해하고 있다는 것이다. 그 곡해는 랍비 유대교에 종말론적 전통이 존속되고 있는 것을 부인하는 것이다." 숄렘은 그 과실을 "유대교의 대중적 이미지를 크게 좌우했던 19세기 및 20세기 초의 위대한 유대교 학자들" 탓으로 돌렸다. "정화되고 합리적인 유대교라는 그들의 개념 때문에, 유대교의 영역에서 오직 종말론을 제거하거나 청산하려는 기도만을 성원할 수 있었다. 그들은 종말론적 사조를 계속 견지할 권리를 그리스도교에 아무런 유감 없이 남겨주었다. 그들은 거기에서 얻을 것이 아무 것도 없다고 생각했다. 역사적인 현실은 [이 같은] 편견의 대가였다."[13] 두루마리들에서 발견된 떠들썩한 종말론적 사조가 숄렘의 입장을 뒷받침해주고 있다.

두루마리들은 또한 로마군에 의해 성전이 파괴되기 전에 믿고 있었던 다양한 유대교를 분명히 밝혀주고 있다. 쿰란 공동체는 성전과 성전 당국을 열광적으로 반대했다. 그 때문에 그들은 다른 달력을 사용했다. 그래서 연중 가장 거룩한 날을 두 그룹이 다른 날에 지냈다. 두루마리 종파는 또한 우리가 아는 한 성전의 유대교 달력에는 전혀 없는 축제들을 지내고 있었다.

이런 것이 말해주는 역사적인 복잡성은 남아있는 문헌들에서 넌지시 비치기만 하고 있는 많은 다른 종류의 유대교에 대해 우리가 민감한 반응을 보이게 하고 있다. 그것을 믿었던 사람들이 에세네파인가, 보에투스파인가, 하시딤인가, 아니면 기록을 남기지 않은 다른 사람들인가. 이 모든 종파는 우리가 더 많이 알고 있는 두 유대교 그룹, 즉 바리사이파와 사두가이파에 추가되는 종파이다. 뉴욕 대학교의 로렌스 쉬프먼

Lawrence Schiffman이 말한 바와 같이, 이 시기는 "여러 파가 제각각 토라에 대한 진정한 해석을 독점하고 있다고 주장하며 유대주의에 경쟁적으로 접근했던 것이 특징이었던 시대"였다.[14]

쿰란 문헌은 또한 정결례에 유별난 관심을 반영하고 있다. 아마도 만연해 있던 종말론과 이상하게 결합된 것이었을 것이다. 이 시기는 유대교에서 정결에 대한 관심이 고조에 달했던 시기였다. 초기 랍비의 사본에 의하면, "[이 시기에] 별안간 정결례가 시작되었다."[15]

정결은 때때로 깨끗함과 관련되고 불결은 더러움과 관련되어 있다. 그것이 잘못된 느낌을 갖게 한다. 정결은 육체적 깨끗함의 문제가 아니라 의례적 깨끗함의 문제이며, 신적인 것과의 접촉을 위해 필요한 것이다. 이것은 거룩하고 신성한 활동에 참여함으로써 이루어지고, 특히 성전에서 이루어진다. 정결 의무가 특히 사제들에게 부과되는 것은 이 때문이다. 하지만, 최소한 이론상으로는 모든 유대인들이 성전에 접근할 수 있었다. 실제로, 그들은 1년에 세 번 그곳을 순례하게 되어 있었다. 거룩한 민족, 사제들의 왕국을 위해, 사제직에 요구되는 정결 의무가 모든 유대인들에게 부과되어 있었다. "너희는 나에게 사제들의 왕국이 되고 거룩한 민족이 되리라(탈출기 19:6).

정결 요건을 일반 유대 주민들이 준수했음을 보여줄 정도로 상당히 많은 고고학적 증거가 있다. 의식목욕장들이 특히 예루살렘에서 10여 군데나 발견되었다. 두루마리들과 거의 정확하게 같은 시기인 기원전 250년에서 서기 70년 사이에 있었던 것들이었다. 그 전과 후에는 그렇게 많지 않았다.

쿰란에 있는 시설들이 의식목욕장인지 아닌지에 관한 논쟁이 일부 있지만, 이 당시에 규칙을 엄격히 지키는 유대인들이 살던 다른 지역들에서 이런 시설들이 발견됨으로써 쿰란에 있는 그 시설들이 정말 의식

목욕장이었음을 설득력 있게 말해 주고 있다.

기원이 바뀔 무렵에는 석기石器 제조업이 예루살렘 주변에서 번성했다. 한 가지 이유는 석재 그릇이 유리그릇이나 도기류와는 달리 의식적으로 불결해지는 그릇이 아니기 때문이었음이 분명하다. 수직형 사발과 뚜껑이 있는 항아리는 물론 수천 개의 컵과 접시까지 부자와 빈자의 집에서 실시한 고고학적 발굴에서 발견됨으로써, 석재 그릇의 인기가 예루살렘 제품으로 알려진 값비싼 채색 항아리처럼 부자들만 가질 수 있는 상류사회의 유행 때문이 아니었음을 말해주었다. 게다가, 이두메 사람들이 거주했던 헤브론을 중심으로 한 지역이나 혹은 사마리아 사람들이 거주했던 사마리아에서는 석재 그릇이 거의 하나도 발견되지 않았다. 요컨대, 석재 그릇은 유대인들이 거주했던 곳으로 알려진 60여 곳에서 발견되었지만, 유대인이 아닌 사람들이 살았던 곳에서는 거의 발견되지 않았다.[16]

석재는 진흙을 굽는 것과 같은 인공적 변형에 의해 잡물이 섞이지 않은 자연 그대로이기 때문에, 석재 그릇은 불결해지는 그릇이 아닌 것이 분명했다. 랍비의 율법에 의하면, 불에 굽지 않은 오지그릇들 역시 불결해지지 않는다고 한 사실이 뒷받침해 주는 추론이었다.

정결 강조는 다른 제한 규정들의 전형이다. 예를 들면, 이 당시 유대인 지역에서는 가난하든 매우 부자이든 인간이나 동물을 묘사한 것들이 집에서 발견되지 않았다. 심지어 마사다 같은 헤로데의 웅장한 궁성에서도 발견되지 않았다. 이 같은 사실은 초기와 후기 상황이 대조를 이루고 있다. 실제로, 몇 백년 후에는 유대교 회당들까지도 인간과 동물 형상들로 많이 장식되었다. 그러나 제2 성전 시대에는 우상을 금지하는 제2 계명이 매우 엄격하게 해석되었다. 나중에는 그것이 우상 숭배적인 형상에만 적용되었다.

이 시기의 또 한 가지 특성은 인간의 뼈를 보관하는 뼈단지, 즉 상자를 사용한 것이었다. 시신을 매장하고 1년 후 육신이 썩어 떨어져 나가고 나면, 뼈를 수습하여 흔히 아름답게 새기고 장식한 작은 석회석 상자에 담아 두었으며 겉에는 주인공의 이름을 새겼다. 아마도 이 같은 관습은 메시아 시대에 점점 널리 퍼졌던 육신의 부활 신앙과 관련되어 있었을 것이다. 여하튼, 쿰란에 종파가 거주했던 시기에 나온 뼈단지들은 예루살렘 지역에서만 발견되고 있다. 쿰란 사람들은 두 번째 매장을 하지 않았다. 쿰란에 있는 무덤들은 모두가 본래의 무덤 그대로다.

엄격한 정결 규칙을 지키고, 우상을 금지한 제2 계명을 엄격히 해석하였으며, 제2 성전 시대 말엽에는 일반적으로 율법을 엄격히 적용한 이유가 무엇인지는 여전히 수수께끼로 남아 있지만, 이것이 사실이라는 것은 의심할 여지가 없다.

바리사이파의 율법 해석을 따랐던 성전 유대인들과 더 엄격했던 쿰란 종파 사이의 일부 차이점들이 MMT*로 알려진 유명한 문서에 설명되어 있다.

MMT는 (1) 달력에 관한 부분, (2) 율법에 관한 부분, (3) 율법에 대해 의견을 달리하는 사람들과의 종파 분리 문제를 거론하고 있는 에필로그 등 3부로 된 난해한 사본이다. 제1부는 그 종파의 달력이 예루살렘 성전의 음력 달력과는 성격이 다른 1년이 364일(52주)임을 확인하고 있다. 우리가 알아본 바와 같이, 쿰란 종파는 예루살렘 성전의 달력에 따라 거룩한 날을 지내는 사람들과 같은 시기에 거룩한 날을 지내지 않았다.

---

*Miqṣat Ma'aseh ha-Torah : '토라의 몇 가지 교훈' 혹은 '율법에 대한 몇 가지 과제' 등 여러 가지로 번역되고 있다.

MMT의 첫머리는 없어졌다. 그래서 우리는 달력에 관한 자료에 어떤 종류의 서문이 있었는지 모르고 있다. 달력에 관한 자료 뒤의 주제가 너무 갑작스레 끝나버리기 때문에, 달력에 관한 자료가 끄트머리만 남아 있는 완전히 별개의 문서에 불과한 것일지도 모른다. 여하튼 간에, 여기서 우리와 관계가 있는 것은 MMT의 마지막 두 부분이다. 중간 부분은 주로 정결례와 관련 있는 약 20가지 종교적 율법(히브리어로 halakhot)들로 구성되어 있다. 마지막 부분은 "우리는 여러분이 모세 오경과 예언서 및 다윗(의 저술들)을 (정성을 다해) 공부하도록 하기 위해 여러분에게 [편지를] 보낸 적이 있다"고 설명하고 있다. 정결법의 중요성을 강조하면서, 이 사본은 "우리는 많은 사람들과 [그들의 모든 불결함으로부터] 스스로 떨어져 나왔다"고 설명하고 있다.[17]

벤 구린온 대학교의 엘리샤 킴론과 존 스트러그넬이 MMT의 존재를 밝히고 나서 그들이 그 사본을 출판했을 때까지 10년 동안, 학자들에게는 MMT가 의로운 스승이 예루살렘 성전의 대사제를 가리키는 사악한 사제에게 보낸 편지라고 알려져 있었다.[18] 이것은 킴론과 스트러그넬이 하지 않은 주장이다. MMT는 편지가 아니다. 그리고 1인칭으로 말하는 사람이 누구인지, 또 그가 어떤 그룹에게 말을 하고 있는지가 분명하지 않다. 그러나 율법이 명시하는 형식은 우리는 이렇게(좋은 일을) 하지만 다른 사람들은 저렇게(나쁜 일을) 한다는 식으로 분명하다.[19]

그러나 이처럼 하찮은 차이가 유대교 주류로부터 종파분리를 해야 할 원인이 될 만큼 중요한 것인지 그 이유를 이해하기 어렵다.

하지만, MMT 율법의 취지는 분명하다. 히브리 대학교의 야아코브 수스만 Ya'akov Sussman이 쓴 바와 같이, "MMT에 있는 모든 율법의 규정들은 엄중하다."[20] 이른바 '불순물이 액체의 흐름을 타고 거꾸로 올라가게 하는 것'이라고 부르는 율법을 생각해 보라. 이 율법을 이해하기 위해, 주전자도 깨끗하고 그 안에 든 물도 깨끗한 물주전자 하나를 우선 준비하라. 그리고 나서 그 물의 일부를 다른 더러운 그릇에다 부어라. 분명히, 그 그릇에 들어간 물은 더러운 그릇에 접촉했기 때문에 이제 더러워졌다. 그러면 주전자에 아직 남아 있는 물은 어떻게 되었는가? 또 그 주전자 자체는 어떻게 되었는가? 그릇에서 더러워진 물이 주전자에 남아 있는 물을 (그리고 주전자 자체를) 더러워지게 했는가? 있을 수 있는 가장 엄격한 해석에 동의하는 쿰란 종파 사람들은 '그렇다'고 말했다. 이런 것이 MMT에 있는 규정이다. 다른 유대인들, 아마도 바리사이파는 '그렇지 않다'고 말했을 것이다.

'불순물이 액체의 흐름을 타고 거꾸로 올라가게 하는 것'과 같은 율법을 적용하는 경우는 있었더라도 드물었을 것이 확실하다. 하지만 바로 그런 문제가 쿰란 유대인들을 다른 유대인들과 갈라놓았다.

또 한 가지 예로서 민수기 19장 7절에 의하면, 사제들은 붉은 암소의 신성한 재를 만드는 과정에 (자기 모순인 것 같아 보이지만) 더럽혀진다(부정을 탄다). 그 재는 다른 종류의 더러움을 씻어내는 용해제로 사용된다.[21] 한마디로 말하면, 붉은 암소의 재는 더러워진 것을 깨끗하게 하고 깨끗한 것을 더럽힌다. 랍비들 역시 어리둥절하였다. 어느 랍비의 사본에 의하면, 가장 현명한 사람인 솔로몬도 외견상 모순되는 일을 보고 당황하였다.[22] 랍비들은 이처럼 더러움을 씻어줄 물을 준비하는 과정에 더러워지는 것은 하느님이 그렇게 말씀하셨다는 것 이외에 이성적으로 설명이 안 되는 율법의 실례라고 선언했다.

여하튼 간에, 사제들은 붉은 암소의 재를 만드는 과정에 더럽혀진 것을 씻어내기 위해 물웅덩이에서 목욕을 해야 한다. 그런데 그들의 부정이 의식목욕장에서 나올 때 벗겨지는가 혹은 그날 해가 지는 것과 더불어 벗겨지는가? 이 점에 대해서 토라는 명백히 말해주고 있는 것 같다. 민수기 19장 7절은 정화 목욕은 해질 녘에야 효력이 있게 된다고 되어 있다. MMT에 의하면, 쿰란 종파는 그 사본의 해석을 엄격하게 지켰다. MMT는 또한 바리사이파가 이 같은 제한 규정을 우회하는 길을 찾아내어, 사제들이 의식목욕장에서 나오는 즉시 깨끗해진다고 규정했음을 암시하고 있다.

아마도, 물웅덩이에서의 목욕으로 벗겨지는 모든 종류의 부정에 관해서도 비슷한 논쟁이 있었을 것이다. 랍비의 율법에서는 이것이 테불욤 *tebul yom*, 즉 문자 그대로 '그날 몸을 물에 담근 사람'에 대한 문제로 알려져 있다. 물웅덩이에서 나오는 즉시 사람이 정화되는가, 아니면 저녁 때에야 정화되는가? 쿰란 사람들은 언제나 더 엄격한 규칙을 채택했다. 오늘날의 많은 사람들에게는 이와 같은 율법의 해석 차이가 중요하지 않아 보일지 모른다. 그러나 그 당시의 쿰란 사람들과 유대인들에게는 그런 차이가 매우 중요한 문제였다. 이런 율법들은 올바른 생활을 하도록 하기 위한 수사적 표현이 아니라 반드시 지키도록 하느님이 명령한 유대인의 법이었다. 그것을 이해하지 못하면 쿰란의 세계를 이해하지 못할 것이다. 탈무드는 "칼의 불결함이 [이 당시의] 이스라엘에는 살인보다 더 중요했다"고 말하고 있다.[23] 예루살렘 탈무드는 상투적인 용어로 이것을 '험담으로', 즉 비판적으로 언급하고 있다.[24] 그러나 쿰란 종파에게는 정결이 최고로 중요했다.

뉴욕 대학교의 로렌스 쉬프만 교수는 쿰란 종파의 율법은 쿰란 사람들이 에세네파가 아니라 사두가이파거나 혹은 '에세네'라는 말을 많은 이탈 그룹, 그 중에 적어도 하나는 사두가이파에서 나온 그룹을 포함하는 말로 다시 정의해야 할 만큼 사두가이파 율법과 밀접하게 닮았다고 주장하고 있다.[25] 다른 학자들은 이 같은 주장에 이의를 제기하면서, 대부분의 유대인 그룹이 지닌 대부분의 율법이 똑같기 때문에 사두가

이파와 쿰란 종파가 공유하고 있는 몇 가지 율법으로는 쉬프먼의 주장을 뒷받침하기에 충분치 못하다고 주장하고 있다.

여하튼 간에, MMT는 쿰란 종파를 다른 유대인들과 갈라놓은 것은 외적이든 내적이든 윤리나 정치, 심지어 신학적인 교의가 아니라 의식에 대한 율법, 주로 정결법 때문이었다는 것을 분명히 밝혀주고 있다.

MMT는 또한 쿰란 사람들의 적수들—아마도 예루살렘 성전을 관할했던 바리사이파들—이 지닌 율법의 일부도 논쟁을 하듯이 지적하고 있으므로, 학자들은 랍비 유대교의 기원을 로마군이 성전을 파괴하기 이전으로 거슬러 올라갈 수 있다. 모든 형태의 현대 유대교는 서기 70년에 성전이 파괴된 후 수세기 동안에 생겨난 랍비 유대교를 계승한 것들이다. 랍비 유대교는 전통적으로 매우 복잡하고 암시적이며 자세한 법적 및 윤리적 구조에 의해 지배되어 왔으며, 탈무드로 성문화되고 다른 작품들의 방대한 전집으로 확대되어 왔다. 랍비들에 의하면, 구전율법口傳律法으로 알려진 탈무드는 성문율법, 즉 성서와는 대조를 이루며 성문율법과 똑같은 수준의 신성에 한몫 끼고 있다. 랍비들에 의하면, 실제로 구전율법은 성문율법과 똑같은 시기에 시나이 산에서 모세에게 주어졌다. 가장 일찍이 문서로 표현된 구전율법은 서기 약 200년에 편집된 미쉬나이며 탈무드의 핵심을 이루고 있다. 미쉬나와 게마라라고 부르는 새로운 종류의 주석서로 구성되어 있는 탈무드는 서기 약 400년에 나온 예루살렘 탈무드와 약 200년 후에 나온 바빌로니아 탈무드 두 종류가 있다. 후자가 더 완벽하고 권위가 있다. 오늘날까지 이스라엘을 비롯하여 전 세계 유대교 학교에서 공부하고 있는 것은 디아스포라(역주: 이스라엘 이외의 유대인 거주지)에서 발전된 바빌로니아 탈무드이다.

그런데 미쉬나에서 이미 고도로 발전된, 규칙과 규정을 갖춘 이처럼 정교한 구조가 어떻게 해서 존재하게 되었는가? 히브리 성서 중에서 맨 마지막에 나온 성서(다른 성서보다 백여 년 늦은 기원전 약 150년경에 나온 다니엘서)와 랍비의 전집으로 가장 먼저 나온 텍스트(서기 약 200년경에 나온 미쉬나) 사이에 엄청난 간격이 있어, MMT가 발견되기까지 구전율법의 기원을 찾고 있던 학자들을 당황하게 만들었다. 탈무드 연구가로서 야아코브 수스만은 이렇게 쓰고 있다. "생활의 모든 면을 지배하고 지극히 세세한 부분까지 구체적으로 정해 놓은, 완벽하게 발달된 율법 체제의 놀랄 만한 현상 앞에서 경외심을 갖게 된다. 그 체제가 [미쉬나]에 완벽하게 정리되어 있다.……어떻게 이 같은 발전이 이루어졌을까?"[26]

MMT 및 그와 유사한 사본들의 도움으로 학자들은 이제 성전이 파괴되기 전에 이스라엘에 있던 랍비 유대교의 뿌리를 찾기 시작할 수 있게 되었다. 쉬프먼에 의하면, MMT 같은 논쟁적인 사본에서 밝혀졌듯이 성전이 파괴된 후의 많은 랍비 율법서들을 성전이 파괴되기 전의 바리사이 유대교에서 이미 발견할 수 있다.

두루마리들은 구전율법, 즉 탈무드 율법의 기원을 밝혀주는 것 이상의 역할을 하고 있다. 쿰란 전집에는 현대의 주석서들처럼 본문을 인용하고 논평하는 성서 주석서들이 포함되어 있다. 이 주석서들은 현재 사용 중인 주석서들의 가장 윗대 선조로 알려져 있다.[27] 그러나 페샤림 *pesharim*이라 불리는 쿰란 주석서들은 특별한 종류이다. 주석자가 이사야, 호세아, 나훔, 하바쿡 같은 예언서들이 마치 당시의 현실 상황에 대해 말하고 설명하는 것처럼 해석하고 있다. 그래서 성서는 시사에 대한 암호화된 것 같은 설명으로 성서의 예언이 쿰란 공동체의 생활 속에 실현되고 있음을 말해주게 된다. 이는 신약성서에서 예언서를 이용하는 것과 다름없는 방법이다.

예를 들면, 사해 두루마리 페샤림은 하바쿡 2장 15절 "화를 입으리라. 홧김에 이웃들에게 술을 퍼 먹여 곯아떨어지게 하고는 그 알몸을 헤쳐보는 것들아"²⁸를 인용하고는 이어 다음과 같은 주석을 달아놓고 있다. "이 구절은 의로운 스승을 망명처까지 추격하여 독기 있는 분노로 그분을 혼란에 빠뜨릴 사악한 사제(아마도 예루살렘 성전의 대사제)와 관계가 있는 것으로 해석된다."²⁹ 이런 식으로 성서 본문을 현실과 관계 있게 만들었다.

또 하나의 다른 유대교 성서 주석서는 미드라쉬 *midrash*라 부르는 것으로, 성서 본문의 의미가 실제로 무진장하다는 가정하에 한 단어나 한 구절을 가지고 풍부한 상상력으로 확대 해석하고 자세한 것을 추가한 해설서이다. 1번 동굴에서 나온 손상되지 않은 원래의 두루마리들 중에서 외경 창세기로 알려진 두루마리는 이런 식으로 창세기의 이야기들을 다시 고치고 부연해서 얘기하고 있다. 불행하게도, 그 두루마리는 이 동굴에서 찾아낸 손상되지 않은 모든 두루마리들 중에서 상태가 가장 나빴다. 그래서 많은 부분을 재구성할 수가 없다. 그러나 (4번 동굴에서 나온 다른 사본 조각들과 더불어) 대부분의 이야기의 전반적인 취지를 알려주기에 충분할 만큼 살아남았다. 예를 들면, 노아는 그의 아버지라고 생각되는 사람이 누군가 다른 사람, 아마도 천사가 노아의 어머니에게 임신을 시킨 것이 아닐까라는 의심이 들 만큼 명석한 아이였다. 이와 같은 미드라쉬의 해석은 많은 쿰란 사본에서 발견할 수 있다. 이와 같은 과장은 역사상 근거가 없지만, 성서 사본의 내용을 풍부하게 하며 살아 있고 계속해서 발전하는 전설을 창조한다.

때때로 쿰란 사본은 서로 상반되는 성서 구절을 조화시키려 한다. 예를 들면, 성전 두루마리는 전리품을 분배하는 방법으로 빚어진 갈등을 해결해 주고 있다. 사무엘기 상권 30장 24~25절에는 전투원과 비전투원이 똑같이 나누게 되어 있다. 그러나 민수기 31장 27절은 레위인들(사제들)의 몫을 전투원들에게는 더 적게 떼어내도록 규정하고 있다. 성전 두루마리는 분명히 서로 상반되는 성서의 규정들이 합치되게 할 수 있는 복잡한 공식을 제시하고 있다.[30] 성전 두루마리는 하느님의 율법이며, 어떤 의미에서는 쿰란 종파의 토라이다. 신성한 책으로서 그것이 지닌 본성은 많은 구절에서 하느님이 1인칭으로 말씀하는 사실로 강조되고 있다. 이 두루마리와 같은 것으로서 정전으로 인정받는 토라에서는 하느님이 3인칭으로 언급되어 있다. 예를 들면, 성전 두루마리에서는 "레위의 자손인 사제들은 앞으로 나와야 한다. 내가 그들을 선택하여 나를 섬기고 내 이름으로 축복하도록 하였다"라고 말하고 있다 (63:3). 성서의 같은 구절에서는 3인칭을 사용하고 있다. "레위의 자손인 사제들이 앞으로 나와야 한다. 주 너의 하느님(야훼)께서 그들을 선택하시어, 당신을 섬기고 주님(야훼)의 이름으로 축복하게 하셨다"(신명기 21:5).

쿰란 공동체가 성전의 유대인들이 성서에 포함시키지 않았던 책을 아마 성서로 인정했을 것이라는 사실은 제2 성전 시기 말엽에 호감을 사기 위해 경쟁했던 다양한 유대교가 있었음을 다시 한번 강조해 주고 있다. 그러나 서기 70년의 성전 파괴의 대변동에서 두 가지 형태의 유대교만 살아남은 이후, 이 모든 것이 변하고 있다. 그리스도교는 선조들로부터 떨어져 나와서 결국 서양 문명을 지배하고 있다. 한편, 랍비 유대교는 모든 현대 유대교 분파의 조상이 되어 있다.

제11장

보물찾기-동판 두루마리

동판 두루마리에 관한 모든 것이 불가사의하거나 논쟁의 여지가 있고, 또는 두 가지 다인 경우도 있다. 그 이름이 의미하는 바와 같이, 이 두루마리는 다른 사해 두루마리들처럼 동물의 가죽이나 파피루스로 되어 있지 않고 구리로 되어 있다. 작은 구리 포일[箔]들을 서로 고정시켜 만든 이 얇은 동판은 길이가 2.4미터, 폭은 0.3미터에 약간 못 미친다. 제2장에서 우리가 알아본 바와 같이, 이 두루마리는 제3 동굴에서 발견된 다른 두루마리 조각들과 인공유물들부터 떨어져 있는 동굴 뒤쪽 선반에서 베두인이 아니라 고고학자들이 발견했다. 앞으로 우리가 살펴보겠지만, 이것은 매우 중요한 자료이다. 1952년 3월에 발견될 당시에 이 두루마리는 두 개였으나, 비장의 보물들을 묻어놓은 64곳을 연속해서 열거하고 있는 하나의 사본을 이루고 있다. 보물들은 막대한 양의 금과 은, 제기祭器들과 제의祭衣 및 두루마리들이었는데, 동판 두루마리가 개봉된 후에야 이 모든 것이 알려지게 되었다.

그러나 개봉작업이 이루어지기 전에도, 철필을 망치로 쳐넣은 글자들이 히브리 필체임을 뒷면에서 알아볼 수 있었다. 하지만 구리가 심하게 산화되어 만지면 완전히 부스러졌다. 그래서 두루마리를 개봉해 보려 했지만 실패했다.

1953년 늦가을에 출판팀원으로 영국에서 예루살렘에 도착한 존 마르코 알레그로는 얼마 안 되어, 당시에 여전히 요르단 고대유물 관리국 국장이었던 랭케스터 하딩에게 동판 두루마리를 개봉하기가 너무 어려운 것으로 판명되었으니 두루마리를 자기가 가르치고 있었던 맨체스터로 보낼 것을 제의했다. 그는 거기에 있는 전문가들이 성공할 가능성이

원위치에 놓여있는 동판 두루마리 ●●●
고고학자들은 3번 동굴 선반에서(사실상 같은 두루마리의 일부인) 이들 두 개의 동판 두루마리를 발견했다.

더 많다며 재촉했다. 알레그로는 이런 제의를 하면서도 맨체스터에 그 일을 기꺼이 맡을 전문가가 있는지 미처 알아보지도 않았다. 알레그로는 맨체스터의 이점은 자기가 "가능성을 타진하고 작업을 감독"할 수 있는 점이라고 말했다.[1] 동판 두루마리 출판 담당자는 알레그로가 아니라 J. T. 밀리크였지만, 하딩은 그 아이디어에 동의했다. 그러나 그 일은 1955년에 하딩이 요르단 정부로부터 두루마리 두 개 중 한 개를 맨체스터로 보내라는 허가를 받은 후에야 성사되었다.

알레그로는 그 일을 추진하면서 맨체스터 대학교의 전문가들을 포함시키는 데 있어 운이 따르지 않았다. 전문가들은 별로 관심을 갖지 않았고 그를 '무뚝뚝하게' 대했다.[2] 그래서 그는 회전 숫돌 제조를 전문으로 하는 한 회사에 알아보았지만 거기에는 그 일을 하는 데 필요한 기계가 없었다. 그때 한 동료가 맨체스터 과학기술 대학에 한번 알아보라고 제의했다. 거기서 그는 성공했다. 알레그로에게 자신을 "연관공에 불과하다"고 겸손하게 소개한 기계공학 교수 H. 라이트 베이커Wright Baker 박사는 알레그로가 지켜보는 가운데, 작업에 착수하여 두루마리들을 한 겹씩 잘라 두 개의 두루마리에서 23개의 반구형半球形 조각들을 만들어냈다. 두 번째 두루마리는 1956년 1월 초에 맨체스터에 도착하여 그 달 중순에 작업이 완료되었다.

베이커는 새겨놓은 글자가 하나도 손상되지 않도록 두루마리의 여백을 자르려고 온갖 노력을 다했지만, 그것이 불가능하다는 것이 입증되었다. 설상가상으로, 새로 자른 자리에서 산화작용이 다시 시작되었다. 두루마리의 새 판을 준비하고 있는 존스 홉킨스 대학교의 카일 맥카터는 이렇게 말하고 있다. "영국에서 톱을 댄 자리들에 산화현상이 나타나고 있다. 수세기 동안 동굴 속에 있을 때는 훼손이 최소한도로 진행되었지만, 현대의 연장이 상해를 입히자 웬일인지 벤 자리를 따라 산화 과정이 악화되기 시작했다. 새로 찍은 사진들을 1950년대에 찍은 사진들과 비교해보면 상당한 양의 자료가 톱으로 자른 부분의 양쪽, 어떤 곳에는 1센티미터나 망실되었음을 알 수 있다."³

그럼에도 불구하고, 두루마리를 개봉하자 내용을 읽을 수 있었다. 제일 먼저 읽은 사람은 존 알레그로였다. 처음부터 그는 막대한 양의 보물이 묻혀 있는 60여 곳을 겉으로 보기에 사실적으로 기술한 것에 매혹되었다. 그 목록이 진짜였을까 아니면 허구였을까? 알레그로는 그것이 진짜라고 주장했다. 출판팀의 알레그로 동료들, 특히 드보와 밀리크는 그 목록이 단순히 속신(俗信)에 불과하며 전혀 진짜가 아니라고 강하게 주장했다.

그러나 그들이 그런 입장을 취한 배경에는 학자로서 객관성을 갖기 어렵게 하는 무엇이 있었다. 그 당시에 알레그로는 출판팀 내 다른 사람들과 사이가 좋지 않았다. 1956년 초에, 알레그로는 BBC라디오에 세 번 출연하여 쿰란 종파의 지도자인 의로운 스승이 십자가에 못 박혔던 구세주적인 인물이었다고 주장하면서, 신약성서의 예수를 십자가에 못 박은 이야기는 어느 언론인의 말대로 "사해 두루마리 원본을 신화로 만든 복사판"에 불과한 것이라고 말했다.⁴ 알레그로는 그의 방송에 대한 반응에 대해 이렇게 말했다. "에세네파의 지도자가 십자가에 못 박혔을 가능성에 관해 내가 한 말이 일부 언론인들의 상상력을 불러일으켰고 종교계에는 불안을 야기시켰다."

의로운 스승이 십자가에 못 박혔다는 생각은 완전히 날조한 것이 아니면 순전히 추측이었다. 예루살렘에 있는 알레그로의 동료들은 격분하여 밀리크와 드보, 스트러그넬, 스케한 및 스타키가 서명한 편지를 런던 〈타임스〉에 보내 알레그로를 비난하는 특별한 조치를 취했다. "우리는 사본들에서 알레그로 씨가 '발견한 것들'을 찾아볼 수가 없습니다. 우리는 '스승'을 십자가에 못박는 것도, 십자가에서 내리는 것도, 심판의 날까지 지켜줄 '스승의 부서진 몸'도 발견하지 못했습니다. 그러므로 알레그로 씨가 어느 보고서에서 말했다고 주장하는, '나사렛의 예수에 걸맞은 것으로 명확히 정의된 에세네의 모형'은 없습니다."

동판 두루마리가 진짜 묻혀있는 보물의 목록이라는 알레그로의 주장도 그의 동료들에게는 언론에서 이치에 맞지 않는 센세이션을 일으키려는 또 하나의 수작으로 보였다.

두루마리가 개봉되자마자, 알레그로는 그 두루마리를 베껴서 번역을 했다. 그리고 나중에 그 두루마리가 공개적으로 전시되면서 연구를 계속할 수 있었다. 보물이 묻힌 장소를 찾을 수 있는지 알아보기 위해 그 사본을 자세히 연구할 필요가 있었다.

1956년 여름에, 요르단 사람들은 랭케스터 하딩 대신에 고대유물 관리국 국장을 자기 나라 사람으로 교체했다. 그래서 알레그로는 재빨리 신임 국장과 밀접한 관계를 맺어나갔다. 신임 국장은 하딩과는 달리 드보에게 결코 헌신적인 사람이 아니었다. 알레그로는 그런 변화를 기뻐했다. "신임 국장은 내가 사본 연구를 계속할 수 있도록 모든 편의를 제공해 주었다. 나는 두 세트의 두루마리 정면 사진도 찍을 수 있었다. 이 작업은 시간이 오래 걸리고 지겨운 작업이었다. 표면이 굽어 있어서 각 부분의 사진을 약간씩 위치를 바꿔가며 여러 번 찍어야 했다."[5]

1959년에 밀리크는 동판 두루마리의 임시 번역판과 주석서를 프랑스어로[6] 출판하고, 곧이어 영어판을 출판했다.[7] 1960년에는 알레그로가 동판 두루마리에 관해 자신이 쓴 책을 출판했는데, 그 책에는 그가 번역한 두루마리가 포함되어 있었다.[8] 2년 후에는 밀리크가 번역한 초판이 나왔다.[9] 이 모든 것이 두루마리의 내용과 보물을 묻어 두었다는 기술이 진짜인지 가짜인지에 일반의 관심을 집중시켰다.

동판 두루마리를 개봉하고 있는 H. 라이트 베이커 ●●●
동판 두루마리를 펼칠 수가 없었으므로, 맨체스터에 있는 기술대학의 H. 라이트 베이커 교수가 두 개의 두루마리를 한 겹씩 잘라 23개의 반구형 조각으로 만들었다.

요르단 암만에서 전시된 동판 두루마리 ●●●
현재 가느다랗게 잘린 동판 두루마리가 암만 고고학 박물관에서 전시되고 있다.

존 알레그로 ●●●
두루마리 원본 연구팀의 일원인 존 알레그로는 동판 두루마리의 보물을 찾는 팀을 이끌었다.

두루마리에 언급되어 있는 특정한 보물이 금인지 은인지 흔히 분명치 않고, 때로는 양의 단위도 밝혀져 있지 않지만, 두루마리에 기술되어 있는 묻힌 금과 은의 추정량이 거의 60톤에서 약 200톤까지 다양하다. 실제로, 달란트와 미나가 현대의 단위로는 얼마에 해당하는지 아무도 모른다. 그래서 한 달란트는 25파운드와 75파운드 사이 얼마라고 말할 수 있다. 그러나 이 같은 불확실성에도 불구하고, 기술되어 있는 보물의 총량은 가장 낮게 잡은 추정에 의하더라도 실제로 최소한 12만 파운드에 이를 것은 의심할 여지가 없다. 오늘날의 시장에서는 그 가치가 대략 3억 3천만 달러가 된다. 높게 잡으면 약 10억 달러가 될 것이다.

주로, 기록되어 있는 묻힌 보물의 양이 막대하고 그 위치가 애매 모호하며 새긴 글씨의 질이 형편없기 때문에, 밀리크와 드보는 그 보물은 꾸며낸 것이라고 주장했다. 아마도 알레그로를 헐뜯고 보물을 찾으려는 사람들을 실망시키려는 의도도 일부 있었을 것이다. 동판 두루마리가 개봉된 직후인 1956년 초에 밀리크는 이런 글을 썼다. "그 문서가 까마득한 옛날에 묻어놓은 실제 보물에 대한 역사적인 기록이 아니라는 것은 말할 나위가 없다. 그 문서에 기록되어 있는 귀금속과 보물의 양이 터무니없는 것은 말할 것도 없고, 그 문서 자체의 특징이 확실히 속신의 종류에 속하는 것이다."[10] 언론에서는 두루마리의 내용을 보도하면서 출판팀이 그것을 "묻힌 보물에 관한 하나의 전설집"에 불과하다는 표현을 썼다고 했다.[11]

다음과 같은 실례를 보면, 외견상 이것이 이치에 맞는 입장인 것 같아 보인다.

> 그리짐 산 공동空洞의 가파른 지하 계단 밑에, 한 상자와 그 내용물 및 60달란트의 은.
>
> 벳삼(벳스안?)의 샘 입구에, 봉헌용 은그릇과 금그릇 및 은. 총 600달란트.
>
> 묘실이 있는 묘지로 가는 큰 지하 묘실 통로. 총 중량 71달란트와 20미나.

그러나 오늘날 대부분의 학자들은 그 두루마리가 실제로 보물에 대해 기술하고 있다는 알레그로의 주장에 동의하고 있다. 이 같은 의견을 갖는 주요 이유는 그 문서의 양식 때문이다. 그 문서에는 그 목록이 공상적인 것이라는 아무런 증거가 없고, 장소를 하나하나 정확한 말로 열거하고 있을 뿐이며, 설화 같은 분위기가 전혀 없다.

게다가, 많은 장소들이 매우 실제적으로 자세하게 기술되어 있다. 예를 들면, 한 곳을 베싸이다로 지목하면서 그곳에는 제기祭器들이 "작은 연못으로 들어가는 저수지에" 묻혀 있다고 기술하고 있다. 많은 장소가 지리적인 상황을 고려하여 열거되어 있는 것 같다. 장소 중 대부분은 예루살렘과 그 주변, 그리고 예리코와 쿰란 지역에 위치해 있다.

일부 학자들은 장소에 대한 기술은 보물이 묻혀 있는 정확한 위치를 알고 있는 관리들에게 그곳을 단순히 상기시켜 주려는 것이며, 두루마리에서는 상기시켜 주는 열쇠를 때로는 모호하게 기술할 필요가 있었을 뿐이라고 주장했다. 아니면, 목록에 있는 마지막 장소와 관련하여 본문에서 다음과 같이 언급하고 있는 또 하나의 두루마리에서 더 자세한 방향을 명시하고 있을지도 모른다. "북향으로 난 입구에 무덤들이 있는 코클리트 북쪽 매끄러운 바위의 지하 공동에" 위치한 마지막 장소에는 "이 같은 글 한 편과 설명서, 각 품목에 대한 치수와 세목"이 있다.

어느 학자가 말한 바와 같이, "작가가 숨겨놓은 찬란한 성전 보물에 대한 공상소설을 쓰려고 의도했다면 그처럼 엄청난 실수를 할 리가 없다. 일곱 가지 촛대인 황금 메노라에 대한 언급이 전혀 없으니……계약의 궤에 대한 언급이 더더욱 있을 리가 없다. 밀리크가 말한 대로, 이것이 하나의 속신이라면 이런 품목들을 강조했을 것이다."[12]

목록을 동판에 새겨 보존한 것은 그것의 중요성과 영구 보존할 필요가 있었음을 말해준다. 그래서 아마 두루마리처럼 말아둘 생각을 하지 않고 보물 창고의 벽에 붙여두려 했는지도 모른다.[13] 이것은 동화 같은 이야기의 소재가 아니다. 더 자세한 내용이 담긴 또 하나의 두루마리가 딴 곳에 있다는 목록 말미의 알림이 이 같은 견해를 뒷받침해주고 있다. 카일 맥카터가 주장한 바와 같이, "한없이 귀중한 진짜 보석을 숨겨달라는 부탁과 세월의 맹위를 견뎌낼 수 있도록 그가 한 일을 기록해 달라는 요구를 받지 않고는 어느 누가 일부러 값비싼 순동 동판을 마련하여 거기다 그처럼 광범위하고 진실한 위치 목록을 새겨 넣었을 것이라고는 상상하기가 매우 어렵다."[14]

보물의 가치가 크다고 해서 반드시 공상적인 것은 아니다. 옛 문헌에는 군사적인 모험으로 획득했거나 혹은 공동 기금이나 피정복 민족에게 부과한 공물로 받은 막대한 보물에 대해 언급한 것이 많다. 이런 것들과 비교해보면, 동판 두루마리에 열거되어 있는 보물이 있을 수 없을 만큼 많은 것이 아니다. 헤로도토스Herodotus는 페르시아 왕들의 연간 수입 중 금이 거의 40톤에 달했다고 말하고 있다. 이 양은 동판 두루마리에서 낮게 잡은 금 추정량의 약 3분의 2에 이른다. 그런데 페르시아 왕의 경우 1년 분에 불과한 것이다. 알렉산더 대왕이 페르세폴리스와 수사에서 발견한 보물은 동판 두루마리에 기술되어 있는 금과 은에 대한 최고 추정량의 4배 이상에 해당되었다. 폼페이우스가 기원전 63년에 예루살렘을 정복했을 때는 아마 금으로 1만 달란트를 공물로 바칠 것을 강요했을 것이다.[15] 역대기 상권 22장 14절에 의하면, 다윗 왕은 아들 솔로몬에게 성전을 지을 기금을 남겨 주었는데 거기에는 금 10만 달란트와 은 100만 달란트가 포함되어 있었다. 한 권위자가 말한 바와 같이, "동판 두루마리에 열거되어 있는 보물의 총량은 확실히 매우 많은 양이긴 하지만, 이성의 영역을 넘어서는 것이 아니다.……우리는 동판 두루마리에 있는 숫자가 너무 많아서 믿기 어렵다는 이유로, 이 두루마리를 이제 더 이상 공상문학의 범주에 넣을 수 없다."[16]

1959년과 1960년에는[17] 알레그로가 런던 타블로이드의 자금 지원을 받아 보물이 묻혀 있을 것으로 추정되는 곳을 찾아 나섰다. 그는 다음과 같이 기술된 것을 가지고 작업을 시작했다. "아골 골짜기에 있는 요새에, 동쪽으로 들어가는 계단 밑 약 20미터. 중량 17 달란트의 금궤와 내용물."

알레그로는 히브리어 horebbah를 '요새'로 번역하고 있다.[18] 한편 버미스는 horebbah를 번역하지 않고 그냥 두고 있다. 반면에 다른 두

학자 마이클 와이즈Michael Wise와 플로렌티노 가르시아 마르티네스 Florentino García Martínez는 이 단어를 horveh로 읽고 '폐허'로 번역하고 있다. 알레그로 일행은 아마도 성서에 있는 아골 골짜기가 유대의 북쪽 국경(현재는 엘-부케이아)임을 정확하게 확인했을 것이다. 골짜기를 건너다 보면, 쿰란 서쪽 9.6킬로미터 지점에 하스몬 왕조의 요새가 보인다. 알레그로가 '폐허' 대신에 그런 번역을 하게 된 이유는 아마 이 때문일 것이다. 아랍어로는 그곳을 길벳 미르드Khirbet Mird라고 부른다. 그곳은 일반적으로 옛 히르카니아임이 확인되고 있다. 요세푸스에 의하면, 기원전 31년에 헤로데 대왕이 여기에 있는 하스몬 왕조의 요새를 재건했다.

"그 지역에 많은 요새들이 있음"을 인정하면서도, 알레그로는 동판 두루마리에서 언급하고 있는 '요새'가 "[히르카니아 즉 길벳 미르드] 외에 다른 곳이 될 수가 없다"고 단정했다.[19] 거기서 알레그로와 그의 팀은 쉽게 확인된 헤로데의 석조 건물, 특히 요새를 둘러싸고 있는 성벽으로 보이는 곳을 집중 조사했다. 그러나 그들은 '동쪽 입구'를 발견할 수 없었다. 그래서 "'동쪽으로 들어가는 계단 밑 약 20미터' 지점에 보물이 있는 장소를 확인할 수가 없었다."[20]

이에 굴하지 않고 알레그로는 "무덤의 기념 건조물 안, 세 번째 돌 길에. 금 막대기 100개"로 기술되어 있는 다음 장소를 탐사했다. 그는 그곳이 첫 번째 장소 '부근에' 있을 것이라고 생각했다. 알레그로가 '무덤의 기념 건조물'이라고 번역하는 그 단어를 다른 사람들은 단순히 '무덤' 혹은 '돌로 된 무덤'이라고 번역하고 있다.[21] 알레그로는 아마 골짜기를 건너다보고 있는 한 시설물을 찾아냈기 때문에 '무덤의 기념 건조물'이란 말을 선택했을 것이다. 그 건조물은 "언뜻 보기에 경계초소 같지만……더 가까이 가보면 성격상 기념 건조물임을 보여주는" 것이었다. 그래서 알레그로는 이것을 '기념 건조물'이라고 말하고 있다.

그의 건물 검사관은 "그것이 장례식을 위한 건물일지도 모른다고 생각했다. '세 번째 돌길'로 단정하는 문제는 전혀 어려움이 없었다."[22]

알레그로 일행은 그들이 '최첨단 금속·공동空洞 탐지기'라고 부르는 것을 갖고 있었다. 그러나 그들은 벽에서 보물이 묻혀 있을지도 모르는 곳을 찾을 수 없었다. 결국 그들은 '동판 두루마리에 기술되어 있는 보물 은닉처일지도 모른다는 기대를 접고 기념 건조물을 파괴하지' 않기로 결정했다.[23]

알레그로는 히르카니아로부터 쿰란에 이르기까지, 동판 두루마리에서 '예리코에서 스가가로 가는 길'이라고 말하고 있는 루트를 따라 탐사를 계속해 나갔다. 성서에 언급되어 있는 스가가는 동판 두루마리의 장소 설명에서 네 번 연속 그 이름이 거명되고 있다. 알레그로는 그곳을 쿰란과 동일시하고 있는데 이것은 많은 학자들이 갖고 있는 견해이다.[24]

동판 두루마리의 스가가에 대한 언급 가운데 한 장소는 "갈라진 틈 안에…… '솔로몬' 저수지 안에"라고 기술되어 있다. 쿰란에는 지진으로 피해를 입은 몇 가지 증거가 있다. 쿰란 동쪽에 있는 저수지 중 하나는 실제로 그 부분이 갈라져 내려앉아 있다. 알레그로의 설명에 의하면, "한쪽이 다른 쪽보다 약 70센티미터 정도 낮다." 그래서 "보물을 보관할 장소로 알맞을" 틈을 만들어 놓았다.[25] 그 구멍은 기어 들어가기에 충분할 만큼 크다. 그래서 알레그로가 기어 들어가 보았지만, 몇 개의 질그릇 조각밖에 발견하지 못했다. 그럼에도 불구하고 그는 그 자리가 로마군이 서기 68년에 쿰란을 파괴하고 점령했을 때 쉽게 발견했을 만큼 '대번에 알 수 있는 은닉 장소'였다는 결론을 내렸다. "그들은 여가를 이용하여 그들의 적들이 남겨놓았을지도 모르는 값진 물건들이나 전리품을 찾기 위해 폐허를 뒤지고 다녔을 것이고, 지진으로 인해

입을 딱 벌리고 있는 틈새를 주목하지 않고 넘어갔을 리가 없었을 것이다."[26]

알레그로는 동판 두루마리에서 언급하고 있는 보물을 하나도 찾지 못했다. 확실한 곳을 확인하지 못한 것은 말할 것도 없고, 어떤 확신을 가질 만한 곳을 하나도 확인하지 못했다. 그러나 그는 이곳이나 저곳이 두루마리에 언급되어 있는 장소들 중 하나일지도 모른다는 추측을 계속하거나, 그가 이미 '그 구덩이' 혹은 '그 상류 도랑'일지도 모르는 것을 발견했다는 억측을 계속했다. 그는 "[만일 그가 확인한 것이 옳다고 하더라도] 본격적인 발굴을 해야만……알 수 있을 것"이라고 결론지었다.[27] 그의 금속 탐지 장비는 약 46센티미터밖에 관통하지 못하는데,[28] 때로는 보물이 지표에서 3미터 정도 아래 묻혀 있기 때문이었다.

알레그로는 자신의 확인작업이 '추측의 벌판을 헤매고' 있었음을 이의 없이 시인했다.[29] 그러나 두루마리에 기술되어 있는 모호한 내용을 가지고 정확한 장소를 알아내기는 거의 불가능한 일이었다.

그는 그 장소 중 많은 곳이 예루살렘에 있는 성전산과 그 주변에 있다고 믿고 있었다. 이 점에서도 그의 생각이 거의 확실하게 옳다. 그는 때때로 발굴도 했지만, 역시 성공하지 못했다. 예를 들면, 그는 예루살렘의 키드론 골짜기에 있는 압살롬의 무덤을 비롯한 유명한 기념비적인 세 무덤 근처에서 '사독의 무덤'을 찾았지만, 의미 있는 것은 아무것도 발견하지 못했다.

그는 이슬람교 전통에서 하람 알-샤리프로 알려져 있는 성전산도 탐사했다. 알레그로에 의하면, 대략 24곳이 여기에 위치해 있었지만, "성전 뜰과 성전의 방, 그 방들의 이름과 기능을 잘 알고 있는 사람들만이 신성한 보물이 있는 장소를 인지하여 보물을 약탈할 수 있었다."[30]

그는 현대에 와서 한 번도 조사한 일이 없는 성전산의 지하실과 빈굴들을 조사하면 더 많은 것을 알아낼 수 있을 것이라고 생각했다. 알레그로에 의하면, 이슬람교 당국은 놀랄 만큼 협조적이었다. "시장과 지성소 관리인에 이르기까지 모든 당국자들이 매우 기꺼이 우리를 도와주었다." 그러다가 "갑자기……우리에게 보여주었던 그 호의가 우물쭈물 회피하며 부끄러워하는 듯한 모습으로 바뀌었다."[31] 알레그로는 예루살렘의 군사령관이 상황이 좋지 않다고 판단했다는 이야기를 들었다. 알레그로는 프랑스 성서학교에 있는 그의 적들, 특히 드보와 밀리크가 문제를 제기했을 것으로 짐작했다. 그 증거로, 그는 나중에 그 학교의 학회지에 실린 "우리의 계획이 실패하는 것을 보고 기뻐하는" 한 기사를 인용했다. 그래서 '한없이 귀중한 기회가' 제대로 '이용되지 못한 채' 무산되지 않을 수 없었다. 알레그로는 이렇게 결론지었다. "팔레스타인의 고고학계에 새로운 피와 적극적인 모험심이 주입되기까지, 매우 귀중한 많은 기회들을 계속 놓치게 될 것이다."[32]

알레그로는 확실한 곳을 한 군데도 확인하지 못했지만, 그가 내놓은 많은 제안들은 대체로 이치에 맞는 것들이었다. 알레그로는 "두루마리 전체를 꾸민 이야기로 취급해 버리는 것은 당연히 불합리한 일일 것"[33]이라고 말한 바 있다. 그리고 최근에 동판 두루마리를 번역한 알 월터스 Al Wolters는 "동판 두루마리가 고대의 보물에 대한 진정한 기록이라는 의견이 학계에서 일치하고 있는 것으로" 믿고 있다.[34] 보물 중 어느 것이 아직도 존재하느냐 하는 것도 또 하나의 문제이다. 알레그로는 "적어도 사막에 위치해 있는 것은 아직 있을 가능성이 있다"[35]고 생각했다. 다른 사람들은 그럴 가능성이 없다고 주장했다.

그 보물은 누구의 것이었는가? 누가 그것을 묻었고, 언젠가 그것을 회수하기를 바랐던 사람은 누구였는가?

문외한들의 추측을 믿을 수 없는 것처럼 다음과 같은 학자들의 추측도 믿을 수 없다. 아마도 그 보물은 성전에 속했던 것이거나 에세네파의 보고에 있었던 보물이었을 것이다. 혹은 그것은 아마 서기 2세기 때 로마에 저항한 제2차 유대인 반란, 이른바 바르 코크바 반란과 관련된 자금이었을 것이다. 고대 역사책들의 구석지고 깊숙한 곳들과 학자들의 풍부한 상상력으로부터 여전히 다른 가능성들이 제기되고 있다.

내가 동조하는 가장 인기 있는 추측은 그 보물이 예루살렘 성전에 있던 보물이었을 것이라는 추측이다.

- 우선 보물의 규모가 예루살렘 성전을 제1 후보가 되게 한다. 에세네 공동체도 회원들이 모든 재산을 공동체에 내놓았으므로 그만한 보고를 가졌을 수 있다는 주장을 할 수 있지만, 그럴 가능성이 적어 보인다.
- 두루마리에 언급되어 있는 예루살렘 안이나 혹은 근처에 있는 장소의 숫자도, 비록 이들 예루살렘의 장소들 중 최소한 몇 개는 에세네 사람들이 살던 지역에 있다는 주장이 있었더라도, 나에게 그것이 성전의 보물임을 지지하게 해주는 것 같다.
- 많은 장소에 제주祭酒 그릇과(13번 장소) 에폿이라 불리는 사제들의 옷을(4번 장소) 비롯한 제기와 제의들이 묻혀 있다. 이것 역시 내게는 예루살렘 성전을 제시하는 것 같다.
- 같은 맥락에서, 한 곳에 대한 기술은 herem, 즉 버미스의 번역에 의하면, 성전에 봉헌되는 물품들에 대해 언급하고 있다.
- 별로 중요하지 않은 또 하나의 증거는 논쟁이 되고 있는 32번 장소에 관한 구절을 해독하는 문제와 관련되어 있다. 일부 학자들은 여기 언급하고 있는 것이 Beth of Hakkoz, 즉 하코스의 집 혹은 가문을 가리키는 것으로 보고 있다.[36] 다른 학자들은 Beth ha-

Qos[37] 혹은 Beth Achsar[38]로 읽고 있다. 알레그로는 이 단어를 '여름 별장'으로 번역하고 있다.[39] Beth Hakkoz가(가장 권위 있는 해독으로서[40]) 정말 정확한 해독이라면, 그것은 아마 성전 회계원으로 일했던 가문에 대한 언급일 것이다. 하코스 가문이 사제집안이었음은 분명하다. 에즈라기 2장 61절과 느헤미야기 7장 63절에서는 하코스의 자손들이 사제 가문 사람들이라고 언급하고 있다. 이들은 바빌로니아 유배지에서 돌아왔으나 사제의 혈통임을 증명할 수가 없어서 족보를 확인할 필요가 없는 사제 직분에 임명되었다. 느헤미야기 3장 4절에서는 하코스의 아들인 우리아의 아들 므레못이 예루살렘 성벽을 보수하는 일을 도왔다고 언급하고 있다. 에즈라기 8장 33절에는 우리아의 아들 므레못에게 바빌로니아 유배지에서 가져온 은과 금 및 성전 그릇들을 맡겼다고 기록되어 있다. 아마도 므레못의 할아버지가 하코스였을 것이다(느헤 3:4). 만약에 그렇다면, 성전 보물의 일부가 하코스의 집 근처에 묻혔다고 해서 전혀 놀랄 일이 아닐 것이다. 카일 맥카터의 말에 의하면, "하코스 일가는 성전의 회계원들이었다!"[41]

예루살렘 성전설에 대해 제기되는 주요 문제점들은 성전 당국자들이 그들의 보물을 찾는 열쇠를 그들이 미워하는 적들인 쿰란 사람들이 살고 있는 지역의 동굴 속에, 더욱이 쿰란 사람들이 그들의 두루마리를 보관한 동굴 속에 감출 리가 없다는 것이다. 그럼에도 불구하고 나는 다음과 같이 추측한다. 로마에 저항한 제1차 유대인 반란은 서기 66년에 시작되어 4년간 계속되다가 서기 70년에 예루살렘이 불타고 성전이 파괴되면서 끝났다. 성전 당국은 보물의 일부를 여러 곳에 숨기는 사전 조치를 취해 일부는 예루살렘에, 일부는 키드론 골짜기를 거쳐 사해와 유대 광야로 가는 옛 피난길에 숨겼다. 서기 68년에는 진군하던 로마 군단이 쿰란을 파괴하고 에세네 주민들을 해산시켰다(이것은 우선 쿰란이 에세네 공동체임을 전제로 하고 하는 말이다). 서기 68년 후에 마사다를 계속 점거하고 있던 유대인 전사들이 같은 시기에 쿰란도 점거하고 있었다는 증거가 있다. 최후가 다가오고 있었을 때(쿰란은 파괴되었으나 예루살렘 자체는 파괴되기 전이었을 때), 성전 당국은 그들의 보물 일부를 숨겨둔 비밀장소를 충분한 경험이 없는 사람들에게는 별 소용이 없는 글로 열거하고 있는 동판을 숨기기로 결정했다. 당국자들이 그 동판을 말아 올리자 동판이 두 개로 쪼개졌다. 그리고 나서 그들은 그 두 개로 나누어진 동판을 쿰란 근처 한 동굴로 가져갔다. 당시에 쿰란은 과거의 점유자들과 교의상으로 이론異論을 갖지 않은 전사들이 점거하고 있었다. 아마 숨겨둔 용품들이 이미 동굴을 차지하고 있음을 알게 된 그들은 동굴 안쪽 뒤 바위벽에 선반을 만들어 동굴 안에 있는 다른 두루마리들과는 완전히 동떨어져 있는 곳에 두 개의 구리 두루마리를 놓아두었을 것이다. 그 두루마리는 거의 2천년이 지난 뒤 고고학자들에 의해 발견되었다.

그러나 이런 추측에는 몇 가지 문제점이 있다. 금속에 글자를 새겨 넣는 어려움을 감안하더라도, 동판 두루마리의 글씨가 서투르고 오자로 가득 차 있다는 점이다.[42] 무엇보다도 이런 이유 때문에, 프랭크 크로스는 동판 두루마리가 진짜로 보물에 대한 기술을 하고 있는지 의심하고 있다.[43] 그리고 동판 두루마리를 숨긴 사람들이 왜 다른 사람들이 이미 은닉 장소로 이용하고 있는 동굴을 선택했는가?

다른 이상한 점들도 동판 두루마리의 미스터리에 더 추가되고 있다. 히브리어 자체에 이상한 점이 있다. 어느 전문가의 말에 의하면, "11개의 쿰란 동굴에서 나온 수백 개의 다른 두루마리들 중에서 어느 것도 같은 것이 없다.……우리가 알고 있는 어느 히브리어와도 같은 것이 아니다." 그것은 아마 시골 사투리였는지도 모른다. 철자법 역시 보기 드문 것이다. "동판 두루마리에서 사용한 철자법에 꼭 맞는 정자법正字法은 없다."⁴⁴

언어와 필체 및 철자법은 미쉬나 히브리어, 즉 일반적으로 그 연대를 서기 약 200년으로 보는 최초의 위대한 랍비의 구전율법 미쉬나 히브리어와 약간 닮았다. 이를 근거로 밀리크는 동판 두루마리를 만든 연대를 서기 약 100년으로 보았다. 아마 쿰란이 서기 68년에 파괴된 것을 감안하여 동판 두루마리를 다른 두루마리들과 분리시킴으로써, 알레그로와 같은 보물을 찾는 사람들과 동판 두루마리에 대한 주장을 단념케 하려는 의도도 있었을 것이다. 동판 두루마리의 연대가 서기 100년이라면, 당시의 가난한 유대인들이 그만한 규모의 보물을 갖고 있었다고는 전혀 생각할 수 없는 일이었다.

덜 편향적인 프랭크 크로스는 그 두루마리의 연대를 서기 25 내지 75년으로 보았고, 오늘날 대부분의 학자들이 이에 동조하고 있다.⁴⁵ "증거를 전체적으로 검토해 보면……그 연대를 서기 68년 이전으로 보지 않을 수 없다."⁴⁶

더욱 더 불가사의한 것은 보물에 대한 기술 뒤에 이상한 그리스 글자가 몇 자씩 나타나는 곳이 많다는 것이다. 1, 4, 6, 10, 14, 17번 장소에 대한 기술 뒤에 때로는 둘, 때로는 세 개의 그리스 글자가 있다. 글자가 아닌 다른 기호일지도 모르는 것도(특히 17번 장소에 대한 기술 뒤에) 있다. 그리스 글자들은 단어나 알려진 약자를 이루지 않고 있다. 어느 학자는 그것들이 그 장소에 묻은 보물의 양을 표시하는지도 모른다는 의견을 제시했다.⁴⁷ 최근에는 그것들이 그 특정한 장소의 보물에 대해 책임을 진 사제 일가의 이름을 약자로 표시한 것이라는 의견을 제시하는 사람도 있다.⁴⁸ 그러면 왜 그 글자들이 이들 여섯 곳에만 나타나는

가?

한편으로 보면, 이들 신비스런 그리스 글자들이 동판 두루마리를 다른 쿰란 필사본들과 연결시키고 있을지도 모른다. 쿰란 필사본 중 몇 개에도 이유를 알 수 없는 그리스 글자들이 포함되어 있어 학자들을 어리둥절하게 만들고 있다.[49]

밀리크와 드보 및 알레그로가 인식하지 못한 동판 두루마리의 일면을 탈무드 학자 맨프레드 레만Manfred Lehmann이 알아보았다. 그는 그 두루마리에 탈무드에서 나온 종교적인 전문용어가 상당히 많이 포함되어 있다는 것을 발견했다. 예를 들면, 두루마리에 여러 번 나오는 'kli dema'라는 말은 '테루마terumah의 그릇', 즉 성전에서 바친 제물 음식 중 사제들에게 주는 몫을 가리킨다. 밀리크는 이것을 '향로'로 번역하고 있고, 알레그로는 '십일조 그릇'이라 부르고 있다.[50] 또 다른 용어 ma'aser sheni는 돈으로 바치는 '또 다른 10분의 1'을 가리킨다. 그리고 herem은 전쟁이 아니라 '봉헌된 제물'을 가리킨다. 이와 같은 전문 용어가 들어있는 것이 두루마리와 성전이 연관됨을 강조해주고 있다.

레만은 동판 두루마리에 성전이 파괴된 후에도 계속해서 스스로 부과해온 성전세가 반영되어 있다고 주장한다. 한편 시카고 대학교 학자 노먼 골브는 동판 두루마리를 다른 쿰란 두루마리들과 연관시킴으로써 그 두루마리 전체가 에세네의 장서나 심지어 어느 종파의 장서가 아니라 성전의 유대인 주류의 장서라는 자신의 견해를 뒷받침하려 하고 있다. 그래서 논쟁이 계속되고 있다.

1993년에는 요르단 정부가 어느 학자의 말처럼 점점 "사라져가고 있는"[51] 동판 두루마리를 보존 처리하기로 결정했다. 그래서 얇고 긴 두루마리 조각들을 파리로 가져가게 되었다. 파리의 프랑스 팀은 23개의 그 반구형 조각들을 보존 처리했을 뿐만 아니라, 펴고 접을 수 있는 똑같은 복사판을 만들어 본문을 훨씬 더 쉽게 사진을 찍고 읽고 공부할 수 있도록 했다. 그 두루마리는 이제 암만으로 돌아와 있고, 성서학교의 에밀 푸에Émile Puech 신부가 본문의 신판을 낼 준비를 하고 있다. 푸에 신부의 작업은 컴퓨터 화면으로 처리할 수 있는 디지털화된 고해상도 X-레이에 의해 쉽게 이루어지고 있다. 이 모든 것이 두루마리의 미스터리를 어느 정도 풀지는 두고 보면 알게 될 것이다.

알레그로는 어떻게 되었는가? 학자 공동체로부터 따돌림을 받은 그는 결국 작가로 활동하기 위해 학계를 떠났다. 수년간 두루마리를 연구하는 동안, 그는 "호탕하고 무모하며 인습을 기꺼이 타파하는" 사람이라는 평을 받았지만, 결국 학자 공동체의 적대 행위가 그를 "넌더리나게 하고 환멸을 느끼게" 만들었다.[52] 1970년에 그는 『신성한 버섯과 십자가The Sacred Mushroom and the Cross』라는 제목의 책을 한 권 출판함으로써 학자로서 자살행위를 했다. 그 책에서 그는 예수는 존재한 적이 없으며 환각을 유발하는 버섯에 중독된 초기 그리스도인들이 만들어낸 이미지에 불과하고, 그리스도교는 주신제酒神祭의 버섯 숭배로 시작되었다고 주장했다. 그의 옛 옥스퍼드 스승인 고드프리 드라이버Godfrey Driver를 비롯한 저명한 영국 학자 14명이 런던 〈타임스〉에 그 책을 거부하는 뜻을 밝힌 편지를 보냈고, 출판업자는 그 책을 출판한 것을 사과했다. 알레그로는 1988년 65세로 죽을 때까지 학계에서 유배되어 있었다.

프랭크 크로스는 알레그로를 "내가 아는 몇 안 되는 도덕과 관계없이 사는 사람 중의 하나이며……그가 타블로이드판 신문들에 실은 바티칸의 지배에 관한 피해 망상의 헛소리들이 사실이 아니라는 것을 그는 잘 알고 있었다"고 평했다. ……언젠가 내가 알레그로의 동기를 설명할 수 있는지 크로스에게 물어보았더니 그는 이렇게 대답했다. "돈 때문이라고 [알레그로]가 나한테 얘기했어요. 변명하려 하지도 않았습니다. 이처럼 명예를 훼손하는 기사가 많이 나간 후 그가 두루마리를 연구하는 일로 돌아왔을 때, 내가 그를 만나서 물어보았어요. '존, 그 인터뷰 기사들과 신문에 난 기사들이 당신이 한 얘기가 맞아요?' 그는 대체로 맞다고 시인했습니다. 그래서 나는 그를 경멸했어요. 나는 알레그로를 더 이상 상대하지 않았습니다.……그는 다정하고 매력 있는 사람이었지만 비뚤어진 사람이었어요."[53] 그럼에도 불구하고, 그가 없었다면 동판 두루마리는 지금도 꾸며낸 이야기로 여겨지고 있을지도 모른다.

제12장

미래에 대한 기대

사해 두루마리는 당연히 20세기의 가장 위대한 고고학적 발견이라고 평가되어 왔다. 이 발견은 거의 모든 사람이 소문을 들은 유일한 고고학적 발견이었다. 그러나 역설적으로, 그 두루마리들이 왜 그렇게 중요한지, 더 구체적으로 말해 그 두루마리들이 우리에게 말해주고 있는 무엇이 그것들을 그렇게 중요하게 만드는지 말할 수 있는 사람은 별로 없다.

상황이 이렇게 된 것은 그 두루마리들을 만든 배경에 대한 기술이 별로 없기 때문이다. 우리가 보아온 바와 같이, 이 두루마리들의 중요성은 더 광범위한 학문적 배경의 일부로 이해할 때만 분명해진다. 이렇게 이해하려는 것이 이 책의 취지였다.

이 두루마리들이 많은 사람들에게 가장 많은 호기심을 불러일으키게 하는 측면은 두루마리들이 예수와 초기 그리스도교 공동체에 관해 무슨 말을 하고 있는가와 관련되어 있다. 그러나 두루마리들은 이런 문제들에 대해 직접적으로 아무런 말을 하지 않고 있다. 예수는 두루마리들 속에 없다. 학자들은 인류 역사상 매우 중대한 이 시기를 알아보기 위해 수년 동안 많은 노력을 기울여왔다. 그들이 그리스도교가 어떻게 발전되었는지 알아보기 위해 이용해온 자료들이 두루마리들뿐만은 결코 아니었다. 그러나 두루마리들이 수수께끼의 중요한 요소이다. 실제로, 우리가 두루마리들에 대해 더 많이 이해할수록 중요한 요소가 더 늘어가고 있다.

오늘날 학자들 사이에는 우리가 예수를 이해하기 위해서는 그가 살았던 유대인 사회를 이해해야 한다는 데 의견이 일치되어 있다. 두루마리들이 중요한 이유가 여기에 있다. 두루마리들은 바로 그 사회를 들여다 볼 수 있는 가장 좋은 창문들이기 때문이다. 이것이 두루마리들의 히브리어와 아람어가 아닌 신약성서의 그리스어로 교육을 받고 전문가가 된 많은 신약성서 학자들에게 문제를 야기하고 있다. 고참 신약성서 학자들은 이제 새로운 언어를 배워야 하고 온갖 새로운 주요 증거들을 받아들여야 한다. 최근에 나온 예수와 초기 그리스도교에 관한 많은 책들이 두루마리에 관해 거의 언급을 하지 않는 이유를 이것이 설명해 줄지도 모른다.

두루마리들이 예수와 초기 그리스도교에 관해 직접적인 이야기를 전혀 하지 않고 있지만, 두루마리들은 예수가 사용했던 언어와 '구세주', '하느님의 아들'과 같은 개념, 예수와 초기 그리스도인들이 히브리 성서를 이해하고 해석했던 방식, 예수와 동시대 사람들의 사고방식, 그 당시 유대의 이념적·사상적 대혼란 속에 소용돌이치고 있던 다른 유대인 운동 등에 관한 많은 이야기를 해주고 있다. 두루마리들이 그리스도교에 관해 무엇인가 강조하는 것이 있다면, 그것은 예수와 그의 메시지가 그 당시 유대 사회에서 일어나고 있던 것과 매우 많이 관련되어 있고, 그것의 일부이며 거기서 나왔다는 것이다.……그러므로 두루마리들은 그 세계에 관해 많은 이야기를 함으로써 그리스도에 관한 이야기를 우리에게 해주고 있다. 가장 늦게 나온 히브리어 성서인 다니엘서는 연대가 기원전 약 150년이다. 가장 일찍 나온 랍비의 텍스트인 미쉬나는 서기 약 200년에 편집되었다. 그 사이 기간은 상당히 오랜 블랙홀과 같다. 두루마리들은 그 암흑기에 나온 필사본들의 총서와 같은 것이다.

그러나 그 총서는 주류로부터 스스로 떨어져 나온 주변적인 유대인 그룹이나, 혹은 오늘날의 학자들이 '서민'이라고 부르고 있는 유대교의 것이었음이 분명하다. 쿰란 그룹은 다른 달력을 사용했고 예루살렘 성전을 관장하고 있던 유대인들을 경멸했다. 기원이 바뀔 시기의 유대교 역사를 우리에게 설명해줄 이 그룹으로부터 우리가 배울 수 있는 것은 무엇인가? 우리는 두루마리들 중 일부가 종파의 것이 아니고, 유대교 주류의 것이 분명함을 보아왔다. 두루마리들 중 일부는 비록 논쟁거리이긴 하지만, 그 그룹의 적들에 대해 기술하고 있다. 그리고 두루마리들은 일반적으로 그 당시의 유대인 주류와 비주류가 갖고 있던 사상과 사고방식을 반영하고 있다. 그래서 예를 들면, 우리는 주류이든 이탈파이든 당시의 유대 사회가 정결과 불결에 관심이 매우 많았음을 보아왔다. 왜 그랬는지 우리는 아직 그 이유를 모르고 있다. 그러나 그랬다는 것은 분명하다. 그 시기의 사회 상황을 고려하여, 그 당시의 유대인들이 마지막날에 대해 관심을 가졌던 이유와 학자들이 종말론이라 부르는 것을 알아보는 것이 아마 더 쉬울 것이다. 이 모든 것을 두루마리들이 밝혀주고 있다. 그러나 역시 그것은 이런 의문들에 관한 더 폭넓은 주요 증거의 일부일 뿐이다.

우리가 알아본 바와 같이, 두루마리들은 히브리 성서와 그 성서가 어떻게 발전되었고, 다양한 본문과 개작이 어떻게 해서 한때 널리 수용되었으며, 이들 본문이 어떻게 해서 여러 가지 다른 어족語族의 필사본(마소라, 70인역, 사마리아 사본)으로 나타났고, 랍비의 공인 본문이 어떻게 표준화되고 결국 정전이 되었으며, 다른 성서 같은 책들이 더불어 발전해오다 어떻게 해서 결국 정전에서 제외되었는지 우리가 이해하도록 도와주기도 한다.

이런 것들은 두루마리들에 의해 밝혀진 중요한 영역들의 일부이다. 하지만 밝혀질 영역들이 더 많이 있고, 실제로 그쪽 영역에서 시작하는 것이 더 정확할 것이다. 기원전 3세기부터 서기 2세기까지 그 기간에 관한 의문 중에서 그 의문을 어느 정도 해결해줄 것인지 두루마리들에게 물어보지 않고 탐구할 수 있는 것은 단 하나도 없다.

이러한 새로운 자료들은 쉽게 흡수되는 게 아니다. 이 자료들은 어구가 생략되어 있고 상징적이고 은유적인 난해한 언어로 씌어진 조각들이다. 사실, 두루마리들은 '쿰란학' 혹은 단순히 '쿰란연구'라 불리는 전혀 새로운 분야의 학문이 생겨나게 했다. 거기서 파생된 문헌을 모두 읽는 것도 불가능한 일일 것이다. 1970년과 1995년 사이에 출판된 사해 두루마리 연구에 대한 관계 서적 목록은 대략 6천 가지나 된다.[1]

가장 위대한 두루마리 권위자들도 그 두루마리들을 누가 썼고 두루마리가 발견된 동굴에 인접해 있는 폐허와는 어떤 관계에 있었는가와 같은 두루마리 관련 핵심적인 의문에 대해 의견의 일치를 이뤄낼 수 없었다. 미스터리는 여전히 남아 있다.

모든 학자들이 자료에 접근하게 됨으로써, 사해 두루마리 연구가 갑자기 발전했다. 이 점에 관해서는 모든 사람이 동의하고 있다. 두루마리들이 받은 평판이 똑똑한 젊은 학자들을 쿰란연구에 많이 끌어들였다. 그러나 그들이 두루마리들이 제시하고 있는 많은 수수께끼들을 마침내 해결할 수 있을지는 여전히 미지수이다. 예를 들면, 우리는 그 종파의 두루마리들이 에세네 문서인지 아닌지 결코 알아내지 못할 수도 있다.

그러나 의문 중 일부에 대해서는 아직 발견되지 않은 두루마리들이

나 발견되었지만 아직 개인의 손에 들어가 있는 두루마리들에 의해 언젠가 해답을 얻을 수 있을 것이다. 거의 모든 학자들이 더 많은 두루마리들이 골동품 상인들과 개인 수집가들의 손이나 쿰란 근처 동굴 안에 들어 있을 것이라는 데 동의하고 있다.

최근에 골동품 시장에서 팔려고 내놓는 두루마리들이 있다는 소문이 런던과 워싱턴 및 예루살렘에서 나돌았다. 예를 들면, 나 역시 한 수집가가 완벽한 두루마리 하나를 이미 사들였고 언젠가 공개할 것이라는 얘기를 들었다.

그러나 유명한 성전 두루마리가 발견된 1967년 이후에는 빛을 본 두루마리는 하나도 없다. 6일 전쟁 3일째 날, 이스라엘이 예루살렘 전 지역과 베들레헴을 새로 지배하게 되자, 이가엘 야딘은 이스라엘 군 대령 한 사람을 칸도에게 보내 칸도가 숨겨놓고 있는 것으로 야딘이 의심하고 있던 한 두루마리를 놓고 담판을 짓게 했다. 칸도는 그의 베들레헴 집 방바닥에서 타일을 몇 장 떼어내고 성전 두루마리를 넣어둔 바타 신발 상자 하나를 꺼냈다. 두루마리는 이스라엘 당국에 의해 즉시 몰수되었다. 결국, 칸도는 앞서 13만 달러를 주겠다는 제의를 거절했지만, 두루마리 값으로 10만 5천 달러를 받고 말았다.

그날 이후 오늘날까지 우리가 알고 있는 단 하나의 새 두루마리 조각도 골동품 시장에 나타나지 않았다(물론, 우리는 비밀 거래에 관해서는 모른다). 소문에 의하면, 성전 두루마리 사건이 있은 후 칸도가 남아 있던 그의 두루마리 자료를 모두 다마스쿠스로 밀반출한 것으로 알려져 있다.

1994년에, 요르단 고대유물 관리국의 마지막 영국인 국장이었던 랭케스터 하딩이 임종 때 1967년 6일 전쟁 직후 시리아 알레포에서 손상되지 않은 쿰란 두루마리 3개를 보았다는 주장을 했다고 존 스트러그넬이 나에게 얘기한 바 있다. 스트러그넬은 자기도 역시 아직 공개된 적이 없는 두루마리들을 몇 개 본 적이 있다고 말했다.

"가까운 장래에 어디선가……다른 필사본 5개가 발견되더라도 나는 놀라지 않을 겁니다." 스트러그넬은 이어 이렇게 말했다. "7개 혹은 8개가 나오더라도 나는 당황하지 않을 것입니다. 만일 끝내 하나도 빛을 보게 되지 못한다면, 나는 도대체 누가 이런 환각증상을 갖고 있었는지, 더 정확하게 말하면 왜 그것을 숨기고 있는지 궁금하게 생각할 것입니다."

두루마리들이 더 이상 나오지 않는 한 가지 이유에 대해 우리는 그것을 가진 사람들─수집가, 발견자, 상인들─이 칸도의 성전 두루마리처럼 몰수당하거나, 존경을 받지 못하고 욕을 먹게 될 것을 두려워하기 때문이라는 얘기를 듣고 있다. 전문적인 고고학자들은 흔히 수집가와 상인들을 경멸한다. 이 같은 거만함의 대가가 1967년 이후 새로운 두루마리가 더 이상 나오지 않게 했는지도 모른다.

나를 포함한 다른 사람들은 두루마리를 가지고 있는 사람들이 앞으로 나오도록 독려해야 한다고 믿고 있다. 우리는 그들의 보물들이 우리의 과거에 관해 말해줄 수 있는 것을 알고 싶어한다. 결국, 이들 수집품들은 공립 박물관으로 넘어갈 것이다. 그 많은 사해 두루마리를 사들일 때 그랬던 것처럼, 일반 기증자들이 박물관을 위해 구매 자금을 대주는 경우를 많이 볼 수 있다. 당국이 불법 발굴자들 및 그들의 중개인들과 거래를 하지 않았더라면, 예를 들어 4번 동굴에서 나온 수많은 조각들이 지금은 전 세계 수백 명의 개인 손에 들어가 있을 것이다. 오늘날 그 조각들 거의 모두가 예루살렘의 록펠러 박물관에 있게 된 것은─거기서 같은 두루마리에서 나온 조각들을 확인하여 새로 짜 맞출 수 있게 되고 학자들이 장서 전체를 평가할 수 있게 된 것은─처음에 칸도로부터 그 두루마리들을 확보했던 학자들의 양식에 대한 하나의 선물이다.

다른 두루마리들이 동굴들 안에 아직 있는 것이 거의 확실하다. 그러나 이들 동굴의 입구가 지진으로 인한 낙석으로 오래 전에 막히고 가리어졌다. 음파 탐지기를 사용하면 언젠가 이 동굴들을 찾을 수 있을 것이다. 아니면 또 다른 지진으로 입구가 열릴지도 모른다. 존 스트러그넬은 이렇게 말하고 있다. "약 25년마다 요르단 계곡이 지진으로 갈라집니다. 나는 오래 전에 붕괴된 동굴들이 그때 열리기를 기대합니다. 그때 어떤 필사본들이 빛을 보게 되기를 나는 기대합니다."

이미 탐사한 동굴들에서도 베두인이나 전문 고고학자들의 제한된 장비로는 움직일 수 없었던 낙석들 밑에 두루마리 자료들이 묻혀 있을 수 있다. 거의 40년 전에, 근처 와디에 있는 동굴들을 탐사하고 있던 이스라엘 팀을 이끌었던 페사흐 바르-아돈은 몇 십 개의 동굴 바닥이 움직일 수 없는 낙석들로 덮여 있다고 보고한 바 있다. 그는 이들 동굴 중 하나에서 히브리어와 그리스어로 된 두루마리 조각들을 발견했다. 그는 말했다. "완본 두루마리의 없어진 부분이 아마 이 바위들 밑에 깔려 꼼짝 못하고 있을 것입니다. 그렇다면 그 부분이 아직 거기에 있을 것입니다."[2]

또 한 가지 경우로, 한 젊은 집단농장(키부츠) 노동자가 밑바닥을 어렴풋이 볼 수 있을 만큼 낙석들을 용케 옮긴 적이 있었다. 그는 그의 손전등 불빛을 이용하여 긴 흰색 옷에 밧줄 같은 허리띠를 매고 있는 해골 하나가 바위 틈에 꽉 끼어 있는 것을 보았다.[3] 이 바위 더미 밑에 다른 무엇이 있는지는 여전히 미스터리로 남아 있다.

현대적인 장비와 탐사할 의지가 있다면, 가장 기대되는 몇 개의 바위 더미 밑에 있는 것을 찾아낼 수 있을 것이다. 프랭크 크로스는 언젠가 그런 일이 이루어지리라 믿고 있다. "나는 붕괴된 대부분의 동굴에 두루마리들이 아직 남아 있을 것이라고 생각합니다. 언젠가 그 두루마리들이 빛을 보게 될 것이고, 많은 호기심을 불러일으킬 겁니다."[4]

그럭저럭하는 동안, 학자들은 이미 빛을 보게 된 놀라운 새 문헌들에 대한 지식을 계속해서 더해 주고 있다. 그들의 연구는 흔히 제한되고 전문적이다. 그러나 오늘날에 제시할 수 있는 것보다 더 납득이 가는 종합적인 지식을 얻어내기에 충분한 연구를 한 단계씩 점진적으로 해나갈 것이다. 그러는 동안, 아직 할 일이 많이 남아 있다.

미주

책머리에

1. André Dupont-Sommer, *The Dead Sea Scrolls: A Preliminary Survey*(Oxford: Basil Blackwell, l952), p.99.
2. Edmund Wilson, *The Scrolls from the Dead Sea*(New York: Oxford University Press, 1955).
3. Ibid., p.102.
4. Ibid., p.104.
5. Geza Vermes, *The Complete Dead Sea Scrolls in English*(New York: Allen Lane/Penguin Press, 1997), p.7.
6. Josephus, *Jewish Antiquities*, Ralph Marcus, trans., Loeb Classical Library (London: Heinemann/Cambridge, Mass.: Harvard University Press, 1969), 12.5.l.
7. Shaye J. D. Cohen, in H. Shanks, ed., *Ancient Israel*(Washington, D.C.: Biblical Archaeology Society, 1988), p.215.

제1장 전설 탐구

1. 재단은 1991년에 설립되었다.
2. 한편에선, 에드-디브가 문맹이 아니었으며 베들레헴에서 루터 교회 초등학교에 다녔다고 주장한다. William H. Brownlee, "Edh-Dheeb's Story of His Scroll Discovery," *Revue de Qumran* 3:12(October 1962), p.489.

3. John C. Trever, *The Dead Sea Scrolls: A Personal Account*(Grand Rapids, Mich.: Eerdmans, 1965), p.219, n. 17을 보라. 트레버는 근거가 불명확하다는 점으로 인해 최초의 발견물을 수년 동안 가방 속에 넣어두었다는(다른 에드-디브의) 주장을 정말이라고 생각하지 않고 있다.
4. Ibid., p.98.
5. Ibid., p.218, n. 6.
6. William H. Brownlee, "Some New Facts Concerning the Discovery of the Scrolls of 1Q," *Revue de Qumran* 4(1963), p.418. 하딩도 이 문제를 혼동하여 두 사람에게 에드-디브라는 이름을 사용했다. 하딩은 *Discoveries in the Judean Desert 1*에서 발표했던 것과 다른 내용을 런던〈타임스〉에 발표했다.
7. William H. Brownlee, "Muhammad Ed-Deeb's Own Story of His Scroll Discovery," *Journal of Near Eastern Studies* 16(1957), p.236. 또한 Brownlee, "Some New Facts," p.488을 보라.
8. John C. Trever, "When Was Qumran Cave 1 Discovered?" *Revue de Qumran* 3:9(February 1961), p.135. 두 명의 눈치 빠른 관찰자들은 최근 "두루마리를 발견한 경위와 필사본 조각들을 1번 동굴에서 옮긴 경위에 관한 정확하고 자세한 이야기는 결코 밝혀내지 못할 것"이라고 특별히 언명했다. George J. Brooke and James M. Robinson, "A Further Fragment of 1QSb: The Schøyen Collection MS 1909," *Journal of Jewish Studies* 46:120(1995), p.124. 1947년에 예루살렘에 있는 미국 동양학연구소 소장이었고 두루마리 연구 초기 몇 년 동안 중요한 역할을 했던 예일 대학교의 밀러 버로우즈는 1955년에 이미 같은 결론을 내렸다. Millar Burrows, *The Dead Sea Scrolls*(New York: Gramercy Publishing Company, 1955), p.4.
9. 예를 들어, Brownlee, "Edh-Dheeb's Story," pp.484-85를 보라.
10. 윌리엄 브라운리에 따르면, 파이디 알-알라미가 "[처음] 이야기마다 등장하는 베들레헴의 유일한 골동품 상인"이다. Ibld., p.490.
11. (나지브 S.) 쿠리Khoury는 [파이디 살라히로 알려진] 바로 그 사람이 베들레헴에서 파이디 알-알라미로 알려져 있었다고 생각한다. Brownlee, "Some New Facts," p.418.
12. Frank Moore Cross, *The Ancient Library of Qumran and Modern Biblical*

Studies, rev. ed.(Grand Rapids, Mich.: Baker Book House, 1961, reprinted 1980), pp.6-7, n. 2.
13. Ibld., p.7.
14. Edward M. Cook, *Solving the Mysteries of the Dead Sea Scrolls*(Grand Rapids, Mich. : Zondervan, 1994), p.13.
15. Yigael Yadin, *The Message of the Scrolls*(New York: Simon and Schuster, 1957) 참조. 야딘은 아버지의 일기를 보고 이런 이야기를 하고 있다.
16. 정확한 날짜를 혼동하고 있는 듯하다. 수케닉의 일기에는 11월 29일로 되어 있지만, 11월 28일이었을 수도 있다.
17. Yadin, *Message of the Scrolls*, pp.13-14.
18. Harry Thomas Frank, in Hershel Shanks, ed., *Understanding the Dead Sea Scrolls*(New York: Random House, 1992) , p.10.
19. 나쉬 파피루스는 사해 두루마리라는 증거물이 나오기 전에, 기원전 2세기에서 기원후 2세기 사이의 것으로 알려져 있었다. 게자 버미스의 *The Dead Sea Scrolls-Qumran in Perspective* 개정판(Philadelphia: Fortress Press, 1981), pp.35-36 참조. 올브라이트는 두루마리가 없었을 때도 나쉬 파피루스를 기원전 2세기 중반의 것으로 보았다. P. 카일 맥카터 2세의 *Ancient Inscriptions: Voices from the Biblical world*(Washington D.C.: 성서고고학회, 1996), p.157 참조. 두루마리의 도움으로, 올브라이트의 연대 추정이 확인되었다. 모세 그린버그의 유대 백과사전(기원전 150년)에 나와 있는 "나쉬 파피루스", 에마누엘 토브의 *Textual Criticism of the Hebrew Bible*(Minneapolis: Fortress Press, 1992), p.118(기원전 1 혹은 2세기), 아다 야데니의 *The Book of Hebrew Script* (Yerusalem: Carta, 1997), p.45(기원전 2세기 중엽) 참조. 야데니에 의하면, 나쉬 파피루스는 초기의 유대 초서체 서법을 보여주고 있다(p.172). 최근에 발견된 비슷한 서체로 쓰여진 결혼계약에 관한 파피루스는 연대가 기원전 176년으로 추정되고 있다.
20. Solomon Zeitlin, "The Zadokite Fragments: Facsimile of the Manuscripts in the Cairo Genizah Collection in the Possession of the University Library, Cambridge, England," *Jewish Quarterly Review*, Monograph Series 1 (Philadelphia: Dropsie College, 1952).

21. *Biblical Archaeology Review* 18:14(July/August 1992), p.26에 실린 해리 올린스키의 "The Bible Scholar Who Became an Undercover Agent"에서 인용.
22. Yadin, *Message of the Scrolls*, p.38.

제2장 고고학자 vs. 베두인

1. 맨 처음 두루마리가 발견된 동굴에 대한 진실성에 이의가 제기되고 있다. "맨 처음 발견된 필사본이 고고학적 맥락에서 문제로 대두된 것은 유엔 감시군으로 근무하면서 따분해 하던 벨기에 육군 장교……때문이었다." 게자 버미스는 1987년 Oxford Centre for Postgraduate Hebrew Studies에서 발행한 소책자 "The Dead Sea Scrolls Forty Years On," p.1에다 이렇게 썼다. 벨기에 장교 필리페 리펜스 Philippe Lippens가 아랍 군단의 수색을 부추긴 것은 분명했다. 밀러 버로우즈, *Burrows on the Dead Sea Scrolls*(Grand Rapids, Mich.: Baker Book House, 1978), pp.32-33.
2. Frank Moore Cross, Jr., *The Ancient Library of Qumran and Modern Biblical Studies*, rev. ed.(Grand Rapids, Mich.: Baker Book House, 1980), p.12.
3. Ibid., pp.12-13.
4. Robert Donceel in *The Oxford Encyclopedia of Archaeology in the Near East*, s.v. "Qumran."
5. 나는 종종 드보가 추정하는 연대에 의거하고 있다. 그보다 더 그럴싸한 것이 없기 때문이다. 그러나 앞으로 거론하겠지만, 나는 그의 추정을 별로 신뢰하지 않는다.
6. 이것은 드보의 해석이다. 모든 사람이 이 해석에 동의하는 것은 아니다. 이스라엘 고고학자 이즈하르 허쉬펠드는 기원전 31년의 지진이 쿰란에 피해를 주었지만 별 것이 아니었다고 믿고 있다. 그곳에 뚜렷이 큰 피해를 준 지진은 로마군이 그곳을 파괴한 서기 68년 이후에 발생했다.
7. 이즈하르 허쉬펠드는 로마군의 점령에 관한 드보의 결론에 이의를 제기하고 있다.
8. Cross, *The Ancient Library of Qumran*, p.8.
9. Hershel Shanks, ed., *Frank Moore Cross: Conversations with a Bible Scholar* (Washington, D.C.: Biblical Archaeology Society, 1994), p.115.

제3장 작업팀

1. Hershel Shanks, ed., *Frank Moore Cross: Conversations with a Bible Scholar* (Washington, D.C.: Biblical Archaeology Society, 1994), p.129.
2. 조셉 피츠마이어는 5.60달러를 지불하고 있다. 조셉 피츠마이어, *Responses to 101 Questions on the Dead Sea Scrolls*(New York: Paulist Press, 1992), p.9. 그는 2.80달러의 꼭 2배인 이 같은 시세에 대해 아무런 설명을 하지 않고 있다. 다른 사람들은(예를 들면, 프랭크 무어 크로스는) 환율당국이 확인한 환율인 2.80달러를 지불하고 있다.
3. Shanks, *Frank Moore Cross*, pp.119-120.
4. *Biblical Archaeology Review* 16:1(January/February 1990), p.18의 크로스의 편지를 보라. 또한 Shanks, *Frank Moore Cross*, p.124 참조.
5. Edward M. Cook, *Solving the Mysteries of the Dead Sea Scrolls*(Grand Rapids, Mich.: Zondervan, 1994), p.39.
6. John Strugnell, interview by Hershel Shanks, Cambridge, Mass., January 12, 1994.
7 Shanks, *Frarnk Moore Cross*, p.141.
8. Ibid.
9. Ibid., p.121.
10. "The Philistines and the Dothans—An Archaeological Romance: An Interview with Moshe and Trude Dothan"(Part I), *Biblical Archaeology Review* 19:4 (July/August 1993), p.26.
11. Strugnell, interview.
12. Shanks, *Frank Moore Cross*, p.144.
13. Strugnell, interview.
14. Frank Moore Cross, Jr., *The Ancient Library of Qumran and Modern Biblical Studies*, rev. ed.(Grand Rapids, Mich.: Baker Book House, 1961, reprinted 1980), pp.35, 37.
15. Ibld., p.123.
16. Shanks, *Frank Moore Cross*, p.128.
17. Strugnell, interview.

18. 스타키는 "게으른 사람이었다." 스트러그넬의 인터뷰. 조셉 피츠마이어의 『사해 두루마리: 연구를 위한 주요 출판물과 도구』 개정판(Atlanta: Scholars Press, 1990)을 얼핏 보면, 스트러그넬의 평가를 실증해 주면서 스트러그넬도 비난하고 있다.
19. Strugnell, interview.
20. J.T. Milik, *The Books of Enoch: Aramaic Fragments of Qumran Cave 4* (Oxford: Clarendon Press, 1976).
21. Hershel Shanks, "Debate on Enoch Stifled for 30 Years While One Scholar Studied Dead Sea Scrolls Fragments," *Bible Review* 3:2(Summer 1987), p.34 참조.
22. Avraham Biran, Interview by Hershel Shanks, July 27, 1996.
23. Strugnell, Interview.
24. Yigael Yadin, *The Temple Scroll: The Hidden Law of the Dead Sea Scroll Sect*(London: Weidenfeld and Nicolson, 1985), p.45.

제4장 두루마리를 공개하기 위한 투쟁

1. T. H. Gastor, *The Dead Sea Scriptures*, 2nd ed.(New York: Doubleday Anchor Press, 1976), p.xv.
2. Geza Vermes, *The Dead Sea Scrolls: Qumran in Perspective*(London: William Collins, Sons & Co., 1977), pp.23-24.
3. Avi Katzman, "Chief Dead Sea Scroll Editor Denounces Judaism, Israel; Claims to Have Seen Four More Scrolls Found by Bedouin," *Biblical Archaeology Review* 17:1(January/February 1991), pp.64-72.
4. *The Qumran Chronicle*(December 1990)의 부록을 보라.
5. "Poland Strikes Another Blow for Intellectual Freedom-MMT Once Again Available," *Biblical Archaeology Review* 18:6(November/December 1992), p.56.

제5장 그리스도교 신앙에 대한 음해

1. Marcus J. Borg, "Profiles in Scholarly Courage: Early Days of New Testament Criticism," *Bible Review* 10:5(October 1994), p.40을 보라.
2. Ibid.
3. 문헌에 대한 인용은 Paul Rhodes Eddy, "Jesus as Diogenes? Reflections on the Cynic Jesus Thesis," *Journal of Biblical Literature* 115(1996), p.449에서 찾을 수 있다.
4. N. T. Wright, *Anchor Bible Dictionary*, s.v. "Jesus, Quest for the Historical."
5. 콕스는 *Bible Review* 3:1(Spring 1987)에 실린 대니얼 J. 해링턴의 "유대인 예수"에 대해 언급했다.
6. Harvey Cox, "Jesus and Generation," in Marcus Borg, ed., *Jesus at 2000*(Boulder, Colo.: Westview Press, 1997), p.101.
7. Harrington, "The Jewishness of Jesus."
8. 비비아노 Benedict T. Viviano는 *Revue Biblique* 138(1991), p.80에 실린 에밀 푸에의 프랑스어 번역 "4Q525 et les Péricopes des Béatitudes on Ben Sira et Matthieu"를 영어로 번역하고 있다.
9. Helmut Koester, "The Gospel of Thomas(II, 2)," in James H. Robinson, ed., *The Nag Hammadi Library in English*, 3rd ed.(San Francisco: Harper & Row Publishers, 1988), p.132.
10. Geza Vermes, *The Complete Dead Sea Scrolls in English*(New York: Allen Lane/Penguin Press, 1997), pp.391-392.
11. 예수회 신부인 대니얼 해링턴은 내가 이 점에 주목하도록 했다.
12. Florentine García Martínez, *The Dead Sea Scrolls Translated*, Wilfred G. E. Watson., trans., 2nd ed.(Leiden: Brill, 1996), p.127.
13. Vermes, *Complete Dead Sea Scrolls*, p.159.
14. Michael Wise, Martin G. Abegg, Jr., and Edward M. Cook, *The Dead Sea Scrolls: A New Translation*(San Francisco: HarperSanFrancisco, 1996), p.147.
15. 그 단어는 'yolid'이다. 버미스의 *Complete Dead Sea Scrolls*, p.159의 각주를 보라. 버미스가 의지하는 컴퓨터 화질 향상 기법에도 불구하고, 상당수 학자들은 'ytglh'로 읽고 있다. 에밀 푸에의 "La croyance des esséniens en la vie future:

Immortalit, résurrection, vie éternelle?" *Revue de Qumran* 16:62(December 1993), p.299를 보라.

16. 맨 끝의 번역에서 'fathered'의 th가 괄호 속에 들어 있어서 복구한 것임을 표시하고 있지만, 옥스퍼드 대학교의 컴퓨터 화질 향상 기법에서는 th가 나타나 보인다. 그렇다고 이것이 의심하는 사람들을 모두 만족시켜 줄지는 알 수 없다. "A Textual Note" in James Charlesworth, ed., *The Dead Sea Scrolls. Hebrew, Aramaic, and Greek Texts with English Translations* I(Louisville, Ky.: Westminster John Knox Press, 1995), p.109.

17. 나는 이 같은 카일 맥카터의 소견에 감사하고 있다.

18. Vermes, *Complete Dead Sea Scrolls*, p.494.

19. 존 J. 콜린스의 "A Pre-Christian 'Son of God' Among the Dead Sea Scrolls," *Bible Review* 9:3(June 1993), p.34. 버미스의 *Complete Dead Sea Scrolls*, p.577이 이를 보충하고 있다. 콜린스는 이 본문의 '하느님의 아들'에 대한 여러 가지 해석을 검토한 후, "확신을 가지고" 그것이 구세주적인 인물을 말한다는 결론을 내렸다. 게자 버미스는 이에 동의하지 않는다. Vermes, *Complete Dead Sea Scrolls*, p.576 참조.

20. James Hoffmeier, "Son of God," *Bible Review* 13:3(June 1997), p.44.

21. H. Neil Richardson, "The Old Testament Background of Jesus as Begotten of God," *Bible Review* 2:3(Fall 1986), p.22를 보라.

22. 새 예루살렘 성서는 이 번역문을 채택하고 있다.

23. Hershel Shanks, ed., *Frank Moore Cross: Conversations with a Bible Scholar*(Washington, D.C.; Biblical Archaeology Society, 1994), pp.156-157.

24. Joseph A. Fitzmyer, *Responses to 101 Ouestions on the Dead Sea Scrolls*(New York: Paulist Press, 1992), pp.169-170.

25. 히브리 성서의 요엘 3:1과 대부분의 영어판에 있는 2:28 참조.

26. 루카 복음서에는 포도주가 피라고 언급되어 있지 않다.

27. Vermes, *Complete Dead Sea Scrolls*, p.99 .

28. Ibid., p.111.

29. Ibid., p.116.

30. Yigael Yadin, "The Temple Scroll: The Longest and Most Recently

Discovered Dead Sea Scroll," *Biblical Archaeology Review* 10:5(September/October 1984), p.32.

31. Josephus, *The Jewish War*, H. St. J. Thackeray, trans., Loeb Classical Library(London: Heinemann/Cambridge, Mass.: Harvard University Press, 1976), 2:120.

32. Otto Betz, "Was John the Baptist an Essene?" *Bible Review* 6:6(December 1990), p.18; Fitzmyer, *Responses to 101 Ouestions*, p.107을 보라.

제6장 에세네파의 장서?

1. O. R. Sellers, "Radiocarbon Dating of Cloth from the 'Aln Feshka Cave," *Bulletin of the American Schools of Oriental Research* 123(1951), p.24를 보라.

2. G. Ernest Wright, ed., *The Bible and the Ancient Near East: Essays in Honor of William Foxwell Albright*(New York: Doubleday, 1961).

3. Hershel Shanks, "Carbon-14 Tests Substantiate Scroll Dates," *Biblical Archaeology Review* 17:6(November/December 1991), p.72; Hershel Shanks, "New Carbon-14 Results Leave Room for Debate," *Biblical Archaeology Review* 21:4(July/August 1995), p.61.

4. 요세푸스는 제4 철학의 이름을 말하지 않고 있지만, 많은 학자들은 그것을 열심당원으로 보고 있다. Josephus, *Jewish Antiquities*, L. H. Feldman, trans., Loeb Classical Library(London: Heinemann/Cambridge, Mass.: Harvard University Press, 1969), 18.6 참조.

5. Josephus, Life, H. St. J. Thackeray, trans., Loeb Classical Library(London: Heinemann/Cambridge, Mass.: Harvard University Press, 1976), 4.5.

6. Josephus, *The Jewish War*, H. St. J. Thackeray, trans., Loeb Classical Library(London: Heinemann/Cambridge, Mass.: Harvard University Press, 1976), 2.4.

7. Bargil Pixner, "Jerusalem's Essene Gateway: Where the Community Lived in Jesus' Time," *Biblical Archaeology Review* 23:3(May/June 1997), p.22.

8. Josephus, *The Jewish War*, 2.4.

9. Josephus, *Jewish Antiquities*, 18.5.

10. Josephus, *The Jewish War*, 2.7.

11. Ibid.

12. Ibid., 2.6.

13. Ibid., 2.3.

14. Ibid.

15. Ibid.

16. Ibid., 2.3-4.

17. Ibid., 2.6.

18. Ibid., 2.7

19. Ibld., 2.2.

20. Ibid.

21. Ibid., 2.13.

22. Ibid.

23. 4Q270, 7i, 12-13 / 조각 형태인 4Q267, 9vi, 4-5. *Journal of Jewish Studies* 46(1995), p.141에 실린 필립 R. 데이비스의 "누가 '다마스쿠스 계약'에 참여할 수 있는가?"에서 인용.

24. Josephus, *The Jewish War*, 2.7.

25. Ibid., 2.9.

26. Ibid.

27. Hershel Shanks, "Outlook Grim for Final Report on Qumran Excavation," *Biblical Archaeology Review* 22:6(November/December 1996), p. 44.

28. Josephus, *The Jewish War*, 2. 10.

29. Ibid., 2.6.

30. Ibld., 2.6,7.

31. Ibid., 3.7.

32. Ibid., 2.10.

33. Ibid., 2.11.

34. Josephus, *Jewish Antiquities*, Ralph. Marcus, trans., Loeb Classical Library(London: Heinemann/Cambridge, Mass.: Harvard University Press,

1976), 13.9.
35. Ibid.
36. Josephus, *The Jewish War*, 2.14.
37. *Every Good Man is Free*, 12.85-86, in Philo, F H. Colson, trans., Loeb Classical Editions 9(London: William Heinemann Ltd./Cambridge, Mass.: Harvard University Press, 1961)
38. *Hypothetica*, 11.12, in *Philo*, F H. Colson, trans., Loeb Classical Editions 9 (London: William Heinemann Ltd./Cambridge, Mass.: Harvard University Press, 1961).
39. Ibid., 11.1.
40. *Every Good Man Is Free*, 12.76.
41. *Hypothetica*, 11.14.
42. Ibid., 11.3.
43. *Every Good Man is Free*, 12:84.
44. Ibld., 12:79.
45. 우리는 '에세네'에 해당하는 히브리어가 무엇인지도 모르고 있다. 그 단어가 들어 있는 히브리어 본문도 없다. 그리스어 본문에만 그 단어가 나와 있다.
46. James H. Charlesworth, ed., *The Dead Sea Scrolls: Hebrew, Aramaic and Greek Texts with English Translations* I(Tübingen: J. C. B. Mohr/Louisville: Westminster John Knox Press, 1994).
47. Geza Vermes, *The Complete Dead Sea Scrolls in English*(New York: Allen Lane/Penguin Press, 1997).
48. James C. VanderKam, *The Dead Sea Scrolls Today*(Grand Rapids, Mich.: William B. Eerdmans, 1994), p.57.
49. Vermes, *Complete Dead Sea Scrolls*, p.98.
50. Ibid., pp.97-98.
51. Ibid., p.108.
52. Ibid., p.107.
53. Ibid.
54. Ibid.

55. Ibid., p.105.
56. Ibid., p.106.
57. Ibid., p.105.
58. Ibid.
59. Ibid., pp.107-108.
60. Ibid.
61. Ibid.
62. Josephus, *The Jewish War*, 2.9.
63. 새커리 H. St. J. Thackeray가 지적한 바와 같이, "Reinarch는 예루살렘 탈무드 (*Berachot*, iii, 5)에서 기도시간에 적용하고 있는 비슷한 금기사항에 대해 언급하고 있다."(Josephus, *The Jewish War*, p.379 참조).
64. Vermes, *Complete Dead Sea Scrolls*, pp.101-102.
65. Ibid., pp.99-100.
66. Ibid., p.99.
67. Ibid., p.102.
68. Ibid., p.103.
69. Ibid., p.105.
70. Ibid., pp.109-110.
71. Ibid., pp.112-113.
72. Ibid., p.115.
73. Raphael Levyi, "First 'Dead Sea Scroll' Found in Egypt Fifty Years Before Qumran Discoveries," *Biblical Archaeology Review* 8:5(September/October 1992), p.38; and in Hershel Shanks, ed., *Understanding the Dead Sea Scrolls*(New York: Random House, 1992), pp.63-78.
74. Solomon Schechter, *Documents of Jewish Sectaries: Fragments of a Zadokite Work*(Cambridge: Cambridge University Press, 1910), Introduction, pp.xv, xvi.
75. Louis Ginzburg, *An Unknown Jewish Sect*(New York: Jewish Theological Seminary of America, 1976).
76. R. H. Charles, ed., *The Apocrypha and Pseudepigrapha of the Old Testament in English*(Oxford: Clarendon Press, 1913), p.790.

77. Joseph M. Baumgarten, "Sacrifice and Worship Among the Jewish Sectarians of the Dead Sea(Qumran) Scrolls," *Harvard Theological Review* 46(1953), p.141.
78. 다마스쿠스 문서 8칸 21줄. *Complete Dead Sea Scrolls*에 있는 버미스의 번역.
79. Charlesworth, ed., *Dead Sea Scrolls*, p.4의 바움가르텐 Joseph M. Baumgarten과 슈발츠 Daniel R. Schwartz.
80. 다마스쿠스 문서 1칸 2-4, 14-15줄, 3칸 10-11줄, 4칸 3-4줄, 6칸 5줄 19줄, 19칸 (CD Ms B) 9-11줄. *Complete Dead Sea Scrolls*에 있는 버미스의 번역.
81. 10칸 7-9줄. *Complete Dead Sea Scrolls*에 있는 버미스의 번역.
82. 12칸 1-2줄. 2QTemple 45.11-12 참조. *Complete Dead Sea Scrolls*에 있는 버미스의 번역.
83. Charlesworth, ed., *Dead Sea Scrolls*, p.61, 7. 또한 판데어캄의 *Dead Sea Scrolls Today*, p.57을 보라.

제7장 쿰란의 유적

1. Roland de Vaux, *Archaeology and the Dead Sea Scrolls*, The Schweich Lectures of the British Academy, 1959(Oxford: Oxford University Press, 1972, reprinted 1977), p.30.
2. Ibid., pp.11, 27.
3. Jean-Baptiste Humbert and Alain Chambon, *Fouilles de Khirbet Oumrân et de Ain Feshkha*(Fribourg: Éditions Universitaires Fribourg Suisse and Vandenhoeck/Göttingen: Ruprecht, 1994).
4. Yizhar Hirschfeld, "Khirbet Qumran-Hasmonean Desert Fortress and Herodian Estate Manor in the Kingdom of Judaea," forthcoming.
5. Jodi Magness, book review, *Dead Sea Discoveries* 3(1996), p.343.
6. Hershel Shanks, "Death Knell for Israel Archaeology?" *Biblical Archaeology Review* 22:5(September/October 1996), p.48; Hershel Shanks, "What Bones Tell Us," *Biblical Archaeology Review* 22:5(September/October 1996), p.52.
7. Robert Donceel, *The Oxford Encyclopedia of Archaeology in the Near East*, s.v.

"Qumran."

8. 드보는 조그마한 손도끼에 관한 논문을 발표했다. 그는 그것을 의식용 물건으로 보았다. 롤랑 드보의 "Une hachette essénienne?" *Vetus Testamentum* 9(1959), p.399.

9. Sidnie White Crawford, book review, *Bulletin of the American Schools of Oriental Research* 304(1996), p.102.

10. Ibid., p.l03.

11. Norman Golb, *Who Wrote the Dead Sea Scrolls?*(New York: Scribner, 1995).

12. Alan D. Crown and Lena Cansdale, "Qumran-Was It an Essene Settlement?" *Biblical Archaeology Review* 20:5(September/October 1994), p.24.

13. Philip R. Davies, "How Not to Do Archaeology: The Story of Qumran," *Biblical Archaeologist* 51(1988), p.205.

14. Ibid.

15. Kenneth W. Clark, "The Posture of the Ancient Scribe," *Biblical Archaeologist* 26(1963), p.64.

16. Ibid.

17. Ibid., pp.71-72.

18. Ronny Reich, "A Note on the Function of Room 30(the 'Scriptorium') at Khirbet Qumran," *Journal of Jewish Studies* 46(1995), p.157.

19. Ibid., p.159.

20. Bruce M. Metzger, "The Furniture in the Scriptorium at Qumran," *Revue de Qumrân* 1(1958), p.509.

21. Clark, "Posture of the Ancient Scribe," p.70.

22. Katherine G. Pedley, "The Library at Qumran," *Revue de Qumrân* 2(1959), p.21.

23. Stephen Goranson, "Qumran, a Hub of Scribal Activity," *Biblical Archaeology Review* 20:5(September/October 1994), p.37. 고랜슨이 이 글에서 거론하고 있는 잉크병은 원래 편집팀의 일원이었던 존 알레그로에게서 나온 것임이 분명하다. George J. Brooke and James M. Robinson, "A Further Fragment of 1QSb: The Schøyen Collection MS 1909," *Journal of Jewish Studies* 46(1995), p.121 참조.

24. Roland de Vaux, "Fouilles do Khirbet Qumrân," *Revue Biblique* 63(1956), p.551.
25. Donceel, *Oxford Encyclopedia*, s.v. "Qumran."
26. 이들 학자들 중에는 조디 맥니스(*Biblical Archaeology Review* 24:1 [1998년 1/2월호], p.24의 "쿰란의 수수께끼"라는 제목의 인터뷰 기사에서 그녀가 한 말 참조)와 메쇼러 Ya'akov Meshorer도 포함된다. 맥니스는 주장의 근거를 도기에 근거를 두고 있고 메쇼러는 주화에 근거를 두고 있다. 메쇼러는 주화를 이용하여 연대를 추정할 때 셈하는 것은 그것이 주조된 연대가 아니라 그것이 사용된 연대라고 특별히 언급하고 있다.
27. "The Enigma of Qumran" 참조.
28. 메이건 브로쉬의 『성지 고고학 발굴 새 백과사전』에서 "쿰란" 참조. 주화를 증거물로 하는 메쇼러는 브로쉬와 견해를 같이 하고 있다. 고전학古錢學의 견지에서 보면 점유에 공백 기간이 없다.
29. Josephus, *The Jewish War*, H. St. J. Thackeray, trans., Loeb Classical Library IV(London: Heinemann / Cambridge, Mass.: Harvard University Press, 1976), 8:2.
30. Ibid., 9:1
31. De Vaux, *Archaeology and the Dead Sea Scrolls*, p.41.
32. Ibid., p.38. 드보의 발굴에서는 반란 4년차 혹은 5년차의 주화를 찾아내지 못했다.
33. Ibid., p.84.
34. 쿰란 평면도 중에서 나중에 다시 그려 출판된 것에는 이것을 볼 수가 없다. 예를 들면, *The Oxford Encyclopedia of Archaeology in the Near East*에 실려 있는 로베르 동셀의 쿰란 평면도에는 쿰란 '안마당'의 벽들이 없다.
35. 드보의 *New Encyclopedia of Archaeological Excavations*. 흥미로운 것은 드보가 그의 *Archaeology and the Dead Sea Scrolls*, p.62에서는 이 문장에서 '종교'라는 말을 뺀 것이다.
36. Cf. Jean-Baptiste Humbert, "L'Espace Sacré à Qumrân: Propositions Pour l'archéologie," *Reuve Biblique* 101-2(1994), p.161.
37. Bryant Wood, "To Dip or Sprinkle? The Qumran Cisterns in Perspective,"

Bulletin of the American Schools of Oriental Research 256(1984), p.45.

38. Hirschfeld, "Khirbet Qumran," citing G. Garbrecht and Y. Peleg, "The Water Supply of the Desert Fortresses in the Jordan Valley," *Biblical Archaeologist* 57(1994), p.161.

39. Garbrecht and Peleg, "Water Supply," p.161.

40. Donceel, *Oxford Encyclopedia*, s.v. "Qumran."

41. 쿰란에 살았던 사람 수는 학문적으로 상당히 많은 논쟁을 불러일으킨다. 그러나 2백 명이라는 추산이 우세한 편이다.

42. Crown and Cansdale, "Qumran," p.26을 보라.

43. Ibid.

44. Ernest-Marie Laperrousaz, "'Infra Hos Engadda,' notes à Propos d'un article recent," *Revue Biblique* 69(1962), p.24; Jean-Paul Audet, "Qumrân et la notice de Pline sur Esséniens," *Revue Biblique* 68(1961), p.347.

45. Edward Cook, "A Ritual Purification Center," *Biblical Archaeology Review* 22:9(November/December 1996), n.l.

46. 크라운과 캔스데일은 실례로, "팔미라 지역에 대한 [플리니우스의] 설명에는 '아래'라는 단어를 사용하여 베카 계곡에 있는 베레아와 칼키스라는 도시들이 팔미라 고원보다 고도가 낮은 곳에 있음을 지적했다"고 주장한다(Crown and Cansdale, "Qumran," p.28). 바우어소크는 이들 도시들이 팔미라 고원에 비해 고도가 낮지 않다고 주장하며 여기에 동의하지 않는다(바우어소크가 1997년 4월 20일에 허셜 섕크스에게 보낸 편지).

47. 바우어소크가 1997년 4월 20일에 허셜 섕크스에게 보낸 편지.

48. 예를 들면, 스트라보Strabo는 나바테아 사람들이 흑해에서 더 멀리 떨어져(이 경우에는 남쪽에) 있다는 의미로, 흑해가 관계 수역이라는 구절에서 나바테아 사람들이 시리아 사람들의 '위쪽에' 있다고 말하고 있다.

49. De Vaux, *Archaeology and the Dead Sea Scrolls*, p.135.

50. Ibid.

51. Ibid., pp.235f.

52. Ibid., p.137.

53. Crown and Cansdale, "Qumran"에 묘사된 유물들을 보라.

54. 서기 1세기의 주화 몇 개가 이곳에서 발견되었다.
55. 로베르 동셀과 폴린 동셀-부뜨는 쿰란에서 발견된 주화가 "유난히 많은" 사실에 주목하고 있다(『뉴욕 과학 아카데미 연보』 722 [뉴욕: 뉴욕 과학 아카데미, 1994], p.6에 실린 마이클 O. 와이즈, 노먼 골브, 존 J. 콜린스, 파르디Dennis G. Pardee의 『사해 두루마리와 길벳 쿰란에 대한 조사방법』에서 동셀과 동셀-부뜨). 이 사실은 쿰란이 엄격한 종교 공동체가 있던 곳이라는 관점과 모순된다는 것을 드보는 인정하고 있다(De Vaux, *Archaeology and the Dead Sea Scrolls*, pp.129-30). 메쇼러는 주화 수가 유난히 많은 것으로 보지 않는다(사적인 통신에서).
56. *Every Good Man Is Free*, 12.81, in *Philo*, F H. Colson, trans., Loeb Classical Editions 9(London: William Heinemann Ltd./Cambridge, Mass.: Harvard University Press, 1961).
57. 라이흐Ronny Reich는 최근 식당이 회당 구실을 했을 것이라는 소견을 내놓았다("30호 방의 기능에 관한 하나의 주석," p.157, 3항). 그러나 이미 파괴된 회당으로 확인된 다른 곳의 방들과 이 방이 정반대되는 점 때문에 이 소견을 지지하는 사람이 별로 없다.
58. Emanuel Tov, "Hebrew Biblical Manuscripts from the Judaean Desert: Their Contribution to Textual Criticism," *Journal of Jewish Studies* 39(1988), p.8.
59. *Every Good Man Is Free*, 12:78.

제8장 불확실한 결론

1. Frank M. Cross, "The Early History of the Qumran Community," in David Noel Freedman and Jonas C. Greenfield, eds., *New Directions in Biblical Archaeology*(Garden City, N.Y: Doubleday, 1971), p.77.
2. James C. VanderKam, "The People of the Dead Sea Scrolls: Essenes and Sadducees?" in Hershel Shanks, ed., *Understanding the Dead Sea Scrolls*(New York: Random House, 1992), p.57.
3. Martin Goodman, "Note on the Qumran Sectarians, the Essenes and Josephus," *Journal of Jewish Studies* 46(1995), p.161.

4. James H. Charlesworth, ed., *The Dead Sea Scrolls-Hebrew, Aramaic and Greek Texts with English Translations* 1(Tübingen: J.C.B. Mohr/Louisville: Westminster John Knox Press, 1994).
5. VanderKam, "People of the Dead Sea Scrolls," p.52.
6. Ibid., p.53.
7. Goodman, "Note on the Qumran Sectarians," p.165.
8. Cf, Edward M. Cook, "Qumran. A Ritual Purification Center," *Biblical Archaeology Review* 22:6(November/December 1996), p.39.
9. Frank M. Cross and Esther Eshel, "Ostraca from Qumran," *Israel Exploration Journal* 47(1997), p.17; 또한 Cross and Eschel, "The Missing Link," *Biblical Archaeology Review* 24:2(March/April 1998) 참조.
10. 그러나 아직까지는 출판되지 않았다.
11. 마틴 아베그는 인터넷을 이용하여 쿡Cook의 "쿰란"을 인용하고 있다. 도나Greg Doudna 역시 이 같은 인터넷 토론에 상당히 기여했다.
12. "Pesach Bar-Adon and His Discoveries," *Biblical Archaeology Review* 19:4(July/August 1993), pp.36-37.
13. Yigael Yadin, *Bar-Kokhba*(New York: Random House, 1971) 참조. 특히 제10장 "The Letters Speak."
14. Paul W. Lapp, "Bedouin Find Papyri Three Centuries Older Than Dead Sea Scrolls," *Biblical Archaeology Review* 4:1(March 1978), p.16; Frank M. Cross, "The Historical Importance of the Samaria Papyri," *Biblical Archaeology Review* 4:1(March 1978), p.25.
15. Hershel Shanks, "So Far No Cigar," *Biblical Archaeology Review* 22:2 (March/April 1966), pp.10-11.
16. 유타주 프로보의 Foundation for Ancient Research and Mormon Studies에서 열린 전시회.
17. Goodman, "Note on the Qumran Sectarians," p.162를 보라.
18. Ibid., p.165, n. 6.
19. 사적인 통신.
20. 노먼 골브, "The Dead Sea Scrolls," *American Scholar*(Spring 1989), pp.178-9.

역시 노먼 골브의 *Who Wrote the Dead Sea Scrolls?*(New York: Scribner, 1995) 참조.

제9장 유대교 성서를 음해하는 것

1. 예를 들면, 필리스티아인들은 삼손의 눈을 후벼냈다(판관 16:21). 그 후, 바빌로니아인들은 유대 왕 치드키야에게 같은 짓을 했다(2열왕 25:7; 예레 39:7, 52:11).
2. 또 다른 더 복잡한 'homeoteleuton'도 있을 수 있다. James C. VanderKam, *The Dead Sea Scrolls Today*(Grand Rapids, Mich.: Eerdmans, 1994), pp.131-32 참조.
3. 이런 일이 발생하는 경우가 20여 건이나 된다.
4. 어떤 학자들은 단 하나의 원본은 없었다고 주장한다. 이른바 '히브리어 진본'을 찾는 일은 헛된 일이다. 게자 버미스의 말에 의하면, "성서에 관한 한, 원본의 복수성이 원본의 단일성보다 우선이다"(제14회 Sacks Lecture "The Dead Sea Scrolls Forty Years On" [Oxford: Oxford Centre for Postgraduate Hebrew Sudies, 1987], pp.10, 15). 버미스가 지적하는 바와 같이, 성전에 보관되어 있던 원본 두루마리에도 랍비의 전설에 의하면 이문異文이 포함되어 있었다(Yerushalmi, Ta'an 4:2[68a]. Shemaryahu Talmon, "The Three Scrolls of the Law That Were found in the Temple Court," *Textus* 2 [1962], p.14 참조).
5. Harvey Minkoff, "The Aleppo Codex-Ancient Bible from the Ashes," *Bible Review* 7:4(August 1991), p.22 참조.
6. 자세한 것은 결코 분명하게 알 수 없다. 최근의 루머는 앞으로 더 많이 찾아낼 수 있음을 암시하고 있다.
7. 제1판은 1905년에 나왔다.
8. 16세기에, 루터 지배하의 프로테스탄트 교회들은 이 책들을 외경으로 격하시켰다.
9. 가장 중요한 차이점 중 많은 것이 사마리아 신학과 관련되어 있다. 사마리아인들의 거룩한 산은 그리짐 산(스켐 근처, 현대의 나블루스)이다. 반면에 이스라엘 사람들의 거룩한 산은 예루살렘이다. 성서 이야기에 의하면, 그리짐 산은 매우 일찍 이스라엘 것이 되었다. 여호수아가 약속의 땅을 정복했을 당시였다. 한편 예루살렘은 기원전 약 1천년에 다윗이 그 도시를 정복한 후에야 이스라엘의 일부가 되

었다. 마소라 사본에서는, 다윗이 정복하기 전(판관들 시대)에 하느님의 거룩한 산(예루살렘)에 대해 언급하면서, "하느님이 선택하실 장소"라고 묘사하고 있다. 사마리아 오경에서는 이와 똑같은 구절에서 그리짐 산을 "하느님이 선택하신 장소"라고 말하고 있다. 사마리아 오경의 가장 오래된 사본은 기원후 약 13 혹은 14세기 것이다. Alan D. Crown, "The Abisha Scroll: 3000 Years Old?" *Bible Review* 7:5(October 1991), pp.13-21, 39 참조.

10. 4QpaleoExod^m. P. W. Skehan, E. Ulrich, and J. E. Sanderson, *Oumran Cave 4: lV. Paleo-Hebrew and Greek Biblical Manuscripts*, Discoveries in the Judean Desert IX(Oxford: Clarendon Press, 1992), pp.53-130 참조.

11. "하느님이 선택하실 장소에서" "하느님이 선택하신 장소"로 바꾼 교의상의 변화와 쿰란 필사본에는 없는 사마리아에서 추가한 유명한 열한 번째 계명, 즉 사마리아의 거룩한 산인 그리짐 산에 제단을 마련하라는 계명을 제외하고는.

12. 사무엘기, 열왕기, 역대기, 에즈라/느헤미야기가 현대 성서에서는 각각 두 권으로 구성되어 있지만, 유대 전통에서는 각각 한 권의 책으로 여겨지고 있다. 쿰란에서 일종의 에스테르기가 있을 가능성에 관해서는 Sidnie White Crawford, "Has Every Book of the Bible Been Found Among the Dead Sea Scrolls?" *Bible Review* l2:5(October 1996), p.28을 보라.

13. Emanuel Tov, "Hebrew Biblical Manuscripts," *Journal of Jewish Studies* 39 (1988), p.7. 또한 Emanuel Tov, *Textual Criticism of the Hebrew Bible* (Minneapolis: Fortress Press, 1992), p.117 참조: "고대의 번역에 대한 신뢰성, 특히 [LXX]에 대한 신뢰성은 쿰란의 사본들에 의해 강화되었다."

14. 카일 맥카터는 여기서 야훼 자신이 하느님의 한 아들일지 모른다고 지적한다. 본문에서는 야훼가 갈라놓았다고 말하지 않고, 지존하신 분 $Elyon$이 그렇게 했다고 말하고 있다(카일 맥카터로부터 온 사적인 통신).

15. *The New Encyclopedia of Excavations in the Holy Land*, s.v. "Teman, Horvat." 참조.

16. Ibid. at "Qom, Khirbet El-."

17. *HarperCollins Bible Dictionary*, s.v. "Ten Commandments."

18. E.울리히와 제임스 판데어캄이 엮은 *The Community of the Renewed Covenant* (노트르담 대학교 출판사, 1994), p.134에 실린 에마누엘 토브의 "Biblical Texts

as Reworked in Some Qumran Manuscripts with Special Attenrion to 4QRP and 4QParaGen-Exod."

19. Emanuel Tov, *Textual Criticism*, p.107. 그러나 토브는 그가 '원마소라', '원사마리아', '원70인역', 더 정확하게 말하면 70인역의 원본으로 추정되는 것과 가까운 사본들을 많이 발견했다(p.107-8). 토브는 또한 그가 '쿰란의 [필기] 습관'이라 부르는 '독특한 특징을 보여주고 있는' 다른 성서 사본들도 확인했다. 쿰란 필법으로 쓴 사본들은 원본으로 "원마소라 사본을 사용했을지도 모른다"(p.114).

20. Frank Moore Cross, "Some Notes on a Generation of Qumran Studies," in J. T Barrera and L. V. Montaner, *The Madrid Qumran Congress Proceedings* (Leiden: E. J. Brill, 1992), p.7.

21. 게자 버미스 역시 크로스와 의견을 달리하고 있다. "유대의 세 갈래 큰 학문의 중심지에 따라 사본 형태를 세 가지로 나누어 설명하는 [크로스의] 학설이 훌륭해 보이지만, 설득력이 없다."(Vermes, "Dead Sea Scrolls Forty Years On," p.8).

22. Cross, "Some Notes," p.7. 같은 책에서, 크로스의 논문에 대한 에마누엘 토브 ("Some Notes on a Generation of Qumran Studies: A Reply"[by Frank Cross]) 와 E. 울리히("Pluriformity in the Biblical Text, Text Groups, and Questions of Canon")의 반응 참조.

23. Tov, "Hebrew Biblical Manuscripts," p.15.

24. Ibid.

25. Ibid., n. 38.

26. James C. VanderKam, "Jubilees-How It Rewrote the Bible," *Bible Review* 8:6 (December 1992), p.32 참조.

27. 한때 와디 세이얄에서 나온 것으로 여겨졌던(그래서 세이얄 컬렉션으로 알려졌던) 두루마리들이 실제로는 나할 헤베르에서 나왔다. Discoveries in the Judean Desert 8(Oxford: Clarendon Press, 1990)에 실린 에마누엘 토브의 *The Greek Minor Prophets Scroll from Nahal Hever(8HevXIIgr)(The Seiyal Collection I)* 참조.

28. 하나의 예외는 있을 수 있을 것이다.

29. 프랭크 크로스는 기원이 바뀔 무렵에 이 과정이 대부분 완료된 것으로 믿고 있다. 샌크스가 편집한 *Understanding the Dead Sea Scrolls*(New York: Random

House, 1992)의 "The Text Behind the Text of the Hebrew Bible," 참조.

30. 울리히와 판데어캄이 편집한 *The Community of the Renewed Covenant*(Notre Dame, Ind.: University of Notre Dame, 1994), p.90에서 울리히 참조. 그는 *The Greek Minor Prophets Scroll from Nahal Hever*로 에마누엘 토브를 인용하고 있다.

31. Emanuel Tov, "The Textual Base of the Corrections in the Biblical Texts Found at Qumran," in D. Dimant and U. Rappaport, eds., *The Dead Sea Scrolls-Forty Years of Research*(Leiden: E. J. Brill, 1992), p.308. 사본의 표준화와 권위 있는 사본으로의 선택 사이의 차이점에 주목하라.

32. Ibid., p.311. 히브리 대학교의 달몬Shemaryahu Talmon 교수 역시 로마군이 예루살렘을 파괴한 후 본문이 표준화되었다고 믿고 있다. "아마도 서기 70년 이후 랍비 유대교는 선택된 성서 본문 낭독이 회당의 예배에서 없어서는 안 될 요소가 되면서 공인본문을 정했다." 울리히와 판데어캄의 *Community of the Renewed Covenant*, pp.18-19에 실린 달몬의 "The Community of the Renewed Covenant: Between Judaism and Christianity" 참조.

에마누엘 토브는 다소 중립적인 입장을 취하고 있다. 쿰란 시대(기원전 3세기 중반~기원후 68년)는 "본문이 여러 가지인 것이 특징이었다." 그럼에도 불구하고, "성전 주변에서는 한 가지 전통의 본문, 즉 마소라 계통의 본문을 선호하는 경향이 있었던 것 같다." 마사다에서 나온, 맨 나중 연대가 서기 74년인 성서 두루마리들은 모두가 마소라 사본을 "반영하고 있다." 그러나 "[쿰란]에서 나온 모든 성서의 사본들은 서로 다르고 때로는 주요한 내용까지 다른 것을 수없이 많이 발견할 수 있다." 에마누엘 토브, *Textual Criticism*, p.191. 토브는 쿰란에서 나온 원 마소라 사본은 2세기 때의 사본과 거의 동일하며, 그 전 시대에 있었던 표준화를 반영하고 있지만 정경 승인은 반영하고 있지 않다고 주장한다.

33. 바빌론 탈무드, Sukkah 20b.

34. 예를 들어 루카 복음서 16:16, 29, 31:24:27; 사도행전 36:22; 28:23 참조.

35. Frank M. Cross, "The Text Behind the Text of the Hebrew Bible," in Shanks, *Dead Sea Scrolls*, pp.152-53.

36. *Biblical Archaeology Review* 20:6(November/December 1994), p.56에 실린 허셜 섕크스의 "For This You Waited 35 Years: MMT as Reconstructed by Elisha Qimron and John Strugnell," C항 10-11줄. 나는 이와 관련하여 예일 대학교의

프라드Steven Fraade에게 신세를 졌다. 그의 "Interpretive Authority in the Studying Community at Qumran," *Journal of Jewish Studies* 44(1993), pp.46-69 참조.
37. 섕크스의 "For This You Waited 35 Years" p56, B항 52-53줄.
38. Eugene Ulrich, "The Bible in the Making: The Scriptures at Qumran," in Ulrich and VanderKam, *Community of the Renewed Covenant*.

제10장 다양한 유대교

1. 나는 뉴스너Jacob Neusner가 이 말을 처음으로 사용했다고 믿고 있다. 그가 이 말을 대중화시킨 것이 확실하다.
2. Hershel Shanks, ed., *Frank Moore Cress: Conversations with a Bible Scholar*(Washington, D.C. : Biblical Archaeology Society, 1994), p.155.
3. 그러나 탈무드를 주의 깊게 읽어보면 현자들은 그들의 적들을 잘 알고 있었음을 알 수 있다. 로렌스 쉬프먼이 지적한 바와 같이, "단일 시나이 전통은 바리사이파의 견해였다. 그들은 다른 견해가 있음을 인정했다. 그들은 다만 다른 견해들을 완전히 틀린 것으로 보았다"(사적인 통신).
4. Shanks, *Frank Moore Cross*, p.109.
5. Joseph A. Fitzmyer, S.J., *Responses to 101 Ouestions on the Dead Sea Scrolls*(New York: Paulist Press, 1992), p.37. 로렌스 쉬프먼은 사적인 통신을 통해 이 같은 해석에 동의하지 않으면서, 칼럼 29는 '종말론적인 성전을 미리' 보여주는 것이라고 주장했다. 이 같은 견해는 환상으로 본 성전을 '유사 유토피아적인' 것으로 묘사한 수스만Ya'akov Sussman의 견해와 같은 것이다(Elisha Qimron and John Strugnell, *Qumran Cave 4*: Discoveries in the Judean Desert 10 [Oxford: Clarendon Press, 1994], p.183).
6. Sussman, in Qimron and Strugnell, *Qumran Cave 4*, p.183.
7. Magen Broshi, "The Gigantic Dimensions of the Visionary Temple in the Temple Scroll," *Biblical Archaeology Review* 13:6(November/Dlecemlber 1987), p.37.
8. These Aramaic fragments have been found in Cave 1(1Q32), Cave 2(2Q24),

Cave 4(4Q554 and 555), Cave 5(5Q15), and Cave 11(11Q18). Geza Vermes, *The Complete Dead Sea Scrolls in English*(New York: Allen Lane/Penguin Press, 1997), pp.568-70 참조.

9. Carol Newsom, *Songs of the Sabbath Sacrifice: A Critical Edition*(Atlanta, Ga.: Scholars Press, 1985), p.59. 뉴섬 교수는 "안식일 찬송 두루마리는 쿰란 공동체의 작품"이라 결론짓고 있다. 사적인 통신에서 그녀는 나에게 Discoveries in the Judean Desert에 이 사본에 대한 글을 쓸 때는 이 같은 결론에서 약간 물러서겠다고 알려주었다. 쿰란 공동체가 안식일 찬송을 사용한 것은 확실하지만, 그들이 그 두루마리를 만들지 않았을지도 모른다. 쿰란 공동체는 물론 다른 개혁적인 유대 운동체에서도 안식일 찬송을 사용했을 것이다.

10. Vermes, *Complete Dead Sea Scrolls*, p.325. 캐럴 뉴섬(위의 주 참조)은 elohim을 '신 같은'으로 번역하고 elim은 번역을 하지 않고 그대로 두고 있다. 사적인 통신에서, 그녀는 사본이 공식적으로 *Discoveries in the Judean Desert* 시리즈로 재판되면 이런 말들을 '신들'로 번역하겠다고 내게 알려주었다. 나는 독자들로 하여금 제2 성전시대 유대교 내부의 일신론과 다신론에 함축된 의미를 생각해보게 하고 있다.

11. John J. Collins, *HarperCollins Dictionary of the Bible*, rev. ed., s.v. "Apocalyptic Literature." 참조. 로렌스 쉬프먼은 사적인 통신에서 묵시론이 유대교에서 결코 완전히 없어지지 않았고 3세기와 4세기는 물론 그 후에도 부흥했다고 지적했다.

12. Shanks, *Frank Moore Cross*, p.153.

13. Gershon Scholem, *The Messianic Idea in Judaism*(New York: Schocken Books, 1971), pp.8-9.

14. Lawrence Schiffman, *Reclaiming the Dead Sea Scrolls*(Philadelphia: The Jewish Publication Society, 1994), p.xxv.

15. T. Shabbat 13b.

16. Yitzhak Magen, "The Stone Vessel Industry During the Second Temple Period," in *Antient Jerusalem Revealed*(Jerusalem: Israel Exploration Society, 1994) 참조.

17. 복구와 번역은 킴론과 스트러그넬이 한 것이다. Qimron and Strugnell, *Qumran*

Cave 4 참조.
18. 두루마리에는 사악한 사제라는 호칭 이외에 많은 호칭이 있다. 예를 들면 성난 사자, 가짜 신관, 저주받은 인간 등. Shanks, *Frank Moore Cross*, p.103; p.177, n. 2 참조.
19. '다른 사람들'은 2인칭일 수도 있고(네가 그런 일을 한다) 3인칭일 수도 있다(그들이 그런 일을 한다).
20. Ya'akov Sussman, "The History of the Halakha and the Dead Sea Scrolls" (Appendix I), in Qimron and Strugnell, *Qumran Cave 4*, p.190.
21. 물론 사제들은 암소가 재로 변하게 하는 과정에 당연히 더럽혀지게 마련이었다. 그러나 제조 과정에 더럽혀지는 것은 불결이 아니다. 랍비들은 육체적인 불결이 아니라 의식적인 불결을 생각하고 있었다.
22. Ecclesiastes Rabbah, 7:23, no. 4.
23. T. Yoma 1:2.
24. T. Yoma 239d.
25. 사두가이파는 성전 사제직을 비롯한 권력을 놓고 바리사이파와 종종 경쟁을 벌였던 유대의 주요 집단이었다. 사두가이파는 바리사이파보다 더 엘리트인 경우가 많았고, 솔로몬 왕이 임명한 사독 사제직에 그들의 기원을 두고 있었다.
26. Qimron and Strugnell, *Qumran Cave 4*, p.179.
27. 나는 제임스 판데어캄 덕분에 이런 소견을 갖게 되었다. James VanderKam, *The Dead Sea Scrolls Today*(Grand Rapids, Mich.: Eerdmans, 1994), p.44.
28. 성경 자체에 '축일'이 아닌 '알몸'이라고 되어 있다.
29. 버미스의 번역, *Complete Dead Sea Scrolls*, p.484.
30. Yigael Yadin, *The Temple Scroll*(Jerusalem: The Israel Exploration et al., 1983), Vol. 1, pp.359-60 참조.

제11장 보물찾기-동판 두루마리

1. John Marco Allegro, *The Treasure of the Copper Scroll*, 2nd ed(New York: Doubleday, 1964), p.4. 제2판은 1960년에 출판된 제1판과 다르다.
2. Ibid.

3. P. Kyle McCarter, "The Mysterious Copper Scroll-Clues to Hidden Temple Treasure?" *Bible Review* 8:4(August 1992), p.34; reprinted as "The Mystery of the Copper Scroll" in Hershel Shanks, ed., *Understanding the Dead Sea Scrolls*(New York.: Random House, 1992), p.233.
4. Ron Rosenbaum, "Riddle of the Scrolls," *Vanity Fair* 55:11(November 1992), p.287.
5. Allegro, *Copper Scroll*, 2nd ed., p.35.
6. J. T. Milik, "Le rouleau de cuivre de Qumrân(3Q15) : Traduction et commentaire topographique," *Revue Biblique* 66(1959), p.321.
7. J. T. Milik, "The Copper Document from Cave III of Qumran: Translation and Commentary," *Annual of the Department of Antiquities of Jordan* 4-5(1960), p.137.
8. John Allegro, *The Treasure of the Copper Scroll*(New York: Doubleday, 1960).
9. J. T. Milik, R. de Vaux, and H. W. Baker, "Le rouleau de cuivre provenant de la grotto 3Q(3Q15)," in M. Baillet, J. T. Milik, and R. de Vaux, *Les "Petites Grottes" de Qumrân*, Discoveries in the Judean Desert 3(Oxford: Clarendon Press, 1962), pp.201-301.
10. J T. Milik, "The Copper Document from Cave III, Qumran," *Biblical Archaeologist* 19(1956), p.532.
11. *The Times*(London), June l, 1956, p.12.
12. Stephan Goranson, "Sectarianism, Geography, and the Copper Scroll," *Journal of Jewish Studies* 43(1992), p.284.
13. 안전한 곳에 숨기기 위해 그것을 말 때 둘로 쪼개졌을지도 모른다. 피츠마이어 신부에 의하면, 그것은 "사실 두루마리가 전혀 아니다."(*The Dead Sea Scrolls: Major Publications and Tools for Study*, rev. ed. [Atlanta, Ga.: Scholars Press, 1990], p.191).
14. 맥카터는 출판되지 않은 보고서에서 밝힌 바와 같이, 그 금속이 사실은 구리가 아니라 청동이라고 내게 알려주었다. 그는 여전히 이 인용문에 대해 의견을 달리 하고 있다.
15. Josephus, *Jewish Antiquities*, L. H. Feldman, trans., Loeb Classical

Library(London: Heinemann/Cambridge, Mass.: Oxford University Press, 1969), 14:4.5. 크라수스는 나중에 추가로 2천 달란트와 8천 달란트에 해당하는 금을 성전에서 옮겨갔다(Josephus, *Jewish Antiquities* 14:7.1).

16. James E. Harper, "26 Tons of Gold and 65 Tons of Silver," *Biblical Archaeology Review* 19:6(November/December 1993), p.44. 또한 Alan R. Millard, "Does the Bible Exaggerate King Solomon's Wealth?" *Biblical Archaeology Review* 15:5(May/June 1989), p.20 참조.

17. 이것은 알레그로가 활동한 연대이다. Allegro, *Copper Scroll*, 2nd. ed., p.55 참조. 정확한 날짜는 불확실하다. 내가 알아본 가장 정확한 날짜는 Michael Wise, Martin Abegg, Jr., and Edward Cook, *The Dead Sea Scrolls: A New Translation* (San Francisco: HarperSanFrancisco, 1996), p.160에서 마이클 와이즈가 제시한 날짜이다. 알레그로는 "보물 수색대를 두 번 조직했는데 하나는 1959년 12월~1960년 1월에, 다른 하나는 1960년 3~4월이었다"고 그는 명확히 제시하고 있다. 피츠마이어 신부는 하나는 1960년 12월이었고 다른 하나는 1961년 1월이었다고 말하고 있다(Fitzmyer, *Responses to 101 Questions*, p.36). 제임스 판데어캄은 알레그로 수색대의 활동 시기를 1962년으로 보고 있다(VanderKam, T*he Dead Sea Scrolls Today*[Grand Rapids, Mich.: Eerdmans, 1994], p.69).

18. Allegro, *Copper Scroll*, 2nd. ed., p.27.

19. Ibid., p.51. 동판 두루마리에 언급되어 있는 장소를 찾아내려는 알레그로의 노력에 대한 가장 광범위한 이야기가 이 개정판에 들어 있다. 1960년에 출판된 제1판에만 관심을 기울이는 두루마리 연구자들은 이것을 종종 간과해 버린다.

20. Ibid., p.57.

21. 그러나 마르티네스는 "무덤 기념 건조물"이라 번역하고 있다. Florentine García Martínez, *The Dead Sea Scrolls Translated*, 2nd ed.(Leiden: E, J. Brill, 1996), p.462.

22. Allegro, *Copper Scroll*, 2nd ed., pp.57-58.

23. Ibid., p.58.

24. Zvi Greenhut, "The City of Salt," *Biblical Archaeology Review* 19:4 (July/August 1993), p.36 을 보라.

25. Allegro, *Copper Scroll*, 2nd ed., p.65.

26. Ibid., pp.65-66.

27 Ibid., pp.75, 77.

28. Ibid., p.67.

29. Ibid., p.112.

30. Ibid., p.117.

31 Ibid., pp.130-31.

32. Ibid., pp.131-32.

33. Ibid., p.160.

34. Al Wolters, "History and the Copper Scroll," in *Methods of Investigation of the Dead Sea Scrolls and the Khirbet Qumran Site*(New York: New York Academy of Sciences, 1994), p.291.

35. Allegro, *Copper Scroll*, 2nd ed., p.160.

36. Wise, Abegg, and Cook, *Dead Sea Scrolls*에서 마이클 와이즈.

37. Geza Vermes, *The Complete Dead Sea Scrolls in English*(New York: Allen Lane / Penguin Press, 1997).

38. García Martínez, *Dead Sea Scrolls*, p.462.

39. Allegro, *Copper Scroll*, 2nd ed., p.24.

40. McCarter, "Mystery of the Copper Scroll." 맥카터는 새로운 사진들을 근거로 한 두루마리 신판을 낼 준비를 하고 있다. 거기에는 앞의 인용문에서 인용된 중요한 구절에 대한 번역이 포함될 것이다.

41. Ibid.

42. 카일 맥카터는 필경자가 글자를 모르는 사람이었다고 생각하고 있다. 문맹이었기 때문에 그 사람이 일을 맡게 되었는지도 모른다는 것이다(사적인 통신).

43. Frank Moore Cross, Jr., *The Ancient Library of Qumran and Modern Biblical Studies*, rev. ed.(Grand Rapids, Mich.: Baker Book House, 1980), p.23. 같은 취지인 McCarter, "Mystery of the Copper Scroll," p.235. 한편, 크로스는 그 두루마리가 아마 성전 보물에 대해 기술하고 있는 것 같은 그릇된 인상을 주려했을 것이라는 주장에 동의하고 있다. Cross, *Ancient Library*, p.22.

44. McCarter, "Mystery of the Copper Scroll," pp.235, 238.

45. Cross, *Ancient Library*, p.24.

46. Ibid.
47. E. Ullendorff, "The Greek Letters of the Copper Scroll," *Vetus Testamentum* 11(1961), p.227.
48. Bargil Pixner, "Unraveling the Copper Scroll Code: A Study on the Topography of 3Q15," *Revue de Qumrân* 11:3:43(December 1983) p.335, n. 32 참조.
49. Goranson, "Sectarianism, Geography, and the Copper Scroll," p.284, n. 17 참조.
50. Manfred R. Lehmann, "Where the Temple Tax Was Buried," *Biblical Archaeology Review* 19:6(November/December 1993) p.38; Manfred R. Lehmann, "Identification of the Copper Scroll Based on Its Technical Terms," *Revue de Qumrân*, 6(1964), p.97.
51. McCarter, "Mystery of the Copper Scroll," p.233.
52. Michael Baigent and Richard Leigh, *The Dead Sea Scroll Deception*(New York: Summit Books, 1991), pp.59, 61.
53. Hershel Shanks, ed., *Frank Moore Cross: Conversations with a Bible Scholar*(Washington, D.C.: Biblical Archaeology Society, 1994), pp.142-44.

제12장 미래에 대한 기대

1. Florentine García Martínez and Donald W. Parry, *A Bibliography of the Finds in the Desert of Judah 1970-95*(Leiden: E. J. Brill, 1996).
2. Pesach Bar-Adon, "Judean Desert-Caves Archaeology Survey in 1960," *Yediot*(Bulletin of the Israel Exploration Society)(1961), p.36(in Hebrew).
3. Baruch Safrai, "Recollections from 40 Years Ago-More Scrolls Lie Buried," *Biblical Archaeology Review* 19: 1(January/February 1993), p.50.
4. Hershel Shanks, "We Haven't Seen the Last of the Scrolls," *Biblical Archaeology Review* 19:1(January/February 1993), p.57; Hershel Shanks, ed., *Frank Moore Cross: Conversations with a Bible Scholar*(Washington, D.C.: Biblical Archaeology Society, 1994), p.141.

관계서적목록

공식 출판물

Discoveries in the Judaean Desert, Oxford: Oxford University Press, 1955-.

영어 번역물

Martínez, Florentine García, trans. *The Dead Sea Scrolls Translated: Qumran Texts in English*. Leiden: E. J. Brill, 1994.

Vermes, Geza. *The Complete Dead Sea Scrolls in English*. New York: Allen Lane/The Penguin Press, 1997.

Wise, Michael, Martin G. Abegg, Jr., and Edward M. Cook. *The Dead Sea Scrolls: A New Translation*. San Francisco: HarperSanFrancisco, 1996.

원전과 번역물

Charlesworth, James H., ed. *The Dead Sea Scrolls-Hebrew, Aramaic and Greek Texts with English Translations. Rule of the Community and Related Documents*. Vol. 1, Tübingen:J.C.B. Mohr; Louisville: Westminster John Knox Press, 1994.

Charlesworth, James H., ed. *The Dead Sea Scrolls-Hebrew, Aramaic and Greek Texts with English Translations. Damascus Document, War Scroll and Related Documents*. Vol. 2. Tübingen: J.C.B. Mohr; Louisville: Westminster John Knox

Press, 1995.

단행본

Allegro, John Marco. T*he Treasure of the Copper Scroll.* 2nd ed. New York: Doubleday, 1964.

Burrows, Millar. *More Light on the Dead Sea Scrolls: New Scrolls and New Interpretations with Translations of Important Recent Discoveries.* New York: Viking, 1958.

Burrows, Millar. *The Dead Sea Scrolls.* New York: Gramercy Publishing Company, 1955.

Campbell, Jonathan. *Deciphering the Dead Sea Scrolls.* London: Fontana Press, 1996.

Cook, Edward M. *Solving the Mysteries of the Dead Sea Scrolls.* Grand Rapids, Mich.: Zondervan, 1994.

Cross, Frank Moore, Jr. *The Ancient Library of Qumran and Modern Biblical Studies.* Rev. ed. Grand Rapids, Mich.: Baker Book House, 1958, 1961, reprinted 1980.

Davies, Philip R. *Qumran.* Cities of the Biblical World. Guilford, Surrey: Lutterworth; Grand Rapids, Mich.: Eerdmans, 1982.

Eisenman, Robert, and Michael Wise. *The Dead Sea Scrolls Uncovered.* New York: Penguin Books, 1992.

Fitzmyer, Joseph, *Responses to 101 Questions on the Dead Sea Scrolls.* New York: Paulist Press, 1992.

Golb, Norman. *Who Wrote the Dead Sea Scrolls? The Search for the Secret of Qumran.* New York: Scribner, 1995.

Martínez, Florentine García. *Tle People of the Dead Sea Scrolls-Their Writing, Beliefs and Practices.* Leiden: E. J. Brill, 1993.

Price, Randall. *Secrets of the Dead Sea Scrolls.* Eugene. Oreg.: Harvest House, 1996.

Ringgren, Helmer. *The Faith of Qumran-Theology of the Dead Sea Scrolls.* New York: Crossroad, 1995.

Schiffman, Lawrence. *Reclaiming the Dead Sea Scrolls.* Philadelphia: The Jewish Publication Society, 1994.

Shanks, Hershel, ed. *Understanding the Dead Sea Scrolls.* New York: Random House, 1992.

Silberman, Neil Asher. *The Hidden Scrolls-Christianity, Judaism, and the War for the Dead Sea Scrolls.* New York: G. P. Putnam's Sons, 1994.

Trever, John C. *The Dead Sea Scrolls: A Personal Account.* Grand Rapids, Mich.: Eerdmans, 1965.

VanderKam, James C. *The Dead Sea Scrolls Today.* Grand Rapids, Mich.: William B. Eerdmans, 1994.

Vermes, Geza. *The Dead Sea Scrolls-Qumran in Perspective.* Philadelphia; Fortress Press, 1981(reprint).

Wilson, Edmund. *The Scrolls from the Dead Sea.* New York: Oxford University Press, 1955.

Yadin, Yigael. *Bar Kokhba: The Rediscovery of the Legendary Hero of the Second Jewish Revolt against Rome.* London: Weidenfeld and Nicolson, 1971.

Yadin, Yigael. *The Message of the Scrolls.* New York: Simon and Schuster, 1957.

정기간행물

Bible Review

Biblical Archaeologist

Biblical Archaeology Review

Bulletin of the American Schools of Oriental Research

Dead Sea Discoveries

Israel Exploration Journal

Journal of Jewish Studies

Journal of Near Eastern Studies

Revue Biblique

Revue de Qumrân

복제물

Eisenman, Robert H., and James M. Robinson. *A Facsimile Edition of the Dead Sea Scrolls.* Vols. 1 & 2. Washington, D.C. Biblical Archaeology Society, 1991.

Humbert, Jean-Baptiste, O. P., and Alain Chambon. *Fouilles de Khirbet Qumrân et de Aïn Feshkha.* Novum Testamentum et Orbis Antiquus Series Archaeologica Vol. 1. Göttingen: Éditions Universitaires Fribourg Suisse/Vandenhoeck and Ruprecht, 1994.

Lim, Timothy H., and Philip S. Alexander, eds. *The Dead Sea Scrolls Electronic Reference Library.* Leiden: E. J. Brill, 1997. CD Rom.

Tov, Emanuel, and Stephen J. Pfann, eds. *The Dead Sea Scrolls on Microfiche.* Leiden: E. J. Brill, 1993. Microfiche.

Wacholder, Ben Zion, and Martin G. Abegg, eds. *A Preliminary Edition of the Unpublished Dead Sea Scrolls: The Hebrew and Aramaic Texts from Cave Four.* Vols. 1-4. Washington, D. C.: Biblical Archaeology Society, 1991-96.

연구 툴

Fitzmyer, Joseph A., *The Dead Sea Scrolls: Major Publications and Tools for Study.* Rev. ed. SBL Resources for Biblical Study 20. Atlanta, Ga: Scholars Press, 1990.

García Martínez, F., and A. S. Van Der Woude. *A Bibliography of the Finds in the Desert of Judah 1970-75.* Studies on the Texts of the Desert of Judah, Vol. 19. Leiden: E. J. Brill, 1996.

저 자 후 기

이 책에서 다룬 모든 주제에 전문가인 학자는 한 사람도 없다. 누구보다 내가 그렇다. 나는 우선 그들 나름의 환경 속에서 두루마리 연구에 일생을 바쳐온 사람들과 쿰란 고고학을 전공해온 사람들에게 많은 빚을 졌다. 많은 사람들이 그들의 저술을 통해 간접적으로 나를 도와주었다. 거의 그만큼 많은 사람들이 두루마리와 관련된 여러 가지 주제들에 관한 얘기를 해 줌으로써 직접적으로 도와주었다. 특히 프랭크 크로스가 그래주었다고 생각한다. 두루마리에 관한 우리의 대화 중 일부는 결국 한 권의 책에 실렸다(허셜 섕크스 편,『프랭크 무어 크로스: 성서학자와의 대화』[워싱턴 D.C.: 성서고고학회, 1994]). 다른 많은 사람들의 얘기는 기록을 하지 않았다. 내 친구들인 카일 맥카터, 고대성서 필사본 센터(ABMC) 창립자인 짐 샌더즈Jim Sanders와 나눈 얘기에서도 언제나 얻은 바가 많았다.

많은 학자들과 친구들이 초벌 원고를 친절히 검토해 주었다. 옥스퍼드 대학교의 게자 버미스, 뉴욕 대학교의 래리 쉬프먼, 존스 홉킨스 대학교의 카일 맥카터, 히브리 대학교의 이즈하르 허쉬펠드, 맨체스터 대학교의 조지 브루크George Brooke가 그 사람들이었다. 그들이 나를 위해 이 일을 하면서 바친 시간과 노력에 대해 나는 내가 할 수 있는 최대의 찬사를 보낸다. 그들은 많은 오류를 찾아냈고 슬기로운 자문을 많이

해 주었다. 원고의 많은 부분을 수정한 후에는 그들에게 그 일을 다시 해 달라고 부탁할 수가 없었다. 따라서 남아 있는 오류에 대한 책임은 모두 나에게 있음을 밝혀두는 바이다.

나는 또 성서고고학회로 알려진 훌륭한 기구로부터, 특히 그 기구의 전무인 브리짓 영Bridget Young과 나의 오랜 편집 동료인 수잔 싱거Suzanne Singer로부터 무한히 값진 지원을 받았다.

보다 더 직접적인 도움을 준 것은 나의 연구 보조원인 앨리슨 디킨즈Allison Dickens의 헌신적이고 효과적이며 신중한 작업이었다. 그녀는 원고에 관한 모든 작업을 나와 함께 했다. 여러 면에서 이 책은 그녀의 책이다. 나는 또한 여름에 인턴으로 일한 벤 소스키스Ben Soskis에게도 감사한다. 그는 처음 실시한 학술조사 노트를 정리해 주었다.

항상 예리한 감각을 갖고 있는 랜덤하우스 편집자 제이슨 엡스타인Jason Epstein은 분량이 훨씬 많았던 원고를 우리가 바라는 대로 독자가 읽기 편하게 사실상 다시 작성하도록 도와주었다. 그의 유능한 조수이자 천부적인 재능을 가진 편집자, 조이 드 메닐Joy de Menil은 편집작업이 힘들 때면 언제나 기댈 수 있는 사람이었다. 이 책에는 그녀의 의견이 많이 포함되어 있다.

랜덤하우스와의 공식업무를 처리해준 나의 대리인 로버트 바네트Robert Barnett는 흔히 어렵고 심지어 껄끄러운 과정으로 여겨지는 것을 유쾌하고도 효과적인 과정이 되게 하는 능력을 다시 한번 과시해 주었다.

모든 사람들에게 깊이 감사 드린다.

1997년 10월
워싱턴 D.C.에서
허셜 섕크스

역자 후기

　　기원전 332년, 마케도니아 알렉산더 대왕의 동방 원정으로 유대 땅을 포함한 지중해 연안과 페르시아 지역이 모두 그리스 제국의 치하에 들어갔고, 이때부터 유대사회의 그리스화가 시작되었다. 10여 년 후 알렉산더가 갑자기 죽자 부하 장군들이 그리스 제국을 이집트의 프톨레마이오스 왕조와 시리아의 셀레우코스 왕조로 나누어 통치하였다. 유대 땅은 기원전 300~200년대는 프톨레마이오스 왕국의 통제를 받았고, 기원전 198년부터 기원전 63년 로마의 폼페이우스 장군이 예루살렘을 점령할 때까지는 시리아의 통치를 받았다. 이로써 거의 300년 동안 유대사회는 헬레니즘 시대를 겪으며 그 영향을 받게 되었다. 일제시대 조선의 상류층이 일본 문화와 일본어에 익숙해져 가던 36년에 비하면 엄청나게 긴 세월이다.

　　이 시기에 그리스어는 국제 공용어로 사용되었고, 큰 도시에 그리스 학교가 설립되어 많은 유대인들이 자식들을 그리스 학교에 보내게 되었다. 이들은 그리스 문화에 친숙해지면서 유대교 전통과 유대문화를 멀리하게 되었다. 특히 알렉산더 대왕의 이름을 따서 건설한 도시인 알렉산드리아에 사는 유대인들은 세월이 흐르면서 히브리어조차 모르게 되었다. 이들에게 유대교 전통을 지키며 살도록 하기 위해서는 히브리어 성서를 그리스어로 번역하는 것이 시급했다. 그래서 기원전 3세기에 이미 모세 오경이 그리스어로 번역되었고, 곧 나머지 히브리어 성서들도 그리스어로 번역되었다. 당시에 예루살렘의 대사제가 각 부족에서 6명씩 72명을 알렉산드리아로 파견하여 번역한 것이 이른바 '70인역 성서(LXX)'이다. 여기에는 '히브리 성서'에 포함되어 있지 않은 바룩서, 유딧기, 토빗기, 지혜서, 집회서, 마카베오기 같은 '외경'外經들이 포함되어 있었다. 헬레니즘 영향 아래 살던 예수 그리스도와 사도들 및 초기 그리스도인들은 이 '그리스어 구약성서'를 읽고 인용했다.

서기 70년 예루살렘 성전이 파괴되면서 이스라엘이 완전히 멸망하자, 서기 90년 박식한 유대교 랍비들이 유대교의 전통을 지키기 위해 텔아비브 남쪽 20킬로미터 지점에 있는 야브네(얌니아)에 모여 '히브리 성서' 정경을 결정했다. 그리스도교를 원수로 여기며 저주하던 랍비들은 예수와 사도들이 사용하던 70인역 그리스어 구약성서 46권을 인정하지 않고, 자기네 히브리어로만 된 히브리어 사본 39권을 구약성서로 인정하였다. 그리스어로만 쓴 것으로 알고 있던 소위 '위경'僞經 6권을 제외하면서 원래 히브리어로 쓴 마카베오기 상권마저 히브리어 사본을 찾지 못한다는 이유로 제외시켰다. 그러나 이 책에서는 '가장 훌륭한 최근의 연구논문은 그와 같은 회의가 없었다고 결론짓고 있다'면서 랍비의 정경 승인 작업이 한 번뿐이 아니었음을 지적하고 있다. 10세기에 이르러 마소라 학파로 알려진 유대교 전통주의 학자들이 원래 자음으로 된 성서에 모음을 첨가하고 주석을 붙여 '히브리 성서'의 공식 사본인 '마소라 사본(MT)'을 만들어냈고, 그것이 지금의 '표준 히브리 성서'이다. 가톨릭 교회는 '히브리 성서'와 '70인역 성서'를 모두 받아들여 구약성서 46권을 인정하고 있지만, 개신교는 유대교의 전통을 좇아 가톨릭이 '제2경전'이라 부르는 외경 7권을 제외하고 히브리어 사본 39권만 구약성서로 인정하고 있다.

쿰란 두루마리들이 작성된 연대는 헬레니즘 시대인 기원전 약 250년에서 쿰란이 로마군에 짓밟힌 서기 68년 사이, 즉 예수시대와 바로 그 직전으로 밝혀졌다. 두루마리 중 성서 사본은 현존하는 가장 오래된 히브리 성서보다 1천년이나 더 오래된 것이며, 대부분 히브리어로 씌어 있고 약 25%는 예수가 쓰던 아람어로 되어 있다. 발견된 두루마리 조각들에는 놀랍게도 히브리 성서에 포함되어 있지 않은 유딧기, 토빗기, 지혜서, 집회서 같은 외경들의 히브리어 원형 필사본 조각들이 포함되어 있다. 게다가, '사무엘기에서 나온 조각들은 마소라 사본보다는 그리스어 70인역 성서와 일치하고 있어' 70인역 성서의 신뢰도를 높여주었고, 이 성서가 마소라 사본과는 다른 히브리어 사본을 사용했음을 보여주었다. 이런 것을 종합해 볼 때, "사해 두루마리가 우리에게 마소라 사본을 더 이상 본문에 대한 사고의 중심에 두지 말도록 가르쳐 주었다"는 히브리 대학교 에마누엘 토브 교수의 말에 공감하지 않을 수 없다.

사해 두루마리 덕분인가. 천주교 중앙협의회에서 새로 번역해낸 '성경'에는 그전까지 마치 서자 취급을 받는 것처럼 행랑채에서 목숨을 부지하던 '제2경전', 즉 개신교의 '외경'들이 당당히 본채에 들어와 있는 것을 볼 수 있다. 이제 '제2경전'이라는 말 자체가 없어졌다.

그리고 일반 사전이나 학계에서 나온 글들에는 쿰란의 주민을 에세네파라고 단정하는 경우가 대부분이고 독자들도 당연히 그렇게 알고 있다. 그러나 이 책에서 밝히고 있는 바와 같이, 그것은 추정일 뿐 그렇게 단정할 명백한 증거가 없다. 그 증거를 찾기 위해서도, 지진과 풍화작용으로 무너져 내린 바위들과 부스러기 밑에 묻혀있는 자료들을 빨리 발굴해내야 한다. 아울러 혹시라도 개인 수집가들이 소장하고 있을지도 모르는 두루마리들이 공개되어 더 많은 연구가 이루어지게 되기를 기대한다.

성서학을 공부하지도 않았고 연구한 적도 없는 실력으로 이 책을 서둘러 번역하느라 문맥이 이상하고 매끄럽지 못한 부분이 적지 않았다. 그런 번역 원고를 철저히 검토하여 부족한 점을 수정·보완해준 선시현 님의 노고에 감사드린다.

2007년 5월

허 종 열

사해 두루마리의 미스터리와 의미

2007년 5월 30일 초판 1쇄 인쇄
2007년 6월 5일 초판 1쇄 발행

지은이 허셜 섕크스
옮긴이 허 종 열
발행인 김 영 준
책임편집 선 시 현
발행처 경 세 원
등록일 1978. 12. 14 No. 1-57(윤)
주 소 413-756 경기도 파주시 교하읍 문발리 파주출판도시 534-4
전 화 031)955-7441
팩 스 031)955-7444
홈페이지 http://www.kyongsaewon.co.kr
이 메 일 kyongsae@hanmail.net

ISBN 978-89-8341-075-7 93230

가 격 12,000원